WISSENSCHAFTLICHE BEITRÄGE
AUS DEM TECTUM VERLAG

Reihe Wirtschaftswissenschaften

WISSENSCHAFTLICHE BEITRÄGE
AUS DEM TECTUM VERLAG

Reihe Wirtschaftswissenschaften

Band 75

Marcel Lötscher

Prozesskostenfonds

Die gewerbliche Prozessfinanzierung als alternatives Investmentvehikel aus ökonomischer und rechtlicher Sicht

Tectum Verlag

Marcel Lötscher

Prozesskostenfonds.
Die gewerbliche Prozessfinanzierung als alternatives Investmentvehikel aus ökonomischer und rechtlicher Sicht

Wissenschaftliche Beiträge aus dem Tectum Verlag:
Reihe: Wirtschaftswissenschaften; Bd. 75

Zugl. Masterthesis Master of Business Administration (MBA) in General Management Competences der Donau-Universität Krems 2015

ISBN: 978-3-8288-3614-3

ISSN: 1861-8073

Printed in Germany

Besuchen Sie uns im Internet
www.tectum-verlag.de

MIX
Papier aus verantwortungsvollen Quellen
FSC® C083411

Bibliografische Informationen der Deutschen Nationalbibliothek
Die Deutsche Nationalbibliothek verzeichnet diese Publikation in der Deutschen Nationalbibliografie; detaillierte bibliografische Angaben sind im Internet über http://dnb.ddb.de abrufbar.

Für Fabienne,
Maximilian und Victoria

Vorwort und Dank

Die gewerbliche Prozessfinanzierung ist neben der Rechtsschutzversicherung und der Prozesskostenhilfe resp. unentgeltlichen Rechtspflege eine relativ junge Disziplin der Finanzierung von Prozessen durch Dritte. Die Frage stellt sich, weshalb eine gewerbliche Prozessfinanzierungsgesellschaft die Investition in Prozessrisiken wagt, obwohl die anspruchsberechtigte Partei von einer Prozessverfolgung absieht. Nur der Einbezug von ökonomischen und rechtlichen Aspekten erlaubt eine schlüssige Beantwortung dieser Frage. Dem Geiste von *Law and Economics* folgend, wurde deshalb der Versuch unternommen, das Vertrags- und Geschäftsmodell der gewerblichen Prozessfinanzierung ganzheitlich zu betrachten. Als Grenzgänger zwischen der Wirtschafts- und der Rechtswissenschaft kann man mit einer neuen Sichtweise Herausforderungen unbefangener angehen und eine objektive Einschätzung der Wirtschafts- und Rechtslage vornehmen.

Verbunden fühle ich mich allen Kolleginnen und Kollegen, die mir mit freundschaftlichem Rat zur Seite und für anregende Diskussionen zur Verfügung gestanden haben. Ebenso danke ich denjenigen Kolleginnen und Kollegen, die mich mit finanzmathematischem Fachverstand gefordert und gefördert haben oder das Korrekturlesen übernommen haben.

Den Prozessfinanzierungsgesellschaften FORIS AG und LEGIAL AG danke ich für die Vertragsunterlagen und die Einwilligung zu deren Veröffentlichung.

Baden, 01.08.2015
Dr. Marcel Lötscher, LL.M. MBA

Inhaltsverzeichnis

Abbildungsverzeichnis

Abkürzungsverzeichnis

$\Delta\alpha$	Veränderung Vermögenswert v_n
$\Delta\beta$	Veränderung Erwartungsnutzen u_n
$1-\pi_n$	Anteil des Prozessfinanzierers am Streitwert (SW)
Abb.	Abbildung
Abl. EU	Amtsblatt der Europäischen Union
Abs.	Absatz
AEUV	Konsolidierte Fassung des Vertrages über die Arbeitsweise der Europäischen Union (Abl. EU Nr. 115/199 vom 09.05.2008)
aF	alte Fassung
AI	Alternative Investition
AIF	Alternativer Investmentfonds
AIFM	Alternative Investment Fund Manager
AIFM-RL	Richtlinie 2011/61/EU des Europäischen Parlaments und des Rates vom 08.06.2011 über die Verwalter alternativer Investmentfonds und zur Änderung der Richtlinien 2003/41/EG und 2009/65/EG und der Verordnungen (EG) Nr. 1060/2009 und (EU) Nr. 1095/2010 (Abl. EU Nr. L 174/1 vom 01.07.2011)
Alpha	Renditekennzahl (titelspezifische oder marktspezifische Rendite)
Art.	Artikel
AVO	Schweizerische Verordnung über die Beaufsichtigung von privaten Versicherungsunternehmen (Aufsichtsverordnung) vom 09.11.2005 (SR 961.011)
Beta	Risikokennzahl (titelspezifisches oder marktspezifisches Risiko)
BGE	Schweizerischer Bundesgerichtsentscheid
BGer	Schweizerisches Bundesgericht
bspw.	beispielsweise
BVGer	Schweizerisches Bundesverwaltungsgericht
d.h.	das heisst
Diss.	Dissertation
Ebd.	Ebenda
effSV	effektiver Sachverhalt

EFTA	European Free Trade Association
eidg.	eidgenössisch
EK	Europäische Kommission
EMIR	Verordnung (EU) Nr. 648/2012 des Europäischen Parlamentes und des Rates vom 04.07.2012 über OTC-Derivate, zentrale Gegenparteien und Transaktionsregister
EP	Europäisches Parlament
erw.	erweiterte
ESA	European Supervisory Authority
ESMA	European Securities and Markets Authority
ESMA-Leitlinien 2013/611	ESMA-Leitlinien zu Schlüsselbegriffen der Richtlinie über die Verwalter alternativer Investmentfonds (AIFM-RL) vom 13.08.2013
ESMA-VO	Verordnung (EU) Nr. 1095/2010 des Europäischen Parlamentes und des Rates vom 24.11.2010 zur Errichtung einer Europäischen Aufsichtsbehörde (Europäische Wertpapier- und Marktaufsichtsbehörde), zur Änderung des Beschlusses Nr. 716/2009/EG und zur Aufhebung des Beschlusses 2009/77/EG der Kommission
EU	Erwartungsnutzen
EuGH	Europäischer Gerichtshof
EUV	Konsolidierte Fassung des Vertrages über die Europäische Union (Abl. EU Nr. C 83/45 vom 30.03.2010)
EW	Erwartungswert
EWR	Europäischer Wirtschaftsraum
FA	Fachausweis
FIDLEG	Bundesgesetz über die Finanzdienstleistungen (Finanzdienstleistungsgesetz), Vernehmlassungsvorlage vom 25.06.2014
FINIG	Bundesgesetz über die Finanzinstitute (Finanzinstitutsgesetz), Vernehmlassungsvorlage vom 25.06.2014
FMA	Finanzmarktaufsicht (FMA) Liechtenstein
FN	Fussnote
GW	Grenzwert
h.L.	herrschende Lehre
Habil.	Habilitation

HRegV	Schweizerische Handelsregisterverordnung vom 17.10.2007 (SR 221.411)
Hrsg.	HerausgeberIn
i.c.	in concreto
i.d.S.	in diesem Sinne
i.S.v.	im Sinne von
i.w.S.	im weiteren Sinne
IAF	Interessengemeinschaft Ausbildung im Finanzbereich
insb.	insbesondere
IUG	Liechtensteinisches Gesetz über Investmentunternehmen für andere Werte oder Immobilien (Investmentunternehmensgesetz) vom 19.05.2005 (LgBl. 2005 Nr. 156)
KAG	Schweizerisches Bundesgesetz über die kollektiven Kapitalanlagen (Kollektivanlagengesetz) vom 23.06.2006 (SR 961.31)
KEmPF	Klageeinreichung mit Prozessfinanzierung
KEoPF	Klageeinreichung ohne Prozessfinanzierung
KKV	Schweizerische Verordnung über die kollektiven Kapitalanlagen (Kollektivanlagenverordnung) vom 22.11.2006 (SR 961.311)
Kor_e	Korrelationskoeffizient
KV	Klageverzicht
LgBl.	Liechtensteinisches Landesgesetzblatt
m.E.	meines Erachtens
MiFID II-RL	Richtlinie 2014/65/EU des Europäischen Parlaments und des Rates vom 15.05.2014 über Märkte für Finanzinstrumente sowie zur Änderung der Richtlinien 2002/92/EG und 2011/61/EU (Neufassung von MiFID I-RL), (Abl. EU Nr. L 173/349 vom 12.06.2014)
MiFID-RL	Richtlinie 2004/39/EG des Europäischen Parlaments und des Rates vom 21.04.2004 über Märkte für Finanzinstrumente, zur Änderung der Richtlinien 85/611/EWG und 93/6/EWG des Rates und der Richtlinie 2000/12/EG des Europäischen Parlaments und des Rates und zur Aufhebung der Richtlinie 93/22/EWG des Rates (Abl. EU Nr. L 145/1 vom 30.04.2004)
MS	Mitgliedstaaten

n	Anzahl Periodeneinheiten (Jahre)
N	Note
NAV	Net Asset Value (Nettoinventarwert)
NIÖ	Neue Institutionenökonomik
NZZ	Neue Zürcher Zeitung
ÖAR	Ökonomische Analyse des Rechts
OGA	Organismus für gemeinsame Anlagen
OGAW	Organismus für gemeinsame Anlagen in Wertpapiere (siehe UCITS)
OGAW IV-RL	Richtlinie 2009/65/EG des Europäischen Parlaments und des Rates vom 13.07.2009 zur Koordinierung der Rechts- und Verwaltungsvorschriften betreffend bestimmte Organismen für gemeinsame Anlagen in Wertpapieren
OTC	Over-the-counter, ausserbörslicher Handel zwischen Finanzmarktteilnehmern
p	Prozesseintretenswahrscheinlichkeit
p_1	p der anspruchsberechtigten Privatperson
p_2	p des anspruchsberechtigten Unternehmens
p_3	p der Prozessfinanzierungsgesellschaft
PF	Prozessfinanzierung
PK	Prozesskosten i.w.S.
PKF	Prozesskostenfonds
PKH	Prozesskostenhilfe
Prospekt-RL	Richtlinie 2003/71/EG des Europäischen Parlaments und des Rates vom 04.11.2003 betreffend den Prospekt, der beim öffentlichen Angebot von Wertpapieren oder bei deren Zulassung zum Handel zu veröffentlichen ist, und zur Änderung der Richtlinie 2001/34/EG
q_n	Eintretenswahrscheinlichkeit der Klageabweisung, wobei gilt: $1\text{-}p_n=q_n$
RN	Randnummer
SICAF	Investmentgesellschaft mit festem Kapital
SICAV	Investmentgesellschaft mit variablem Kapital
sog.	sogenannte/r
SPV	Special Purpose Vehicle (englisch für Zweckgesellschaft)
SR	Systematische Sammlung des Bundesrechts
StGB	Schweizerisches Strafgesetzbuch vom 21.12.1937 (SR 311.0)

SW	Substantiierter Streitwert
TWD	Traditionelles Wertpapierdepot
$u_1(x)$	Erwartungsnutzenfunktion der anspruchsberechtigten Privatperson
$u_2(x)$	Erwartungsnutzenfunktion des anspruchsberechtigten Unternehmens
$u_3(x)$	Erwartungsnutzenfunktion der Prozessfinanzierungsgesellschaft
überarb.	überarbeitete
UCITS	Undertakings for Collective Investment in Transferable Securities (siehe OGAW)
URP	Unentgeltliche Rechtspflege
v_0	Anfangsvermögen
v_1	Endvermögen bei Obsiegen vor Gericht (Klagegutheissung)
v_2	Endvermögen bei Verlust vor Gericht (Klageabweisung)
VAG	Schweizerisches Bundesgesetz betreffend die Aufsicht über Versicherungsunternehmen (Versicherungsaufsichtsgesetz) vom 17.12.2004 (SR 961.01)
verb.	verbesserte
vgl.	vergleiche
VO	Verordnung
vollst.	vollständig
Z	Zins
ZPO	Schweizerische Zivilprozessordnung (Zivilprozessordnung) vom 19.12.2008 (SR 272)
π_n	Anteil der anspruchsberechtigten Partei am Streitwert (SW)

1 Einleitung

1.1 Ausgangslage

Gegenstand vorliegender Abhandlung bildet die gewerbliche Prozessfinanzierung und deren Eignung als alternatives Investment. Die Prozessfinanzierung ist eine juristische Finanzdienstleistung mit dem Charakter eines Investmentvehikels. Die Prozessfinanzierungsgesellschaft übernimmt gegen Erfolgsbeteiligung die notwendigen Kosten einer aussergerichtlichen oder gerichtlichen Streitbeilegung. Prozessfinanzierungsgesellschaften ist eigen, dass diese a) eine spezifische finanzielle Dienstleistung erbringen, b) eine Rendite für die Investorenschaft erzielen wollen und c) den hohen Kapitalbedarf durch Dritte zu decken erwarten.

Prozessfinanzierungsgesellschaften sind nicht nur von Rechtsschutzversicherungen und der Prozesskostenhilfe, sondern auch von weiteren gesellschafts- und finanzmarktrechtlichen Tätigkeiten und Vehikeln abzugrenzen. Der ökonomischen Analyse des Rechts, insb. der mikroökonomischen Betrachtung, wird in dieser Abhandlung ein hoher Stellenwert beigemessen. Zu prüfen gilt es, ob die Finanzdienstleistung der gewerblichen Prozessfinanzierung als alternative Anlageform unter den Geltungsbereich der AIFM-RL zu subsumieren ist.

1.2 Problemstellung

Die Problemstellung bildet zugleich auch die Forschungsfrage dieser Abhandlung. Geprüft werden soll generell, ob die Tätigkeiten einer Investmentaktiengesellschaft am Beispiel der gewerblichen Prozessfinanzierung nicht als alternatives Investmentvehikel i.S. der neuen Finanzmarktregulierung zu betrachten sind. Dazu wird ein allgemeines Prüfungsschema entwickelt, damit in der Praxis auch für ähnlich gelagerte Fälle Klarheit in ökonomischer und auch rechtlicher Sicht besteht. Hier wird insb. das Schwergewicht auf die europäische Regulierung zu den alternativen Investmentfonds gelegt.

Konsequenz einer Unterstellung in den Geltungsbereich der AIFM-RL ist, dass das Investmentvehikel zwar materiell korrekt als Zweckgesellschaft (SPV) ausgestaltet werden kann, aber formell eine alternative kollektive Vermögensanlage im falschen Rechtskleid darstellt. Das Verwalten und Vertreiben von kollektiven Kapitalanlagen auch im alternativen Investmentbereich ist seit Inkrafttreten der AIFM-RL an strenge Anforderungen gebunden.

Eine rechtswidrige Abweichung von diesen mittelbar zwingenden europäischen Vorschriften ist nicht nur unzulässig, sondern kann auch strafrechtliche Konsequenzen nach sich ziehen. Handelt es sich doch um die Ausübung einer bewilligungspflichtigen Tätigkeit ohne entsprechende Bewilligung. Die zuständige Finanzmarktaufsichtsbehörde wird entsprechende Schritte (*Enforcement*) in die Wege leiten, und dem/der InvestorIn stehen der Zivil- sowie auch Strafrechtsweg offen, um die allfälligen Forderungen gegenüber dem Investmentvehikel geltend zu machen.

1.3 Zielsetzung

Diese Abhandlung hat zwei Ziele. Einerseits soll die gewerbliche Prozessfinanzierung aus ökonomischer und rechtlicher Sicht betrachtet werden. Auf diese Art und Weise können die wesentlichen Bestandteile einer Investmentaktiengesellschaft herauskristallisiert werden. Die mikroökonomische Betrachtung der Prozessfinanzierung soll hierbei einen Schwerpunkt bilden.

Andererseits soll der Investmentfondsbegriff gestützt auf die AIFM-RL und die ESMA-Leitlinien 2013/611 näher betrachtet werden. Gestützt auf den materiellen Fondsbegriff wird ein Prüfschema entwickelt. Auf den selbstverwalteten AIF als Gefäss und in Abgrenzung zur Investmentaktiengesellschaft wird ausführlich eingegangen. Dieses Grundraster dient sodann zur möglichen Eruierung und Beurteilung weiterer Investmentvehikel, die auf denselben Kriterien basieren können.

Zu guter Letzt werden im Sinne einer Subsumtion die gewerbliche Prozessfinanzierung als alternatives Investmentvehikel geprüft und die Chancen und Risiken einer möglichen Unterstellung unter die AIFM-RL aufgezeigt. Eine kurze Darstellung des so entwickelten Prozesskostenfonds rundet die Betrachtung ab.

1.4 Aufbau der Abhandlung

Die Darstellung von Ausgangslage, Problemstellung und Zielsetzung bilden mit Methodik und Aufbau die Einleitung in das Thema (Kapitel 1).

Im ersten Teil der Abhandlung (Kapitel 2) wird das Konzept der gewerblichen Prozessfinanzierung aufgezeigt. Die Prozessfinanzierung wird definiert und zu verwandten Konstrukten abgegrenzt. Das klassische Modell der Prozessfinanzierung wird diskutiert und visualisiert. Schwergewicht des ersten Teils der Arbeit bildet die Darstellung der gewerblichen Prozessfinanzierung als Investmentaktiengesellschaft und deren mikroökonomische Betrachtung. Die Spezifikation und Visualisierung des Geschäftsmodells der gewerblichen Prozessfinanzierung bilden abschliessend die ersten fünf Thesen.

Der Fondsbegriff nach der AIFM-RL bildet den zweiten Teil der Abhandlung (Kapitel 3). Einleitend werden die Begrifflichkeiten geklärt und die verschiedenen Formen der kollektiven Kapitalanlage aufgezeigt. Der Hintergrund der Fondsregulierung von alternativen Investmentfonds sowie die Abgrenzung zu den Anlagen nach der OGAW IV-RL sollen das Wesen der AIFM-RL darstellen. Anschliessend wird die Tragweite des materiellen Fondsbegriffs in der AIFM-RL in Erweiterung des formellen OGAW-Fondsbegriffs aufgezeigt. Zentral ist die Erarbeitung des Prüfschemas nach der AIFM-RL und der ESMA-Leitlinien 2013/611. Das Prüfschema dient dazu, die Investmentaktiengesellschaft vom Geltungsbereich der alternativen Investmentfondsregulierung abzugrenzen. Nach Darstellung des selbstverwalteten AIF folgt die Formulierung der zweiten fünf Thesen.

Abbildung 1: Aufbau der Abhandlung.

Im dritten Teil der Abhandlung (Kapitel 4) soll die Prozessfinanzierung als Fondskonstrukt betrachtet werden. Das Investmentvehikel als Investmentaktiengesellschaft wird anhand des modifizierten Prüfschemas abgehandelt. Eine Folgenanalyse nach ökonomischen und rechtlichen Aspekten rundet die Betrachtung ab. Eine kritische Beurteilung soll die Chancen und Risiken einer Klassifizierung einer Investmentaktiengesellschaft als reguliertes Investmentvehikel aufzeigen. Nach einer kurzen Darstellung des entwickelten Prozesskostenfonds folgen die dritten fünf Thesen der Abhandlung.

Die Zusammenfassung der Thesen und ein Ausblick bilden den abschliessenden vierten Teil der Abhandlung (Kapitel 5).

1.5 Interdisziplinärer Forschungsansatz

Der Forschungsansatz ist bewusst interdisziplinär gewählt, denn „every beneficent change in legislation [...] comes from a fresh study of social conditions [...]. One can hardly escape from the conclusion that a lawyer who has not studied economics and sociology is very apt to become a public enemy.“[1]

Der Komplexität der Wirtschaftsrealität kann m.E. nur mit Interdisziplinarität und der Verbindung von *Law and Economics*[2] begegnet werden. Diese Abhandlung befasst sich deshalb mit der Darstellung aus ökonomischer und rechtlicher Sicht, selbst wenn diese bewusste Grenzüberschreitung der Disziplinen auch Risiken in sich birgt.[3] Die ganzheitliche Betrachtung soll aber trotz der Befürchtung und auf die Gefahr hin gewagt werden, im eigenen juristischen Lager als abtrünnig zu gelten und im fremden ökonomischen Lager nicht aufgenommen zu werden.[4] Ist doch gerade die bewusste Verbindung der Disziplinen und das Gespräch mit Fachfremden das, was *Langewiesche* positiv als institutionalisierter Dauerstachel in der Einsamkeit des Forschers bezeichnet.[5]

Die Interdisziplinarität ermöglicht als andauernder Lernprozess eine Horizonterweiterung und damit einen Erkenntnisgewinn, der nur „im Kontext der eigenen disziplinären Methoden und Gegenstände [...] unerreichbar ist.“[6]

---

1 *Brandeis* 1916: 470.

2 Die Schnittstellenwissenschaft *Law and Economics* „beschäftigt sich mit der Frage, wie rechtliche Institutionen entstehen, funktionieren und verbessert werden können.“, <http://www.gess.ethz.ch/research/interests/bereich_law_economics> 03.08.2014; vgl. auch Englerth 2007; Englerth 2010.

3 Vgl. Streissler 1967: V-VI, der gar von der Gefahr des Vorwurfs des Dilettantismus spricht.

4 Vgl. Rittner 1967: 98; Wolf 1965.

5 Vgl. Langewiesche 2005: 21.

6 Köser 2005: 48.

1.6 Abgrenzung des Untersuchungsgegenstandes

Die Betrachtung konzentriert sich auf die relevanten europäischen RL und VO sowie die technischen Standards, Empfehlungen und Leitlinien der ESMA. Die konkrete Umsetzung der Vorgaben im Landesrecht (Stufe 4 des *Lamfalussy*-Verfahrens[7]) und die Analyse eines *level playing fields* bilden nicht Gegenstand dieser Abhandlung.

Ausgeklammert werden neben den steuerrechtlichen Fragen auch die Fragen zum Recht der Anwaltschaft, insb. die Fragen zum Verbot von Erfolgshonoraren und der Beteiligung am Prozessgewinn.[8]

Die Fachtermini, die in einer Fremdsprache übernommenen Zitate oder Begriffe sowie die Familiennamen werden im Text *kursiv* dargestellt.

Literatur und Rechtsprechung zur Prozessfinanzierung sowie zur AIFM-RL sind bis 01.01.2015 eingeflossen.

---

7 Siehe FN 210.

8 Vgl. BGE 2C_814/2014 vom 22.01.2015.

2 Gewerbliche Prozessfinanzierung

2.1 Prolog

Nach einer gern zitierten Redensart sind Recht haben und Recht bekommen nicht das Gleiche. Die Bedeutung dieser Redensart ist darin zu suchen, dass das Gesetz trotz einer möglicherweise im Laienverständnis unbestrittenen Rechtslage auslegungsbedürftig und im Rahmen der Rechtsverwirklichung risikobehaftet ist. Die Auslegung wird nach h.L. in Anwendung eines pragmatischen Methodenpluralismus vorgenommen. Der pragmatische Einsatz des Methodenkanons kann jedoch „nicht viel mehr als eine Scheinrationalität begründen. Denn letztlich gründet die Auslegung [...] auf Wertungen des individuell befassten Gerichts und ist deshalb immer mehr oder weniger subjektiv."[9] Die Auslegung selbst ist nach *Radbruch* das Ergebnis ihres Ergebnisses, d.h. das Auslegungsmittel wird erst dann gewählt, nachdem das Ergebnis schon feststeht. Somit wird nachträglich quasi schöpferisch aus dem Text begründet, was in Ergänzung und vorgefasster Meinung bereits zu Beginn feststeht.[10]

Im Prozess wird somit nicht die objektive Wahrheit ergründet. Dies, da die rechtsprechende Person als Subjekt den Erkennungsprozess auch als wertende subjektive Tätigkeit vornimmt. Es zählt im Prozess nur die prozessuale Wahrheit, welche sich zwangsläufig von der objektiven Wahrheit abgrenzen muss.[11] Pointiert spielt sich nach *Dürrenmatt* die Wahrheit gar in Etagen ab, die für die Justiz unerreichbar sind.[12]

Der Prozess ist somit als Instrument der Wahrheitsfindung mit grossen Unsicherheiten behaftet. Da es sich bei der Rechtsanwendung nun um die konkrete Rechtsverwirklichung der in Gesetze gefassten generell-abstrakten Rechte und Pflichten handelt, ist diese Rechtsunsicherheit als kritisch zu werten.[13] Die klagende Partei wird im Prozess zur Funktionärin der Gesamtrechtsordnung, da ein substantieller Beitrag zur Realisierung der objektiven Rechtsordnung geleistet wird. „Bei der effektiven Geltendmachung [...] kommt der Prozessfinanzierung [somit] in zweierlei Hinsicht eine wichtige Rolle zu: Zum einen kann sie

[9] Schwenzer 2000: RN 33.03.
[10] Vgl. Radbruch/Zweigert 1969: 169.
[11] Vgl. Obrecht 1982: 10-11.
[12] Vgl. Dürrenmatt 1998: 175.
[13] Vgl. Huber 1921: 347.

im Rahmen der individuellen oder auch kollektiven Rechtsdurchsetzung im Wege des Individualrechtsschutzes (Klagehäufung) einen verbesserten Rechtsschutz ermöglichen. Zum andern kommt der Prozessfinanzierung bei der Realisierung von Kollektivverfahren, insb. auch Verbandsklagen, eine entscheidende Rolle zu."[14]

Der Prozess ist i.d.S. ein willkommener Anlass, um zu einer Rechtsfrage Stellung zu nehmen und somit der konkreten Rechtsverwirklichung zu dienen.[15] Die Judikative hat eine ausserordentlich hohe Verantwortung auf dem schmalen Weg zur konkreten Rechtsverwirklichung, es gilt: „*Someone must be trusted. Let it be the judges.*"[16]

2.2 Definition

2.2.1 Herleitung einer eigenständigen Begriffsbestimmung

Eine Definition klärt nach *Aristoteles* das, was Gegenstand der Rede ist[17] und bezweckt die Schaffung einer übersichtlichen terminologischen Ordnung. Aus diesem Grund soll die gewerbliche Prozessfinanzierung einleitend definiert werden. Ein Begriff wohlgemerkt, der sich weder im geltenden Recht[18] noch als juristischer *terminus technicus* findet.

In der Praxis nimmt die mandatierte Anwaltschaft mit der Prozessfinanzierungsgesellschaft Kontakt auf und präsentiert den Rechtsfall. In Frage kommen nur diejenigen Fälle, bei denen die Rechtsvertretung der anspruchsberechtigten Partei zur Klageerhebung rät, diese jedoch aufgrund der hohen Verfahrenskosten von einer weiteren Verfolgung der Rechtssache absieht. Die Klageschrift im Entwurf dient der Prozessfinanzierungsgesellschaft als Basis für die erste grobe Beurteilung. Zudem wird eine Bonitätsprüfung der Gegenpartei vorgenommen. Dies, da auch eine rechtlich zugesprochene Forderung vollstreckt werden muss.

Erst nach dieser ersten, oft formulargestützten Vorprüfung und einer erfolgsversprechenden Einstufung kontrahiert die Prozessfinanzierungsgesellschaft mit der anspruchsberechtigten Partei und setzt sich detailliert mit der Ma-

---

14 Bundesrat 2013: 46.

15 Vgl. Baudenbacher 1985: 26 m.w.H.

16 Denning 1982: 330.

17 Vgl. Stekeler-Weithofer 1986: 66-67.

18 Abklärungen erfolgten diesbezüglich für die Rechtsordnungen von Deutschland <http://www.gesetze-im-internet.de>, Österreich <http://www.ris.bka.gv.at>, Liechtenstein <http://www.gesetze.li> und der Schweiz <http://www.admin.ch> 30.06.2014.

terie auseinander. In der Praxis wird nur ein Bruchteil der Gesuche als erfolgsversprechend beurteilt.[19] Auch behält sich die Prozessfinanzierungsgesellschaft das Kündigungsrecht vor (*caveat emptor*[20]), sollten sich die Erfolgsaussichten im Prozessverlauf nicht mehr positiv beurteilen lassen.

Die prozessuale Geltendmachung ist im Innenverhältnis nur indirekt, da die anspruchsberechtigte Person als Sicherungsmassnahme die Forderung an die Prozessfinanzierungsgesellschaft abtreten muss. Die anspruchsberechtigte Person wird im Aussenverhältnis zur Einziehung der Forderung ermächtigt und verpflichtet. Die anspruchsberechtigte Person hält die Forderung somit treuhänderisch für die Prozessfinanzierungsgesellschaft.[21] Aus prozesstaktischen Gründen wird die Abtretung Dritten gegenüber nur in seltenen Fällen offen gelegt. Eine Ausnahme davon bilden Abtretungen des kollektiven Rechtsschutzes[22], bei denen die Prozessfinanzierungsgesellschaft im Rahmen einer *collective class action* tätig wird.

Die Vorteile für die anspruchsberechtigte Partei liegen auf der Hand: Forderungen können mit beschränktem Risiko realisiert werden, und das Recht findet Durchsetzung, ohne dass eigenes Kapital eingesetzt, die Rechtsschutzversicherung oder die Prozesskostenhilfe bemüht werden müssen. Ist die anspruchsberechtige Partei eine juristische Person, dann kann die Prozessfinanzierung auch dazu verwendet werden, eine allfällige Rückstellung und Wertberichtigung bei einem hängigen Prozess[23] zu vermeiden. Die Bilanz wird somit nicht mit allfälligen Prozesskostenrisiken belastet.

2.2.2 Definition der gewerblichen Prozessfinanzierung

Die gewerbliche[24] Prozessfinanzierung stellt ein Geschäftsmodell[25] dar, bei dem eine Prozessfinanzierungsgesellschaft der anspruchsberechtigten Partei gegen eine Erfolgsbeteiligung und Sicherungszession die Übernahme sämtlicher

---

19 Vgl. Jaskolla 2004: 9-13 m.w.H.

20 Vgl. Wein 1995: 179-184.

21 Vgl. Kochheim 2003: 37-38.

22 Vgl. zum kollektiven Rechtsschutz in Bundesrat 2013 sowie Brönneke 2001; Leufgen 2007; Einhaus 2008; Halfmeier et. al. 2010; Reich 2012.

23 Vgl. Leibfried/Weber 2003: 84.

24 Nach Art. 2 lit. b der HRegV liegt Gewerblichkeit bei einer selbstständigen, auf dauernden Erwerb gerichteten wirtschaftlichen Tätigkeit vor.

25 Bei der gewerblichen Prozessfinanzierung handelt es sich somit um eine Erwerbsgesellschaft, „die auf die Erzielung und Verteilung von Gewinn ausgerichtet ist", Metzger 1996: Erwerbsgesellschaft.

Prozesskosten i.w.S. von bestimmten wirtschaftlich verwertbaren[26] Aktivprozessen zusichert und den dafür notwendigen Kapitalbedarf entweder durch eigene Kraft[27] oder auf dem Kapitalmarkt[28] deckt.

2.3 Abgrenzung zu anderen Formen der Prozessfinanzierung

2.3.1 Relevanz der Abgrenzung

Es gilt die gewerbliche Prozessfinanzierung abstrakt von den weiteren möglichen Formen der Finanzierung von Prozessen abzugrenzen. Je nach Einstufung können auch aufsichtsrechtliche Implikationen entstehen. Ist der Prozessfinanzierungsvertrag als Versicherung zu qualifizieren, so ist die Versicherungsaufsicht, bei Qualifikation als kollektive Kapitalanlage die jeweilige Wertpapier- und Marktaufsicht der Finanzmarktaufsichtsbehörde zuständig.[29]

2.3.2 Rechtsschutzversicherung

Die Abgrenzung der gewerblichen Prozessfinanzierung zur klassischen Rechtsschutzversicherungsgeschäft ist elementar und anspruchsvoll zugleich.

Das Versicherungsgeschäft bezweckt die gegenseitige Deckung eines zufälligen, jedoch abschätzbaren Bedarfs zahlreicher und gleichartig bedrohter Wirtschaftssubjekte. Gemeinsam sind ihnen folgende Merkmale: Gegenseitigkeit, planmässige und kontinuierliche Risikodeckung, bedarfsbezogene Leistung, zufälliger Eintritt des befürchteten Ereignisses und Schätzbarkeit der monetären Tragweite des befürchteten Ereignisses. Das Versicherungswesen basiert von jeher auf dem Gesetz der grossen Zahl[30] und damit auf der Wahrscheinlich-

---

26 Dies in Abgrenzung zu Unterlassungsanträgen (bspw. im Eherecht) oder Feststellungsanträgen (bspw. im Personenrecht).

27 Aufgrund des beträchtlichen Kapitalbedarfs zur Vorfinanzierung von Prozessen und der längeren Kapitalbindung ist eine Finanzierung aus eigener Kraft jedoch nicht realistisch und wird ausgeklammert.

28 Handelt es sich doch um „Angebot und Nachfrage nach mittel- (ein Jahr bis etwas acht Jahre) und langfristigen (mindestens fünf bis zehn Jahre) Mitteln.“, vgl. Metzger 1996: Kapitalmarkt. Dies im Gegensatz zum Geldmarkt, bei dem das „Angebot von und Nachfrage nach kurzfristigen (einen Monat bis ein Jahr) Mitteln“ vorherrschend ist, vgl. Metzger 1996: Geldmarkt.

29 Vgl. Kochheim 2003: 56-57.

30 Die mathematische Wahrscheinlichkeitsrechnung gestattet es, „Zufallsergebnisse innerhalb gewisser Grenzen für eine grössere Zahl von versicherten Risiken im Voraus zu berechnen. Nach dem Gesetz der grossen Zahl weichen die relativen Häufigkeiten zufallsbedingter Ereignisse [...] um so weniger voneinander ab, je höher die Zahl der Objekte und Personen ist, bei denen diese Ereignisse eintreten können.“ Winter 2007: 157 m.w.H.

keitsrechnung.[31] Die Versicherungsgesellschaft verspricht gegen eine regelmässige Entschädigung im Rahmen der Versicherungsprämie eine Leistung zu erbringen, sobald das ungewisse Ereignis (Schadensfall) eintritt.[32] Das Versicherungsgeschäft ist somit nur möglich, wenn einzelne Risiken zusammengeschlossen werden und im Sinne eines Riskotransfers auf eine Versichertengemeinschaft[33] übertragen werden.[34]

Als Rechtsschutzversicherungsunternehmen wird bezeichnet, „wer planmässig und selbständig Rechtsschutzversicherungsverträge abschliesst [...]. [Dieser] ist definiert als Austausch von Risikoübernahme und Prämienzahlung, wobei der Risikotransfer bestimmt wird durch die drei Elemente der versicherten Gefahr, die ein versichertes Risiko bedroht, das durch die versicherte Leistung geschützt wird.“[35] Durch Eingehen des Rechtsschutzversicherungsvertrages verpflichtet sich das Versicherungsunternehmen gegen Entgegennahme einer regelmässigen Prämie, die durch rechtliche Angelegenheiten verursachten Kosten zu übernehmen oder in solchen rechtlichen Angelegenheiten entsprechende Dienstleistungen zu erbringen.[36] Das Schadensregelungsunternehmen muss als rechtlich selbständige Einheit ausgestaltet sein. Wenn nicht, muss dem/der Versicherten die freie Wahl der Rechtsvertretung zugesichert werden.[37]

Die gewerbliche Prozessfinanzierung ist nicht dem Versicherungsgeschäft zuzuordnen. Dies, da die Prozessfinanzierungsgesellschaft keinerlei Dauerschuldverhältnis mit der potentiell anspruchsberechtigen Partei eingeht, sondern im Gegenteil nur im individuellen Bedarfsfall reagiert. Die Prozessfinanzierungsgesellschaft kalkuliert weiter nicht mit dem Gesetz der grossen Zahl, sondern „es [ist] gerade der Zweck der umfangreichen Risikoprüfung, dass nur solche Rechtsstreitigkeiten finanziert werden, die wirklich erfolgsversprechend

31 Vgl. Metzger 1996: Versicherung.

32 Vgl. Jaskolla 2004: 38.

33 Man spricht hier von einer versicherungstypischen Gefahrengemeinschaft, vgl. Jaskolla 2004: 41.

34 Vgl. Winter 2007: 157.

35 BSK VAG-Fuhrer, Art. 32 N 6.

36 Art. 161 AVO.

37 Vgl. Art. 32 VAG. Die *Ratio legis* ist hier „die Ausschaltung von Interessenkonflikten, denen der Rechtsschutzversicherer bei der Erledigung von Rechtsfällen, zu deren Deckung er sich mit dem Versicherungsvertrag verpflichtet hat, ausgesetzt sein kann. Interessenkonflikte können insb. dann auftreten, wenn zwischen der Rechtsschutzversicherung und anderen Versicherungszweigen ein widerrechtlicher Austausch von Versicherungsdaten stattfindet.“ BSK VAG-Fuhrer, Art. 32 N 3 m.w.H.

sind."[38] Eine Einstufung der Prozessfinanzierung als Rechtsschutzversicherung wird somit zu Recht abgelehnt.[39] „Zum einen fehlt es an einer unbedingten Pflicht zur Leistung einer Prämie. Zum anderen verfolgen [die involvierten Parteien] mit der Realisierung der Ansprüche ein gemeinsames Ziel."[40] Dieser *animus societatis* legt die Prüfung einer vertragsrechtlichen oder gar gesellschaftsrechtlichen Lösung nahe und die Versicherungslösung scheidet von vorneherein aus.

2.3.3 Prozesskostenhilfe als Regel und unentgeltliche Rechtspflege als Ausnahme

Die Prozesskostenhilfe (PKH) ist aus Sicht der konkreten Rechtsanwendung nur ein notwendiges, aber nicht hinreichendes Kriterium zur Wahrung der Rechtspflege. Die Rechtsverwirklichung wird heute „entscheidend über die Kostentragung gelenkt. Im idealen Rechtsstaat müsste das Verfahren [jedoch] kostenlos abgewickelt werden."[41] Die gegenläufige Tendenz der Rechtspraxis zeigt aber, dass die Prozessführung immer kostspieliger wird. Eine Tendenz, die nicht im Interesse der Prozessparteien, sondern die Reduktion der Rechtspflegekosten vielmehr im Interesse des Staates resp. der Allgemeinheit liegen mag.[42]

Die Länder der EU kennen die PKH, die beantragt werden kann, wenn die monetären Mittel nicht ausreichen, um ein Gerichtsverfahren zu bestreiten. Ziel ist, allen einen wirksamen Zugang zum Recht zu ermöglichen. Dies geschieht durch eine Befreiung von oder Übernahme der Gerichtsgebühren und der Gewährleistung der Vertretung durch die Anwaltschaft, sei es beratend oder prozessierend.[43]

In der Schweiz wird die unentgeltliche Rechtspflege (URP)[44] nur bei Mittellosigkeit der antragsstellenden Partei bewilligt. Somit wird dem/der in bescheidenen aber nicht ärmlichen[45] Verhältnissen lebenden BürgerIn der Rechts-

[38] Jaskolla 2004: 43.

[39] Vgl. Maubach 2002: 82-95; Kochheim 2003: 70-90; Dimde 2003: 82-91; Rochon 2003: 55-66; Jaskolla 2004: 35-46; Homberg 2006: 72-102, Wey 2008: 58-59; Krejci 2011: 428-430.

[40] Maubach 2002: 95.

[41] Baudenbacher 1985: 33, vgl. zu den Rechtsverfolgungskosten Jacot 1978: 6-19.

[42] Vgl. Schafft 2005: 32-34.

[43] Vgl. <http://ec.europa.eu/civiljustice/legal_aid/legal_aid_gen_de.htm> 4.8.2014.

[44] Unter den Kosten der Rechtspflege versteht man die Prozessführung und die Rechtsvertretung durch die Anwaltschaft; vgl. zur Vertiefung der schweizerischen URP Meichssner 2008; Wey 2008: 57-58.

[45] I.S.v. mittellosen Verhältnissen.

zugang nicht ermöglicht.[46] Auch in der nun eidg. ZPO wird weiterhin am Modell der URP festgehalten.[47]

Die PKH und auch die URP gelten als Sozialhilfe in besonderen Lebenslagen. Sie soll nur dann greifen, wenn die Belastung durch die zu erwartenden Rechtspflegegebühren den notwendigen Unterhalt (i.S. eines Existenzminimums) gefährden. Gedeckt werden jedoch nicht sämtliche Prozesskosten im ökonomischen Sinn, vor allem nicht die aussergerichtlichen Kosten bei der Prozessführung. Wenn die anspruchsberechtigte Partei im Prozess gar unterliegt, dann hat die beklagte Partei Anspruch auf volle Kostenerstattung. Dieses Kostenerstattungsrisiko im Unterlegensfalle ist weder durch die PKH noch die URP gedeckt.[48]

In der Literatur wird die Einstufung der gewerblichen Prozessfinanzierung als PKH resp. URP zu Recht abgelehnt und oft nur im Rahmen der obligatorischen Hinweispflicht der Anwaltschaft diskutiert.[49]

Im Rahmen der gewerblichen Prozessfinanzierung werden der anspruchsberechtigten Person über die PKH resp. URP hinaus Zugangsmöglichkeiten zum Recht verschafft. „Prozessfinanzierungsverträge stellen somit ein rechtliches Gestaltungsinstrument dar, durch das effektiver Rechtsschutz gewährleistet und letztlich materielle Gerechtigkeit hergestellt [werden kann].“[50]

---

46 Vogel/Spühler 2001: 11 N 14.

47 Art. 117-123 ZPO.

48 Dimde 2003: 77.

49 Vgl. Maubach 2002: 170-171; Kochheim 2003: 44-47; Dimde 2003: 68-82; Rochon 2003: 27-35; Jaskolla 2004: 153-154; Homberg 2006: 297-298.

50 *Dethloff* 2000: 2230.

2.3.4 Vergleichende Darstellung

Die Rechtsschutzversicherung, die PKH resp. die URP können im Vergleich mit der gewerblichen Prozessfinanzierung wie folgt dargestellt werden:

	Rechtsschutz-Versicherung	PKH und URP	Gewerbliche Prozessfinanzierung
Trägerschaft	Private Trägerschaft (Versicherungen)	Staatliche Institutionen	Private Trägerschaft (Investmentvehikel)
Anforderungen an den Streitwert	Keine Anforderungen	Keine Anforderungen	Mindeststreitsumme vorausgesetzt
Prüfung der Erfolgsaussichten	Ja	Nein	Ja
Bonitätsprüfung der anspruchsberechtigten Partei	Nein	Ja	Nein
Bonitätsprüfung der anspruchsgegnerischen Partei	Nein	Nein	Ja
Rechtsgebiete	Privat- und Verkehrsrecht	Jegliche staatliche Verfahren, bei denen der/die GesuchstellerIn unterstützungsbedürftig ist.	Je nach Vereinbarung sind sämtliche Rechtsgebiete möglich
Wahl der Rechtsvertretung	Freie Wahl oder die Rechtsvertretung wird durch Versicherung zur Verfügung gestellt	Freie Wahl der zur Prozessführung befugten Rechtsvertretung	Freie Wahl der zur Prozessführung befugten Rechtsvertretung
Voraussetzungen der Leistungspflicht	Versicherungsfall, ohne dass ein Leistungsausschluss vorliegt	Wirtschaftliche Bedürftigkeit bis Mittellosigkeit, hinreichende Erfolgsaussichten	Erfolgreiche Prüfung der Erfolgsaussichten durch die angefragte Prozessfinanzierungsgesellschaft
Umfang der Leistungspflicht	Vereinbarte Kosten bis Deckungssumme	Eigene Gerichtskosten, aber keine Übernahme von gegnerischen Prozesskosten bei Klageverlust	Übernahme sämtlicher Prozesskosten i.w.S., bei Klageverlust somit auch der gegnerischen Prozesskosten
Abgeltung an vorleistungspflichtige Trägerschaft	Periodische Versicherungsprämie	Unentgeltlichkeit	Prozentuale Beteiligung am Prozesserlös

Abbildung 2: Abgrenzung zu weiteren Formen der Prozessfinanzierung.[51]

[51] Vgl. Kochheim 2003: 50 mit eigenen Eränzungen.

2.4 Einordnung in das System der Vertragsarten

2.4.1 Relevanz der Einordnung

Die gewerbliche Prozessfinanzierung wird nun nach der abstrakten Abgrenzung konkret in das System der Vertragsarten eingeordnet.[52]

Die Parteien sind im Rahmen der Vertragsfreiheit des Schuldvertragsrechts[53] grundsätzlich frei bei der monetären Ausgestaltung von Leistungen resp. Gegenleistungen. „Grenzen für die freie Preisgestaltung [...] ergeben sich allenfalls aus öffentlich-rechtlichen Bestimmungen, dem Verbot sittenwidriger Verträge und der Anfechtung bei Übervorteilung.“[54] Dies steht im Zusammenhang mit „zahlreichen weiteren Zielvorgaben, denen die Rechtsordnung verpflichtet ist. Im Brennpunkt des Interesses stehen die Vorkehrungen der Rechtsordnung zur Sicherung eines Mindestmasses an inhaltlicher Ausgewogenheit der Parteivereinbarung.“[55]

Die Typenfreiheit dagegen bedeutet, „dass die Parteien nicht an die [...] geregelten Vertragstypen (Nominatverträge) gebunden sind, sondern die Freiheit haben, von diesen abzuweichen und gänzlich neue Vertragstypen zu gestalten (Innominatverträge).“[56]

Geprüft werden soll nun im Rahmen dieser Einordnung, ob es sich beim Prozessfinanzierungsvertrag um einen geregelten Vertragstyp (Nominatvertrag) oder um einen Innominatvertrag handelt.[57]

Der moderne Vertragstypus[58] der gewerblichen Prozessfinanzierung wird einschränkend ausschliesslich zum Kaufvertrag, zum Darlehensvertrag und zur einfachen (stillen) Gesellschaft abgegrenzt.

---

52 Vgl. Maubach 2002: 69-104; Kochheim 2003: 54-104; Dimde 2003: 155-198; Rochon 2003: 52-92; Jaskolla 2004: 31-75; Homberg 2006: 40-142; Wey 2008: 66-72.

53 Dies mit Ausnahme vom Gesellschafts- und Wertpapierrecht und im Gegensatz zu den übrigen Gebieten des Privatrechts (Familienrecht, Erbrecht und Sachenrecht), bei welchen jeweils der Typenzwang vorherrschend ist, vgl Schwenzer 2000: RN 26.22; ausführlich Radke 2001.

54 Schwenzer 2000: RN 26.19.

55 Stoffels 2001: 357.

56 Schwenzer 2000: RN 26.21; vgl. Stoffels 2001: 32/104.

57 Die vertragsrechtliche Qualifikation, sei es als Nominatvertrag oder als Innominatvertrag, spielt vor allem bei der möglichen Lückenfüllung eine Rolle. Ein Rückgriff auf das dispositive Recht setzt eine vertragstypische Qualifikation (Nominatvertrag) voraus. Innominatverträge erlauben dagegen nicht den generellen Rückgriff auf eine singulär geregelte Vertragsform.

2.4.2 Forderungskaufvertrag (echtes Factoring)

Ein Forderungskauf wird allgemein als Factoring bezeichnet. Darunter versteht man „den Ankauf von Forderungen [...] vor ihrer Fälligkeit durch einen Factor. Im Gegensatz zum Kundenkredit übernimmt der Factor neben der Finanzierungsfunktion auch verschiedene Dienstleistungsfunktionen[59] und häufig auch eine Versicherungsfunktion (Ausfallversicherung).“[60] Betrachtet wird das echte Factoring, bei welchem der/die KäuferIn die Forderung erwirbt und auch das Delkredererisiko (Ausfallrisiko) übernimmt. Dies im Gegensatz zum reinen Inkasso, das sich auf den Einzug von Geld gegen Forderung beschränkt[61] sowie dem unechten Factoring (Darlehensvertrag).

Der gewerbliche Prozessfinanzierungsvertrag klassifiziert sich nicht als echtes Factoring. Die Übertragung der Forderung i.S. der Sicherungszession findet nicht zu Eigentum, sondern vielmehr einzig kraft Sicherheit statt. Auch wird die Prozessfinanzierungsgesellschaft im Falle des Obsiegens (resp. der Realisierung des Anspruchs) am Prozesserlös beteiligt und es erfolgt keine Verrechnung mit einer Gegenforderung. Wenn die anspruchsberechtigte Person den Prozessfinanzierungsvertrag kündigt, wird die Sicherungszession aufgehoben. Zudem widerspricht das Kündigungsrecht im Prozessfinanzierungsvertrag dem Wesen des Kaufvertrages als einmalige Leistung und nicht als Dauerschuldverhältnis. Eine Einstufung des gewerblichen Prozessfinanzierungsvertrages als Kaufvertrag (echtes Factoring) wird einhellig abgelehnt.[62]

2.4.3 Darlehensvertrag (unechtes Factoring)

Der klassische Darlehensvertrag kann als unechtes Factoring ausgestaltet werden. Neben dem Darlehen wird zur Sicherung die Forderung an den/die DarlehensgeberIn (Zessionar/Factor) abgetreten. Bei Uneinbringlichkeit der Forderung wird die Zession aufgehoben und der Darlehensbetrag wird neben Zins zur Rückzahlung fällig. Unecht wird das Factoring bezeichnet, weil der Factor als DarlehensgeberIn keinerlei Delkredererisiko übernimmt.[63]

---

58 Moderne Vertragstypen klassifizieren sich durch ihre Neuartigkeit und hohe Bedeutung im Wirtschaftsleben, vgl. Martinek 1991: 4.

59 Fakturierung, Debitorenbuchhaltung, Mahnwesen, Bonitätsprüfungen usw.

60 Lechner et. al. 2010: 275.

61 Vgl. Metzger 1996: Inkasso.

62 Vgl. Maubach 2002: 70-72; Kochheim 2003: 61-66; Dimde 2003: 178-180; Rochon 2003: 54-55; Jaskolla 2004: 51-52; Homberg 2006: 44-50; Wey 2008: 67-68; Krejci 2011: 433-434.

63 Vgl. Kochheim 2003: 66.

Der gewerbliche Prozessfinanzierungsvertrag klassifiziert sich nicht als Darlehensvertrag (unechtes Factoring). Dies, da nicht der vermeintliche Anspruch, sondern vielmehr die vorläufigen Prozesskosten bevorschusst werden. Die Zession des Anspruchs im Rahmen der Prozessfinanzierung stellt eine reine Sicherungszession dar. Der Zedent erhält keine Abgeltung i.S. eines Darlehensbetrages. Eine Einstufung der Prozessfinanzierung als Darlehensvertrag wird abgelehnt.[64]

2.4.4 Partiarisches Darlehen

Teilweise wird in der Literatur auch das Vorliegen eines partiarischen Darlehens geprüft. Darunter versteht man ein Darlehen, bei welchem neben der Pflicht zur Rückerstattung und Zinszahlung eine besondere Vergütungsvereinbarung eingegangen wird.[65] Diese beinhaltet eine Beteiligung (Partizipation) am Ertrag, welcher durch die produktive Verwendung der Darlehenssumme erarbeitet wird.[66] Nach *Bucher* handelt es sich beim partiarischen Darlehen um Interessengegensatz-Verträge, bei welchen der/die DarlehensgeberIn höchstens in beschränktem Umfang Mitsprache- oder Kontrollbefugnisse hat.[67]

Das partiarische Darlehen kann nur vorliegen, „wenn kein [konkludenter] Vertrag über die stille Gesellschaft vorliegt. Diese Abgrenzung erfolgt grundsätzlich danach, ob die Parteien mit dem Vertrag einen gemeinsamen Zweck verfolgen, was für das Vorliegen einer stillen Gesellschaft spricht, oder ob sie lediglich eigene Interessen zu erreichen versuchen, was eher auf einen Darlehensvertrag hindeutet."[68]

Der Prozessfinanzierungsvertrag kann nicht als partiarisches Darlehen eingestuft werden, da vor allem die unterschiedliche Zweckverfolgung und die Verlustbeteiligung der Prozessfinanzierungsgesellschaft[69] dagegen sprechen.[70]

---

64 Vgl. Maubach 2002: 73-79; Kochheim 2003: 57-61/66-67; Dimde 2003: 180-181/183-185; Rochon 2003: 68-80; Jaskolla 2004: 47-50; Homberg 2006: 50-56/61-64; Wey 2008: 67-68; Krejci 2011: 426-427.

65 BSK OR I-Schärer/Maurenbrecher, Art. 312 N 37-38, 43.

66 Guery 1999: 2.

67 Bucher 1988: 198.

68 Homberg 2006: 63 m.w.H., vgl. Guery 1999: 145ff.

69 Trägt der Prozessfinanzierer doch das monetäre Risiko bei Klageabweisung.

70 Vgl. Maubach 2002: 76-79; Kochheim 2003: 97; Jaskolla 2004: 64-71; Homberg 2006: 50-56/62-64; unschlüssig: Dimde 2003: 188-189; Krejci 2011: 426-427; a.M. Rochon 2003: 68-80.

2.4.5 Stille Gesellschaft

Unter der einfachen Gesellschaft versteht man eine „vertragliche Verbindung von mehreren Personen zur Verfolgung eines gemeinsamen Zwecks.“[71] Still wird diese einfache Gesellschaft dann bezeichnet, wenn sie als reine Innengesellschaft ohne Publizitätswirkung gegenüber Dritten entsteht. Mit Aussenwirkung ist somit nur der/die HauptgesellschafterIn berechtigt und verpflichtet.[72]

Die stille Gesellschaft unterscheidet sich vor allem durch den *animus societatis* vom partiarischen Darlehen.[73] Dieser liegt nach *Bucher* nur bei Gesellschaftsverträgen als Interessenvergemeinschaftungs-Verträgen vor, da das gemeinsame ziel- und zweckgerichtete Geschäft durch beidseitige Mitsprache- und Kontrollbefugnisse gesichert ist.[74]

Die Verlustbeteiligung, welche die Klassifizierung als partiarisches Darlehen noch abwegig erscheinen liess, ist gerade Bestandteil einer gesellschaftsrechtlichen Beteiligung. Der/die AnspruchsinhaberIn und auch die Prozessfinanzierungsgesellschaft verfolgen einen gemeinsamen Zweck, haben also einen *animus societatis*. Die anspruchsberechtigte Person macht die Forderung im Aussenverhältnis selbst und in eigenem Namen geltend.

In der Literatur wird der Prozessfinanzierungsvertrag somit folgerichtig als Gesellschaftsvertrag zur (konkludenten) Gründung einer stillen Gesellschaft verstanden.[75]

---

71 BSK OR I-Handschin, Art. 530 N 1.

72 Detailliert zur stillen Beteiligung inkl. Formulierungsvorschlag für einen typisch stillen Beteiligungsvertrag siehe Rauch et. al. 2014: 259-317.

73 Vgl. BSK OR I-Handschin, Art. 530 N 15; Guery 1999: 13.

74 Vgl. Bucher 1988: 198.

75 Vgl. Maubach 2002: 95-103; Kochheim 2003: 90-104; Dimde 2003: 186-198; Jaskolla 2004: 63-71; Homberg 2006: 50-56/102-142; Wey 2008: 71-72; a.M. Rochon 2003: 81-89, der vor allem den gemeinsamen Zweck in Frage stellt und vielmehr das gemeinsame wirtschaftliche Ziel eines möglichst hohen Gewinnes vorbringt, um wiederum dem partiarischen Darlehen den Vorzug geben zu können. Rochon übersieht jedoch, dass der gemeinsame Zweck bei der einfachen stillen Gesellschaft zum Zwecke der Prozessfinanzierung nicht die Prozessführung und Durchsetzung um jeden Preis ist, „sondern die im wirtschaftlichen Ergebnis sinnvollste Verfolgung der Ansprüche. Dies kann [...] unter Umständen auch ein Vergleichsabschluss sein, der sich mit weniger als der zunächst eingeklagten Summe zufrieden gibt, sofern die weitere Beweislage nämlich negativ ist oder das Gericht signalisiert, auch in einem Urteilsspruch nicht mehr als angeboten gewähren zu wollen. [...] Daher verfolgen ProzessfinanziererIn und AnspruchsinhaberIn durchaus einen gemeinsamen Zweck [*animus societatis*], indem sie nämlich unter prozessökonomischen Gesichtspunkten ein Verfahren führen und dabei versuchen, das Maximum an Erlös zu erzielen.“ Maubach 2002: 98-99; a.M. aus neuster Zeit Krejci 2011: 434-436.

2.4.6 Vergleichende Darstellung

	Forderungskauf (echtes Factoring)	Darlehensvertrag (unechtes Factoring)	Partiarisches Darlehen	Stille Gesellschaft
Vertragsform	Kaufvertrag	Darlehensvertrag	Darlehensvertrag	Vertrag (formfrei)
Beteiligte Parteien	Factor und Kunde/Kundin	Factor und Kunde/Kundin	BorgerIn und DarleiherIn	GesellschafterIn
Gegenleistung	Kaufpreis	Zins und Anspruch auf Rückzahlung	Zins plus Gewinnanteil plus Anspruch auf Rückzahlung	Gesellschaftsbeteiligung
Zweckgemeinschaft	Kein gemeinsamer Zweck vorliegend	Kein gemeinsamer Zweck vorliegend	Kein gemeinsamer Zweck, aber tlw. gleiche Interessen	*Affectio societatis* und Anstreben eines gem. Zweckes
Kooperatives Zusammenwirken	Keine Mitwirkungsrechte der Parteien	Keine Mitwirkungsrechte der Parteien	Keine Mitwirkungsrechte der Parteien	Mitwirkungsrechte der Gesellschafter
Vertretung nach Aussen	KäuferIn als Erwerber der Forderung	DarlehensnehmerIn als Berechtigte/r	DarlehensnehmerIn als Berechtigte/r	HauptgesellschafterIn
Ausfallrisiko	Factor übernimmt das Delkredererisiko	Kunde/Kundin trägt das Delkredererisiko	BorgerIn trägt das Delkredererisiko	HauptgesellschafterIn (strittige Forderung) NebengesellschafterIn (Prozesskosten)
Beendigung	Leistung und Gegenleistung	Zeitablauf oder Kündigung	Zeitablauf oder Kündigung	Zweckerreichung oder Auflösung

Abbildung 3: Einordnung in das System der Vertragsarten.

2.5 Vertragsmodell der Prozessfinanzierung

2.5.1 Dreiparteienkonstellation

Im klassischen Modell der Prozessfinanzierung sind drei Parteien beteiligt: Anspruchsberechtigte Person, Prozessfinanzierungsgesellschaft und die Anwaltschaft. Zum besseren Verständnis der zwischen den Parteien herrschenden Verträge sollen diese nachfolgend in aller Kürze erläutert werden, wobei nur auf die wichtigsten Spezifika[76] eingegangen wird.[77]

2.5.2 Prozessfinanzierungsvertrag

Die anspruchsberechtigte Person und die Prozessfinanzierungsgesellschaft schliessen den Prozessfinanzierungsvertrag.[78] Es handelt sich dabei um die Be-

---

[76] Eine Beurteilung der einzelnen Vertragsbestimmungen findet sich auch in Maubach 2002: 105-151; Kochheim 2003: 105-213; Dimde 2003: 156-167; Rochon 2003: 52-157; Jaskolla 2004: 13-29; Homberg 2006: 21-26/198-313; Wey 2008: 52-56.

[77] Vgl. Maubach 2002: 17.

[78] In Anhang 2 finden sich der Musterfinanzierungsvertrag nebst Abretungsvereinbarung der FORIS AG, Bonn, (nachfolgend FORIS-MV) sowie im Anhang 3 der Musterfinanzierungsvertrag mit Abretungsvereinbarung und Vollmacht sowie Anweisung der LEGI-

gründung einer stillen Gesellschaft. Gesellschaftszweck ist die gemeinsame Wahrnehmung der Realisierung des strittigen Anspruches neben der Regelung der Tragung der Prozesskosten i.w.S. und der Regelung der Beteiligung der Parteien am Prozesserlös. Die GesellschafterInnen verpflichten sich zur umfassenden und zeitnahen Information über alle Umstände, die für die Durchsetzung der strittigen Ansprüche von Bedeutung sein können.[79]

Im Rahmen von vorvertraglichen Handlungen prüft die Prozessfinanzierungsgesellschaft die Erfolgsaussichten der strittigen Forderungen[80], unterlässt aber jegliche Art von Rechtsberatung an die anspruchsberechtigte Person.[81] Kommt die Prozessfinanzierungsgesellschaft zum Entschluss, dass die Erfolgsaussichten der strittigen Forderung einer Finanzierung entgegenstehen, so sieht diese von einer Weiterverfolgung ab. Die Prozessfinanzierungsgesellschaft ist nicht verpflichtet, der anspruchsberechtigten Person die Gründe für die Kündigung resp. die zugrundliegende rechtliche Einschätzung darzulegen.

Bei positiver Beurteilung der Erfolgsaussichten verpflichtet sich die Prozessfinanzierungsgesellschaft zur Übernahme der Kosten zur Durchsetzung des strittigen Anspruches ab dem Zeitpunkt des Vertragsabschlusses. Die anspruchsberechtigte Person verpflichtet sich, den Rechtsstreit sorgfältig und sachgemäss zu führen. Zudem vereinbaren die Parteien umfassende Informations- und Verhaltenspflichten. Da die anspruchsberechtigte Person nach aussen die Streitsache vertritt, verpflichtet sich diese, im Innenverhältnis bei prozessualen oder materiell erheblichen Handlungen vorab die Zustimmung des Prozessfinanzierers einzuholen. „Insbesondere ist [die anspruchsberechtigte Person] nicht dazu berechtigt, ohne Absprache über den Anspruch zu verfügen."[82] Die

AL AG, München, (nachfolgend LEGIAL-MV). Beide Prozessfinanzierungsgesellschaften haben das Vertragswerk freundlicherweise mit Einwilligung vom 05.08.2014 für die Diskussion und die Publikation in dieser Abhandlung zur Verfügung gestellt.

79 Vgl. FORIS-MV: Vorbemerkungen.

80 Vgl. FORIS-MV: Ziff. 2; LEGIAL-MV: § 2.

81 Vor allem geht es hier darum, dass die Prozessfinanzierungsgesellschaft nicht indirekt eine Anwaltsdienstleistung erbringen soll und so gegen das Quata-litis-Verbot verstossen könnte. Es gilt der Grundsatz: „Je näher der Prozessfinanzierungsvertrag einer Anwaltsmandantierung gleichkommt, desto eher ist diese Frage [der Relevanz der Anwendung des Quota-litis-Verbotes] zu bejahen, je geringer die Affinitäten sind, desto eher kommt eine Verneinung [dessen Anwendung] in Betracht." Krejci 2011: 426, vgl. auch FORIS-MV: Ziff. 2.1; LEGIAL-MV: § 2 Ziff. 1.

82 Dimde 2003: 162.

Parteien verpflichten sich üblicherweise zur Geheimhaltung[83], da negative Auswirkungen auf die Anspruchsrealisierung verhindert werden sollen.

Naturgemäss nimmt die Erlösbeteiligung, resp. Festlegung und Berechnung der Abgeltung für die Tätigkeiten der Prozessfinanzierungsgesellschaft[84] im Vertragswerk einen hohen Stellenwert ein. Die Vergütung wird als prozentualer Anteil am realisierten Vermögenswert bemessen. Die Prozessfinanzierungsgesellschaft LEGIAL AG kennt bspw. bei einem Prozesserlös bis Euro 500‘000 eine Beteiligung von 30 Prozent und zusätzlich 20 Prozent von den über Euro 500‘000 hinausgehenden Beträgen.[85]

Weiter sind selbstverständlich Klauseln zur Vertragslaufzeit, Kündigung und Beendigung, Rechtswahl- und auch Gerichtsstandsklauseln Bestandteil eines jeden Prozessfinanzierungsvertrages[86].

2.5.3 Informationsvollmacht

Als Nebenabrede im Prozessfinanzierungsvertrag oder auch als eigenständige Vollmacht verpflichtet die anspruchsberechtigte Person die eigene Rechtsvertretung, jederzeit die Prozessfinanzierungsgesellschaft über den Gang des Verfahrens in Kenntnis zu setzen.[87] Die mandatierte Anwaltschaft wird diesbezüglich von der anwaltlichen Schweigepflicht[88] befreit.

Die Prozessfinanzierungsgesellschaft hat im Rahmen dieser Informationsvollmacht keinerlei Weisungsrecht an die Anwaltschaft. Zudem leistet die Prozessfinanzierungsgesellschaft keinerlei Rechtsberatung oder anwaltliche Vertretung. In bestimmten Fällen stehen die Weisungen der anspruchsberechtigten Person an die mandatierte Rechtsvertretung jedoch unter dem Zustimmungsvorbehalt[89] der Prozessfinanzierungsgesellschaft.

---

[83] Vgl. LEGIAL-MV: § 11, der FORIS-MV kennt keine Geheimhaltungsklausel (mehr).
[84] Vgl. FORIS-MV: Ziff. 4; LEGIAL-MV: § 5.
[85] Vgl. LEGIAL-MV: § 5 Ziff. 3.
[86] Vgl. FORIS-MV: Ziff. 9-10; LEGIAL-MV: §§ 9-10, 12-13.
[87] Vgl. FORIS-MV: Ziff. 6.7 Abs. 2; LEGIAL-MV: § 7 Ziff. 3 lit. a-c, zudem Maubach 2002: 120-123; Kochheim 2003: 214-248; Dimde 2003: 161; Rochon 2003: 161; Jaskolla 2004: 22-23; Wey 2008: 55-56; Homberg 2006: 23-24.
[88] Vgl. FORIS-MV: Ziff. 6.6-6.7 Abs. 1; LEGIAL-MV: § 7 Ziff. 3 lit. d.
[89] Vgl. FORIS-MV: Ziff. 6.4; LEGIAL-MV: § 7 Ziff. 4.

2.5.4 Sicherungszession

Als Nebenabrede im Prozessfinanzierungsvertrag oder auch als eigenständige Vereinbarung wird zudem eine Sicherungszession[90] vorgenommen.

Die Prozessfinanzierungsgesellschaft lässt sich den strittigen Anspruch sowie den allfälligen Kostenerstattungsanspruch im Innenverhältnis abtreten. Die anspruchsberechtigte Person wird zeitgleich berechtigt und verpflichtet, die abgetretenen Ansprüche in ihrem eigenen Namen im Aussenverhältnis geltend zu machen. Die anspruchsberechtigte Person hält den strittigen Anspruch demzufolge treuhänderisch für die Prozessfinanzierungsgesellschaft.

2.5.5 Anweisung

Zur Sicherstellung des Anspruchs der Prozessfinanzierungsgesellschaft auf Beteiligung am allfälligen Prozesserlös, weist die anspruchsberechtigte Partei die eingesetzte Anwaltschaft zu einer verbindlichen Erlösverteilung an. Sämtliche aus dem konkreten Rechtsstreit erzielten Erlöse sind auf ein segregiertes Mandantenkonto zu leisten. Zudem wird die eingesetzte Anwaltschaft angewiesen, den Prozesserlös gestützt auf die im Prozessfinanzierungsvertrag vereinbarte Regelung aufzuteilen.[91]

2.5.6 Zusätzliche Abgeltung der Anwaltschaft

Die Prozessfinanzierungsgesellschaft leistet der mandatierten Anwaltschaft üblicherweise für den durch die Einhaltung des Prozessfinanzierungsvertrages und den Vollzug der Informationsvollmacht entstandenen Mehraufwand[92] eine zusätzliche Gebühr.

Diese zusätzliche Gebühr findet ihren Ursprung im Prozessfinanzierungsvertrag und es wird explizit kein Vertragsverhältnis zwischen Prozessfinanzierungsgesellschaft und Anwaltschaft begründet. Rein theoretisch ist es der anspruchsberechtigten Person freigestellt, diese Gebührenklausel zu streichen, in der Praxis wird dies jedoch kaum vorkommen. Mit diesen Vorkehrungen versu-

---

[90] Vgl. FORIS-MV: Ziff. 5 sowie Abtretungserklärung als Anhang; LEGIAL-MV: § 6 Ziff. 1 sowie Abtretungsvereinbarung und Vollmacht im Anhang; zudem Maubach 2002: 179-180; Kochheim 2003: 210-213; Dimde 2003: 163-164; Rochon 2003: 98-99; Jaskolla 2004: 18-20; Homberg 2006: 220-228; Wey 2008: 54.

[91] Vgl. FORIS-MV: Ziff. 5.7 Absatz 2; LEGIAL-MV: § 5 Ziff. 6 sowie die Anweisung im Anhang des LEGIAL-MV; zudem Maubach 2002: 123-125; Dimde 2003: 166-167; Rochon 2003: 178-182; Jaskolla 2004: 16-17.

[92] Korrespondenz, Informationen, Auskünfte, Fotokopien etc.

chen die Parteien das Risiko zu reduzieren, dass die Gebühr als (verbotenes) Erfolgshonorar[93] klassifiziert wird.[94]

Eine Schnittstelle zum Anwaltsrecht[95] und eine mögliche Verstärkung der Informationsasymmetrie der Parteien mit der Gefahr von *hidden intention* und *hidden action* sind durch diese zusätzliche Anreizgebühr[96] nicht von der Hand zu weisen, insb. weil schon gestützt auf den Mandatsvertrag eine Abgeltung des Mehraufwandes möglich wäre.

2.5.7 Schiedsabrede

Als Nebenabrede im Prozessfinanzierungsvertrag oder auch als eigenständige Vereinbarung kann weiter auch eine Schiedsabrede[97] getroffen werden.

Im Prozessfinanzierungsvertrag gründende Streitigkeiten sind so dem ordentlichen Gericht entzogen und vor einem Schiedsgericht zu führen. Trotz der hohen Kosten der Streitschlichtung vor einem Schiedsgericht, können unter anderem folgende Gründe für eine derartige Schiedsvereinbarung sprechen: a) als Schiedsrichter werden bereits Fachexperten/Fachexpertinnen eingesetzt und so die Notwendigkeit des Beizugs von Sachverständigen oder Gutachtern/Gutachterinnen reduziert, b) das Verfahren wird beschleunigt und ordentliche Rechtsmittel können ausgeschlossen werden und c) den allenfalls vorherrschenden Geheimhaltungsbedürfnissen der Parteien kann weiterhin Rechnung getragen werden.[98]

---

93 Vgl. rechtsvergleichend Gattiker 1975: 35-47; allgemein Höchli 1991; Nater 2008; unabhängig davon und standesrechtlich unproblematisch ist die Vereinbarung einer reinen Erfolgsprämie, welche zusätzlich zum Honorar geschuldet wird (*pacta de palmario*).

94 Vgl. FORIS-MV: Ziff. 3.1 lit. b; LEGIAL-MV: § 3 Ziff. 4; zudem Maubach 2002: 148-150; Kochheim 2003: 226-228; Jaskolla 2004: 22-23; der guten Ordnung halber sei als Einstieg zu Fragen des Verbots von Erfolgshonorar und der Beteiligung am Prozessgewinn verwiesen auf Fellmann/Bizzaro 2010: N 383-398/1218-1224 sowie *Wegmüller* 2013: 239.

95 Vgl. für Deutschland Homberg 2006: 313-368; für die Schweiz *Toggenburger* 2003; Wey 2008; *Wegmüller* 2013.

96 Vgl. Kochheim 2003: 228-231; a.M. Jaskolla 2004: 22-23.

97 Weder der FORIS-MV noch der LEGIAL-MV kennen derzeit eine Schiedsabrede-Klausel.

98 Vgl. Vogel/Spühler 2001: 14 N 8-13.

2.5.8 Vergleichende Darstellung

Die vorherrschenden Vertragsbeziehungen lassen sich in der Dreierkonstellation wie folgt darstellen:

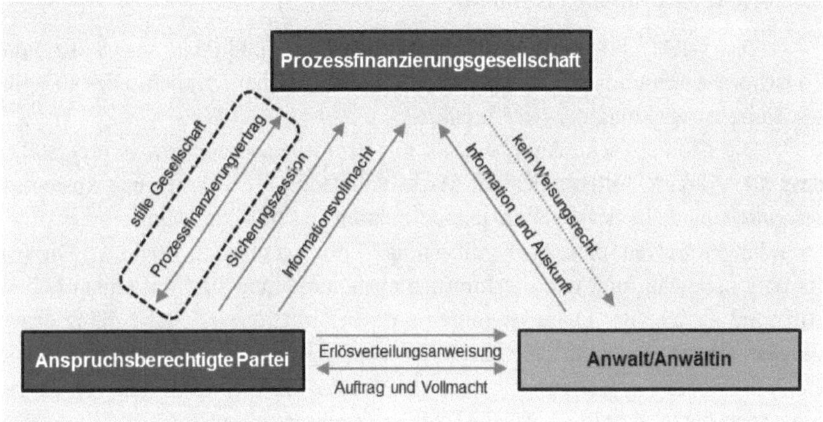

Abbildung 4: Vertragsbeziehungen.

2.6 Ökonomische Analyse des Rechts

2.6.1 Grundlagen

Wenn die Ökonomie und das Recht im Rahmen der ÖAR begutachtet werden, wird schnell klar, dass beide Disziplinen das menschliche Entscheidungsverhalten zum Gegenstand haben.[99] Die rechtlichen Regelungen werden anhand ökonomischer Methoden analysiert und beurteilt.[100]

Die ÖAR basiert auf der Grundannahme, dass der Mensch als rationaler Nutzenmaximierer (*homo oeconomicus*) danach strebt, seine Bedürfnisse zu befriedigen (Eigennutztheorem) und die Mittel möglichst effizient einzusetzen (Rationalitätsannahme).[101]

Bei den rechtlichen Entscheidungen im Rahmen der abstrakten[102] und konkreten[103] Rechtsverwirklichung liegt mit Wahl der relevanten Rechtsnorm auch eine Entscheidung zwischen verschiedenen Handlungsalternativen vor. Die

[99] Vgl. Behrens 1986: 30; Posner 1993: 90.
[100] Vgl. Mastronardi 2009: RN 385.
[101] Vgl. Towfigh 2010: 23; Mastronardi 2009: RN 381/386.
[102] I.S. der Legislative.
[103] I.S. der Judikative.

Entscheidung muss auf der Basis des ökonomischen Denkens beruhen.[104] Mit der ÖAR soll die ökonomische Wirkung der Entscheidungen im Rahmen der gewerblichen Prozessfinanzierung untersucht werden.

2.6.2 Neue Institutionenökonomik

Die NIÖ[105] beschäftigt sich mit Entstehung und Wirkungsweise von Tauschprozessen und dem dazugehörigen institutionellen Rahmen. Die NIÖ gilt als Weiterentwicklung der Neoklassik.

Die neoklassische Annahme hat mit dem *homo oeconomicus* unterstellt, dass alle Akteure/Akteurinnen im Markt vollständig, rechtzeitig und kostenlos informiert sind. In der Realität jedoch müssen die MarktteilnehmerInnen Entscheidungen treffen, ohne über vollständige Informationen zu verfügen. Die Informationsbeschaffung und die Informationsverarbeitung sind mit einem hohen Aufwand verbunden. Diese asymmetrische Informationsverteilung führt dazu, dass der Markt als Ganzes in seiner Funktionsweise beschränkt wird.[106] Es liegt ein Marktversagen vor. Die Regulierung als staatlicher Eingriff soll nun korrigierend in die marktwirtschaftliche Ordnung eingreifen.[107]

2.6.3 Prinzipal-Agent-Ansatz

a) Von der Informationsasymmetrie zum Vertragsproblem

Wenn die Information zwischen der AuftraggeberIn (Prinzipal) und der AuftragnehmerIn (Agent) asymmetrisch verteilt ist, besteht für den Agenten der Anreiz, „sich vor bzw. nach Vertragsabschluss oder in beiden Fällen opportunistisch zu verhalten."[108] Der Prinzipal erwartet vom Agenten im Rahmen der Übertragung von spezifischen Aufgaben auch eine faire Gegenleistung. Da es keine vollkommene und kostenlose Markttransparenz gibt, ist diese Leistung für den Prinzipal jedoch schwer messbar. Die Gefahr einer Täuschung durch den Agenten ist immanent.[109]

Der Agent hat einen Informationsvorsprung und kann die Opportunitäten besser beurteilen. Der Prinzipal dagegen kann die Handlungen des Agenten nur

---

104 Vgl. Behrens 1986: 30.

105 Bekannte Teilgebiete der NIÖ sind die Theorie der Verfügungsrechte, die Transaktionskostentheorie und der Prinzipal-Agent-Ansatz. Letzterer bildet Basis für die weitere Betrachtung in dieser Abhandlung.

106 Vgl. Fritsch 2011: 247.

107 Vgl. *Heun* 2010: 62.

108 Richter/Furubotn 2010: 596.

109 Vgl. Göbel 2002: 62.

beschränkt einschätzen. Das Risiko besteht nun, dass der Agent als Nutzenmaximierer (*homo oeconomicus*) diesen Informationsvorsprung für seine Bedürfnisse einsetzt und nicht ausschliesslich im besten Interesse des Prinzipals handelt. Dieses Risiko versucht man mit Instrumenten der NIÖ einzuschränken.[110]

Durch Informations- und Aufklärungspflichten soll das Informationsgefälle gesenkt werden. Weiter sollen die Interessen der beiden Anspruchsgruppen durch eine geschickte Gestaltung der materiellen Anreizsysteme harmonisiert werden. Auf diese Weise kann die nötige Vertrauensbeziehung zwischen den Parteien gefördert werden.[111]

Eine Erhöhung der Informationspflichten und vertiefte Aufklärungspflichten sind für den/die AnbieterIn von Dienstleistungen nicht hinderlich, verhält sich doch gerade das Kundeninvolvment direkt proportional zur Preisakzeptanz. Gut informierte und interessierte AuftraggeberInnen verfügen über eine hohe Produkt- und Dienstleistungsbeteiligung und sind gemäss neusten wissenschaftlichen Untersuchungen auch eher bereit, Preiserhöhungen zu akzeptieren.[112] Im Idealfall wird somit ein Modell angestrebt, bei dem der Kundschaft nicht retrozessionsbasiert Produkte und Dienstleistungen verkauft werden, sondern i.S. einer Honorarberatung die Beratungszeit in Rechnung gestellt und ein hohes *Involvement* angestrebt wird.[113]

b) Grundtypen der asymmetrischen Information

Die Problemfelder der asymmetrischen Informationsverteilung lassen sich in drei Grundtypen aufteilen: verborgene Eigenschaften (*hidden characteristics*), verborgene Handlung (*hidden action*) und verborgene Information (*hidden information*).[114]

Unter verborgenen Eigenschaften versteht man die Problematik, dass der Prinzipal die Eigenschaften des Agenten vor Vertragsabschluss weder bezogen auf Person noch Qualität der angebotenen Güter und Dienstleistungen in Erfahrung bringen kann. Diese Eigenschaften bleiben häufig verborgen und es besteht die Gefahr einer adversen Selektion (*adverse selection*).[115] Der Prinzipal richtet die Zahlungsbereitschaft nur noch an der durchschnittlich zu erwartenden Qualität aus. Ein Agent, der überdurchschnittliche Qualität anbietet, kann aufgrund

110 Vgl. Ebd.: 100.
111 Vgl. Ebd.: 118-119.
112 Vgl. Degen 2010.
113 Vgl. Löber 2012: 93.
114 Vgl. Göbel 2002: 103.
115 Vgl. Ebd.: 101.

des höheren Kostenniveaus vergleichsweise weniger Erträge erzielen. Der Agent passst somit die Qualität der Leistung der durchschnittlichen angebotenen Qualität an. Wird dies dem Prinzipal bewusst, so wird dieser seine Zahlungsbereitschaft reduzieren. Gestoppt wird diese Negativspirale (*race to the bottom*) erst dann, wenn die schlechtestmögliche Qualität zum tiefstmöglichem Preis angeboten wird.[116]

Eine Möglichkeit zur Durchbrechung dieser Negativspirale kann der Aufbau von Reputation darstellen. Der Aufbau eines Vertrauensverhältnisses vom Agenten zum potentiellen Prinzipal führt dazu, dass dieser bereit ist, für die Dienstleistung einen Preisaufschlag (*Goodwill*) zu bezahlen. Dieser Mehrertrag kann vom Agenten unter anderem für die Qualitätssicherung eingesetzt werden.[117]

Neben der adversen Selektion soll auch das moralische Risiko (*moral hazard*) betrachtet werden, das sich aus den verborgenen Handlungen und den verborgenen Informationen nach Vertragsabschluss ergibt.[118] Der Prinzipal kann die Tätigkeiten des Agenten nicht lückenlos überwachen. Zudem verfügt der Agent über mehr spezifische Fachinformation als der Prinzipal. Der Prinzipal kann die Tätigkeiten des Agenten zwar beobachten, ohne spezifisches Fachwissen jedoch nicht beurteilen, ob diese auch der bewährten Methode (*best practice*) entspricht. Je weniger der Prinzipal diese Handlungen beurteilen kann, desto mehr wird der Agent als Nutzenmaximierer diejenigen Handlungen wählen, die für ihn selbst den grössten Ertrag bringen.[119] Dieses Phänomen wird als Opportunismus nach Vertragsabschluss (*ex post opportunism*) bezeichnet.[120]

[116] Vgl. Fritsch 2011: 250-251; Winter 2011: 8.
[117] Vgl. Schäfer/Ott 2012: 527.
[118] Vgl. Göbel 2002: 103.
[119] Vgl. Göbel 2002: 102.
[120] Vgl. Richter/Furubotn 2010: 592-595; Winter 2011: 8.

c) Grafische Darstellung

Die adverse Selektion und das moralische Risiko, als die aus der asymmetrischen Informationsverteilung folgenden Vertragsprobleme[121], können wie folgt dargestellt werden:

	Verborgene Eigenschaften	Verborgene Handlungen	Verborgene Informationen
Auftragsverhältnis Prinzipal-Agent	Auswahl	Instruktion und Überwachung	
Ursprung Informationsdefizit	endogen (Subjekt) exogen (Objekt)	endogen (Subjekt)	exogen (Objekt)
Realisierung Informationsdefizit	vor Vertragsabschluss	nach Vertragsabschluss	
Vertragsproblem	adverse Selektion	moralisches Risiko	

Abbildung 5: Vertragsprobleme.[122]

2.6.4 Adaption auf die gewerbliche Prozessfinanzierung

a) Gesteigerte Informationsasymmetrie bei der Dreierkonstellation

Auch bei der gewerblichen Prozessfinanzierung liegt eine asymmetrische Informationsverteilung zwischen der anspruchsberechtigten Partei, der Prozessfinanzierungsgesellschaft und der mandatierten Anwaltschaft vor. Inwiefern sich die gesteigerte Informationsasymmetrie bei dieser Dreierkonstellation negativ auswirken kann, soll nachfolgend geprüft werden.

Die mandatierte Anwaltschaft hat gestützt auf Auftrags- und Standesrecht umfassende Aufklärungs- und Informationspflichten und gilt als unabhängiges Organ der Rechtspflege. Die Anwaltschaft muss die Interessen der Mandantschaft stets in den Mittelpunkt der Handlungen stellen. Der/die Anwalt/Anwältin ist zur sorgfältigen und gewissenhaften Berufsausübung angehalten, muss seine/ihre Tätigkeiten unabhängig wahrnehmen können und eine allfällige Interes-

121 Vgl. *Jost* 2001: 24.
122 Vgl. Ebd.: 15 mit eigenen Ergänzungen.

senkollision tunlichst vermeiden.[123] Der Anwaltsstand als Rechtspflegeorgan ist somit in der Theorie überwiegend ideell motiviert.

Im Gegensatz zur mandatierten Anwaltschaft kann die Prozessfinanzierungsgesellschaft nicht als unabhängiges Organ der Rechtspflege betrachtet werden. Das Prozessfinanzierungsgewerbe ist überwiegend materiell motiviert. Wenn ein Konflikt zwischen den (wirtschaftlichen) Interessen der Prozessfinanzierungsgesellschaft und den Interessen der anspruchsberechtigten Partei besteht, strebt die Prozessfinanzierungsgesellschaft als *homo oeconomicus* stets die Verwirklichung der eigenen Interessen an.[124]

Die anspruchsberechtigte Person kann vor Vertragsabschluss weder die verborgenen Eigenschaften der Prozessfinanzierungsgesellschaft noch diejenigen der mandatierten Anwaltschaft genügend beurteilen. Es besteht das Risiko der adversen Selektion.

Nach Vertragsabschluss ist die Informationsasymmetrie noch ausgeprägter. Die mandatierte Anwaltschaft muss die Interessen der anspruchsberechtigen Partei (Mandantschaft) in den Mittelpunkt der Handlungen stellen. Die Prozessfinanzierungsgesellschaft kennt dagegen keine derartigen Restriktionen.

Die anspruchsberechtigte Partei ist in ihrem Verfügungsrecht über die Forderungen eingeschränkt und im Weisungsrecht gegenüber dem/der mandatierten Anwalt/Anwältin gebunden. Kann doch in prozessual oder materiell erheblichen Fragen nicht ohne Zustimmung der Prozessfinanzierungsgesellschaft gehandelt werden.[125]

Die Informationsasymmetrie zwischen der anspruchsberechtigten Partei und der Prozessfinanzierungsgesellschaft wird während der Vertragslaufzeit noch verstärkt, da die anspruchsberechtigte Partei umfassend über den Verfahrensstand informieren und die eigene mandatierte Anwaltschaft sogar vom Berufsgeheimnis entbinden muss. Die bereits bei Vertragsabschluss bestehende Informationsasymmetrie zum Vorteil der Prozessfinanzierungsgesellschaft wird so noch verstärkt und deren moralisches Risiko nimmt stetig zu.

---

123 Vgl. Fellmann/Bizzaro 2010: 58-161; die Gefahr der Beeinflussung des Mandanten/der Mandantin aus eigenen monetären Überlegungen ist jedoch nicht von der Hand zu weisen, vgl. Adams 1981: 29-31.

124 Vgl. Wein 1995: 22.

125 Dimde 2003: 162.

b) Grafische Darstellung

Die aus der asymmetrischen Informationsverteilung im Rahmen des Prozessfinanzierungsvertrages und des Anwaltsvertrages[126] resultierenden Vertragsprobleme[127] können wie folgt dargestellt werden:

	Verborgene Eigenschaften	Verborgene Handlungen	Verborgene Informationen
Auftragsverhältnis Prinzipal-Agent	Auswahl	Instruktion	Überwachung
Prozessfinanzierungs-gesellschaft	Angebote können nur begrenzt verglichen werden, da Prüfung der Erfolgsaussichten den Vertrag voraussetzt	Bei materiell und prozessual wichtigen Fragestellungen muss die Prozessfinanzierungs-gesellschaft zustimmen	Berechnung der Erfolgs-aussichten und Fest-legung der Prozess-strategie ist dem/der AnspruchsinhaberIn nicht zugänglich
Mandatierte Anwaltschaft	Anwaltsfähigkeiten sind durch Mandantschaft nicht beurteilbar	Wahrung der Man-danteninteressen ge-stützt auf Standesrecht und Vertrag	Informations- und Aufklärungspflichten gestützt auf Standesrecht und Vertrag
Realisierung Informationsdefizit	vor Vertragsabschluss	nach Vertragsabschluss	
Vertragsproblem	adverse Selektion	moralisches Risiko	

Abbildung 6: Adaption der Vertragsprobleme.[128]

2.7 Mikroökonomische Betrachtung

2.7.1 Entscheidungsprobleme als Basis

Die Mikroökonomik untersucht Entscheidungsprobleme und Koordinationsvorgänge, die aufgrund der Arbeitsteiligkeit des Produktions- und Dienstleistungsprozesses notwendig wurden. Die Mikroökonomik betrachtet die einzelnen Wirtschaftssubjekte[129] und die einzelnen Güter und Dienste des Wirtschaftsprozesses.[130] Dies im Gegensatz zur Makroökonomik, die das Verhalten von ganzen

[126] Vgl. Wein 1995: 42–59

[127] Vgl. *Jost* 2001: 24

[128] Vgl. Ebd.: 25 mit eigenen Ergänzungen.

[129] Haushalte, Unternehmen, Staat.

[130] Vgl. Roberts 2010: Mikroökonomik; Nicklisch/Towfigh 2010.

Sektoren untersucht und sich mit gesamtwirtschaftlichen Fragestellungen beschäftigt.[131]

Die anspruchsberechtige Person als KonsumentIn gilt als klassisches Wirtschaftssubjekt. Auch die Prozessfinanzierungsgesellschaft ist ein Wirtschaftssubjekt mit der spezifischen Finanzdienstleistung der Prozessfinanzierung. Mit mikroökonomischen Mitteln sollen nun das Entscheidungsverhalten und auch mögliche Koordinationsvorgänge betrachtet werden.

Das Entscheidungsverhalten der anspruchsberechtigten Person und der Prozessfinanzierungsgesellschaft sind in hohem Masse von der möglichen Erfolgswahrscheinlichkeit eines positiven Prozessausgangs und der Einstufung des eigenen Risikoverhaltens abhängig. Diese beiden Parameter bilden die *essentialia* jeglicher mikroökonomischer Betrachtung der Prozessfinanzierung und werden nachfolgend definiert.

Das Entscheidungsverfahren im mikroökonomischen Modell, wie von *Adams*[132] erarbeitet und von *Dimde*[133] vertieft, soll nun anhand der gewerblichen Prozessfinanzierung dargestellt und erweitert werden.

2.7.2 Definition der Prozesserfolgswahrscheinlichkeit

Die Festlegung der Erfolgswahrscheinlichkeit, mit der ein spezifischer Prozess gewonnen werden kann, stellt m.E. eine der schwierigsten Fragen in der mikoökonomischen Betrachtung der gewerblichen Prozessfinanzierung dar.

Beim Prozessgewinn erhält die Prozessfinanzierungsgesellschaft ökonomisch betrachtet eine Auszahlung. Diese misst sich an einem im Voraus festgelegten prozentualen Anteil am Streitwert. Bei Prozessverlust oder Klageabweisung wird diese Auszahlung nicht realisiert und die Prozessfinanzierungsgesellschaft hat die durch den Rechtsstreit entstandenen Prozesskosten i.w.S. zu tragen. Die Investition in den Prozess als aktiviertes immaterielles geschäftswertähnliches Wirtschaftsgut muss in der Folge abgeschrieben werden.

Der Gang vor Gericht ist somit eine Unsicherheit (Risiko[134]), da sowohl die Chance auf Vermögenszuwachs als auch die Gefahr des Vermögensverlustes besteht. Die Festlegung und Messung dieser Prozesserfolgswahrscheinlichkeit ist eine Frage der subjektiven Wahrnehmung und insofern nicht direkt messbar.

---

131 Vgl. Roberts 2010: Makroökonomik.
132 Vgl. *Adams* 1983.
133 Vgl. Dimde 2003: 94-154/199-218.
134 Das Risiko einer Handlung wird durch die Wahrscheinlichkeit der möglichen Konsequenzen ausgedrückt, vgl. Zweifel/Eisen 2003: 34.

Der Grad der Unsicherheit[135] hängt unter anderem von den Informationen ab, die dem Wirtschaftssubjekt zur Verfügung stehen und auch von der Fähigkeit der Informationsverarbeitung[136]. Je professioneller ein Wirtschaftssubjekt somit mit der spezifischen Prozessunsicherheit umgehen kann, desto genauer ist die Festlegung der möglichen Erfolgswahrscheinlichkeit.

Die Prozessfinanzierungsgesellschaft muss mittels einer Expertise die zugrundeliegende materiell-rechtliche Rechtslage genau analysieren, um eine konkrete geschäftspolitische Empfehlung über den Finanzierungsentscheid abgegeben zu können. Die erfolgreiche Durchsetzung eines Anspruchs ist oft von der Frage der Beweiswürdigung abhängig.[137] Nicht wer Recht hat, gewinnt den Prozess, sondern wer den Prozess gewinnt, erhält Recht.

Wie die Ausführungen zum Prinzipal-Agent-Ansatz im Rahmen der ökonomischen Analyse des Rechts aufgezeigt haben, verfolgen Prozessfinanzierer und Anwaltschaft nicht dieselben Interessen. Über den Zustimmungsvorbehalt bei materiell oder prozessual wichtigen Fragen kann die Prozessfinanzierungsgesellschaft jedoch erheblichen Einfluss auf die Rechtsvertretung und Prozessführung nehmen. Die Prozessfinanzierungsgesellschaft kann somit das Prozessinvestment durch indirekte Einflussnahme auf die mandatierte Anwaltschaft schützen und ihre Prozessführungsstrategie einfliessen lassen.

Die Einschätzung der möglichen Prozesserfolgswahrscheinlichkeit durch die anspruchsberechtigte Partei und die Prozessfinanzierungsgesellschaft können, müssen aber nicht deckungsgleich sein. Aufgrund der Informationsasymmetrie ist es möglich, dass die Prozessfinanzierungsgesellschaft die Prozesserfolgswahrscheinlichkeit im Sinne von verborgenen Informationen (*hidden information*) weitaus höher beurteilt als die anspruchsberechtigte Partei.

Die Prozesserfolgswahrscheinlichkeit gibt die Verteilung der möglichen Prozessergebnisse an. Eine Prozesserfolgswahrscheinlichkeit von 60 Prozent besagt somit, dass aufgrund der bisherigen Erfahrung und der Bewertung der Sachlage mit einer Wahrscheinlichkeit von 60 Prozent mit einem Obsiegen vor Gericht, mit einer Wahrscheinlichkeit von 40 Prozent jedoch mit einem Prozessverlust gerechnet wird.

---

135 Da das Szenario (Prozessgewinn oder Prozessverlust) bekannt ist, jedoch nicht die Eintretenswahrscheinlichkeiten, spricht man von einer subjektiven Unsicherheit, vgl. Dimde 2003: 98.

136 Vgl. Dimde 2003: 97-98.

137 Vgl. Adams 1981: 26-29; Dimde 2003: 103-107.

Die Prozesserfolgswahrscheinlichkeiten können verbal und prozentual in der mikroökonomischen Betrachtung wie folgt quantifiziert werden:

Verbale Beurteilung der Prozesserfolgswahrscheinlichkeit	Prozentuale Einstufung des möglichen Prozesserfolges	*Beispielangabe p (q) wobei gilt: 1-p=q*
mit an Sicherheit grenzender Wahrscheinlichkeit	> 90 %	*0.9 (0.1)*
ganz überwiegende Erfolgsaussichten	75 % – 90 %	*0.75 (0.25)*
überwiegende Erfolgsaussichten	60 % – 75 %	*0.60 (0.40)*
Aussichten auf Erfolg	50 % – 60 %	*0.55 (0.45)*
Ungewisser Prozessausgang	50 %	*0.50 (0.50)*
keine Aussichten auf Erfolg	< 50 %	*0.40 (0.60)*

Abbildung 7: Einstufung der Erfolgswahrscheinlichkeit.[138]

2.7.3 Definition des Risikoverhaltens

a) Risikoquantifizierung und Risikobewertung

Der Faktor Risiko kann in der Betriebswirtschaftslehre aus ursachenbezogener oder aus wirkungsbezogener Sicht definiert werden. Ursachenbezogen stammt das Risiko aus der Unsicherheit über zukünftige Ereignisse. Grund dafür ist die unvollständige Information. In der rückblickenden Betrachtung (*ex post*) kann das Risiko dagegen wirkungsbezogen als Abweichung des tatsächlichen Handlungsergebnisses von der subjektiv festgelegten Zielgrösse bewertet werden.[139] Das Risikomanagement dient der „planmässigen und zielgerichteten Analyse, Steuerung und Kontrolle der Risikopositionen."[140]

Die Risikoquantifizierung dient der Messung der identifizierten Risiken. Das Risiko als Abweichung von Handlungsergebnis zu Zielgrösse wird wertungsfrei festgelegt.[141] Der Erwartungswert (EW) ist somit die Summe der nach der Prozesserfolgswahrscheinlichkeit ausgerichteten Ereignisse von Obsiegen oder Prozessverlust. Der EW lässt somit die subjektive Risikobeurteilung ausser Acht und es wird von einer risikoneutralen Einschätzung ausgegangen.

Die Risikobewertung des EW ist abhängig von der individuellen Risikopräferenz und führt zum Erwartungsnutzen (EU). In den EU fliesst somit die

138 Vgl. Dimde 2003: 103 mit eigenen Ergänzungen.
139 Vgl. Wolf 2011: 60; Brünger 2011: 17-46.
140 Ebd.: 61, vgl. auch Wolke 2008: 1-10; Diederichs 2013: 13.
141 Vgl. Ebd.: 66; Brünger 2011: 70-82.

subjektive Risikobeurteilung ein. Nach dem *Bernoulli-Prinzip* bevorzugen die EntscheidungsträgerInnen diejenige Handlung, welche den grössten (individuellen) EU versprechen.[142] Das individuelle Risikoverhalten wird somit durch die entsprechende Nutzenfunktion integriert.[143]

Der Verlauf der durch die Wissenschaft empirisch festgestellten individuellen Risikonutzenfunktion lässt auf die unterschiedliche Risikoeinstellung der anspruchsberechtigten Partei als Privatperson oder Unternehmen sowie der Prozessfinanzierungsgesellschaft schliessen.[144] Man unterscheidet die konkave Nutzenfunktion (risikoavers), die lineare Nutzenfunktion (risikoneutral) und die konvexe Nutzenfunktion (risikofreudig).[145]

b) Risikoverhalten der anspruchsberechtigten Privatperson

Die anspruchsberechtigte Privatperson ist in der Regel risikoavers.[146] Sie gewichtet Verluste stärker als Gewinne (Verlustaversion). Empirische Untersuchungen haben ergeben, dass Privatpersonen die Verluste gar „im Durchschnitt doppelt so stark [...] gewichten wie Gewinne in gleicher Höhe."[147] Die anspruchsberechtigte Privatperson entscheidet sich bei zwei sich ausschliessenden Entscheidungsalternativen stets für die weniger risikoreiche Variante. Risiken gilt es somit zu minimieren.[148] Die unsichere Zufallsvariable EU wird somit durch die anspruchsberechtigte Privatperson geringer bewertet als der Erwartungswert.[149]

Der Nutzen aus dem bereits bestehenden Vermögen wird durch die Privatperson höher eingeschätzt als der risikobehaftete Nutzen eines potentiellen Prozesserfolges. D.h. die Privatpersonen „bevorzugen Ergebnisse mit geringerer Unsicherheit und gleichbleibenden Durchschnittswerten."[150] Die Chance auf Vermögensvermehrung durch einen potentiellen Prozesserfolg wird durch die

[142] Vgl. Dimde 2003: 99; Wolke 2008: 8; Hens/Bachmann 2008: 11-66; Hartmann-Wendels et. al. 2010: 334; Wolf 2011: 66; Englerth formuliert ein schönes Beispiel zum Erwartungsnutzenprinzip: „Der Dieb stiehlt, weil er die Diebesbeute höher schätzt, als ein ruhiges Gewissen, und die Nonne betet, weil ihr eine gute Beziehung zu ihrem Gott den grössten Nutzen stiftet. Beide maximieren ihre Erwartungsnutzen [...]." Englerth 2010: 174.

[143] Towfigh 2010: 28.

[144] Obermaier/Saliger 2013: 82.

[145] Vgl. dazu auch ausführlich Wolke 2008: 64-71; Brünger 2011: 82-110.

[146] Vgl. Petersen/Towfigh 2010: 18-19; Brünger 2011: 203-213.

[147] Englerth 2010: 189.

[148] Schneck 2010: 28.

[149] Vgl. Wolf 2011: 66.

[150] Samuelson/Nordhaus 1998: 232.

risikoaverse Privatperson tiefer eingestuft als der tatsächliche Erwartungsnutzen des Prozesserfolges ist. Die entsprechende Nutzenfunktion verläuft deshalb konkav.[151] Der Grenznutzen nimmt mit dem steigenden Vermögen ab.

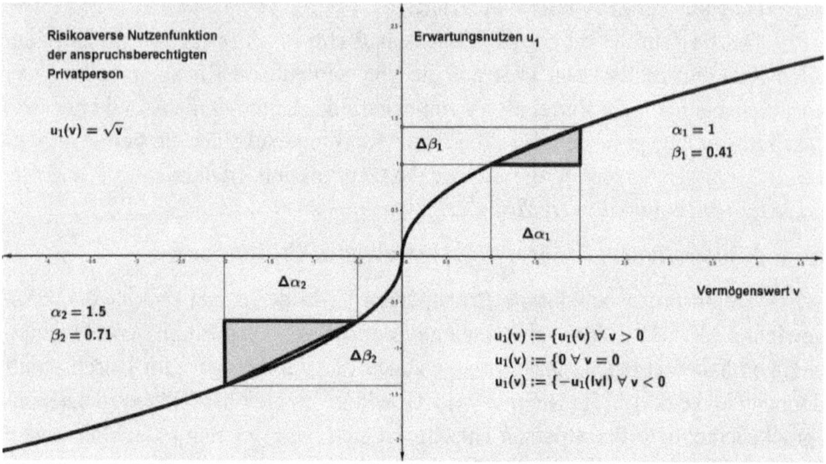

Abbildung 8: Risikoaverse Nutzenfunktion der anspruchsberechtigten Privatperson.

Je höher das Vermögen der Privatperson ist, desto stärker findet der Besitzeffekt Anwendung.[152] Die anspruchsberechtigte Privatperson verlangt für das Eingehen eines jeden weiteren Risikos eine Prämie, damit das bestehende Vermögen überhaupt *at risk* gestellt wird.[153]

Eine Veränderung des Vermögenswertes (v) um den Faktor 1.00 ($\Delta\alpha_1$) hat eine positive Veränderung des Erwartungsnutzens (u_1) um 0.41 ($\Delta\beta_1$) zur Folge. Eine Abnahme des Vermögenswertes (v) um 1.50 ($\Delta\alpha_2$) hat dagegen eine negative Veränderung des Erwartungsnutzens (u_1) um 0.71 ($\Delta\beta_2$) als Konsequenz. Die risikoaverse Haltung zeichnet sich somit dadurch aus, dass eine Änderung des Vermögenswertes (v) eine unterproportionale Veränderung des Erwartungsnutzens (u_1) zur Folge hat.

---

[151] Vgl. Dimde 2003: 115-116.

[152] Vgl. Englerth 2010: 189; im Volksmund sagt man dazu: „Lieber den Spatz in der Hand als die Taube auf dem Dach." Was jedoch Spatz und was Taube ist, ist eine Frage der Einschätzung eines jeden Individuums. Klar ist jedoch, dass man lieber einen kleinen Nutzen auf sicher hat, als die Aussicht auf einen grossen Nutzen, verbunden mit dem Risiko, dass man am Schluss gar nichts (mehr) hat.

[153] Obermaier/Saliger 2013: 82.

c) *Risikoverhalten des anspruchsberechtigten Unternehmens*

Das anspruchsberechtigte Unternehmen (juristische Person) ist in seinem Verhalten risikoneutral. Es misst dem Risiko eines Prozessverlustes keine Rolle zu, und die möglichen Prozessergebnisse werden einzig nach der jeweiligen Prozesserfolgswahrscheinlichkeit sortiert. Da keine Einschätzung des Risikoverhaltens in die Bewertung einfliesst, ist nur die tatsächliche monetäre Höhe (Erwartungswert) massgebend.[154]

Ohne Risikogewichtung verläuft die Erwartungsnutzenfunktion linear. Ist der Erwartungswert des Vermögens mit Klageerhebung grösser als der Erwartungswert des Vermögens ohne Klageerhebung, dann wird das risikoneutrale anspruchsberechtigte Unternehmen den Prozessweg beschreiten.

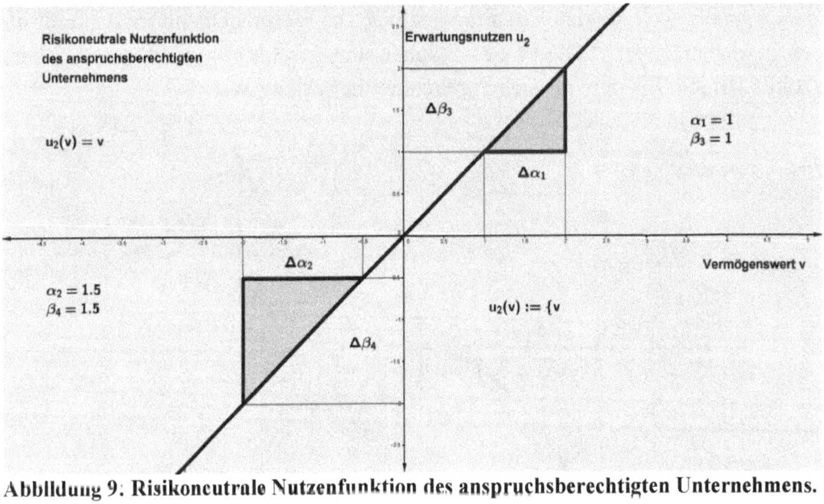

Abbildung 9: Risikoneutrale Nutzenfunktion des anspruchsberechtigten Unternehmens.

Der Grenznutzen steigt stetig an und ist unabhängig vom bestehenden Vermögen des Unternehmens.[155] Das ist naheliegend, schätzt doch die juristische Person die Eintrittswahrscheinlichkeit eines möglichen Prozesserfolges losgelöst vom bestehenden Vermögen ein. Der Besitzeffekt greift nicht, da sich die juristische Person als risikoneutrale Partei nicht um das Risiko des Vermögens kümmert.[156] Die juristische Person verlangt für das Eingehen des Prozessrisikos im Gegensatz zur anspruchsberechtigten Privatperson auch keine Prämie. Das

---

154 Vgl. Schneck 2010: 28; Brünger 2011: 195-203.

155 Vgl. dagegen Dimde 2003: 112-113.

156 Vgl. Varian 1995: 213.

anspruchsberechtigte Unternehmen orientiert sich somit nur am Erwartungswert, und Abweichungen davon werden weder positiv noch negativ beurteilt.[157]

Eine Veränderung des Vermögenswertes (v) um den Faktor 1.00 ($\Delta\alpha_1$) hat eine positive Veränderung des Erwartungsnutzens (u_2) um 1.00 ($\Delta\beta_3$) zur Folge. Eine Abnahme des Vermögenswertes (v) um 1.50 ($\Delta\alpha_2$) hat dagegen eine negative Veränderung des Erwartungsnutzens (u_2) ebenfalls in der Höhe von 1.50 ($\Delta\beta_4$) als Konsequenz. Die risikoneutrale Haltung zeichnet sich somit dadurch aus, dass eine Änderung des Vermögenswertes (v) eine proportionale Veränderung des Erwartungsnutzens (u_2) zur Folge hat.

d) Risikoverhalten der Prozessfinanzierungsgesellschaft

Die Prozessfinanzierungsgesellschaft ist in ihrem Verhalten risikofreudig. Dies deshalb, weil sie den Erwartungsnutzen des Vermögens höher beurteilt als den Erwartungswert.[158] Die Prozessfinanzierungsgesellschaft zieht die unsichere Zufallsvariable EU dem als sicher geltenden Erwartungswert vor.[159]

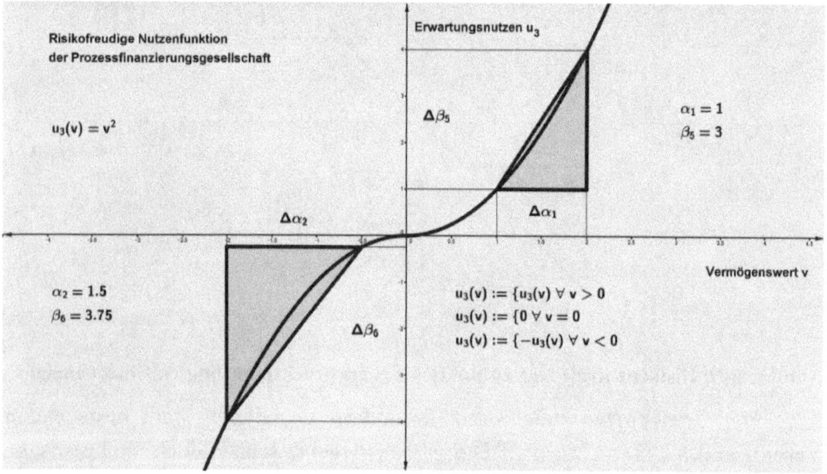

Abbildung 10: Risikofreudige Nutzenfunktion der Prozessfinanzierungsgesellschaft.

Die Nutzenkurve bei Risikosympathie verläuft konvex. Der Grenznutzen nimmt mit steigendem Vermögen überproportional zu. Die Prozessfinanzierungsgesellschaft ist durch das tiefer gewichtete Risiko somit motivierter, weite-

[157] Vgl. Obermaier/Saliger 2013: 82.
[158] Vgl. Varian 1995: 213; Brünger 2011: 2013-2222.
[159] Vgl. Wolf 2011: 66.

re Risiken einzugehen.[160] Bei zwei sich ausschliessenden Entscheidungsalternativen wählt der Prozessfinanzierer immer die risikoreichere Variante.[161]

Eine Veränderung des Vermögenswertes (v) um den Faktor 1.00 ($\Delta\alpha_1$) hat eine positive Veränderung des Erwartungsnutzens (u_2) um 3.00 ($\Delta\beta_5$) zur Folge. Eine Abnahme des Vermögenswertes (v) um 1.50 ($\Delta\alpha_2$) hat dagegen eine negative Veränderung des Erwartungsnutzens (u_2) um 3.75 ($\Delta\beta_6$) als Konsequenz. Die risikofreudige Haltung zeichnet sich somit dadurch aus, dass eine Änderung des Vermögenswertes (v) eine überproportionale Veränderung des Erwartungsnutzens (u_2) zur Folge hat.

e) Vergleichende Darstellung

Somit wird festgestellt, dass dieselbe Veränderung des Vermögenswertes (v) je nach Risikofreudigkeit anders beurteilt wird. Die risikoaverse Privatperson als anspruchsberechtigte Partei bewertet eine Vermögensänderung im Nutzen weitaus zurückhaltender als das risikoneutrale Unternehmen oder die risikofreudige Prozessfinanzierungsgesellschaft.

Einstufung	Erwartungshaltung	Verlauf der Nutzenfunktion	Veränderung des Grenznutzens	Wachstum des Grenznutzens
Risikoaverse Privatperson als anspruchsberechtigte Partei	EW > EU	konkav $u_1(v) = \sqrt{v}\ (\leftrightarrow x^{0.5})$	fallend $u_1(v)'' = \frac{1}{v}\ (\leftrightarrow v^{-1})$	rechsgekrümmt $u_1(v)'' = \frac{-1}{v^2}$ $(\leftrightarrow 1 * v^{-2})$
Risikoneutrales Unternehmen als anspruchsberechtigte Partei	EW = EU	linear $u_2(v) = v$	konstant $u_2(v)' = 1$	keine Krümmung $u_2(v)'' = 0$
Risikofreudige Prozessfinanzierungsgesellschaft	EW < EU	konvex $u_3(v) = v^2$	steigend $u_3(v)' = 2v$	linksgekrümmt $u_3(v)'' = ?$

Abbildung 11: Risikoverhalten und Erwartungsnutzen.

Die unterschiedliche Risikoneigung hat beträchtliche Auswirkungen auf das Verhalten beim Entscheid über Klageeinreichung oder Klageverzicht. Sie hat zur Folge, dass die betrachteten Akteure dazu tendieren, auf dieselbe Prozesswahrscheinlichkeit unterschiedlich zu reagieren.[162] Die Entscheidung der risikoaversen Privatperson basiert auf einer zwar vorsichtigen, gemäss Modell

160 Vgl. Obermaier/Saliger 2013: 82.
161 Vgl. Schneck 2010: 28.
162 Vgl. Ebd.: 28-29.

aber doch rationalen Analyse, die zu einem Klageverzicht führen kann. Die risikofreudige Prozessfinanzierungsgesellschaft reagiert verbunden mit einem Informationsvorsprung auf dieselbe Prozesswahrscheinlichkeit positiver und ist bereit, Risiken einzugehen und die Prozessfinanzierung zu übernehmen.

Je ausgeprägter das Risikomanagement der Prozessfinanzierungsgesellschaft, desto eher ist sie in der Lage, die Prozesserfolgswahrscheinlichkeiten einzuschätzen, die Prozessfinanzierungsalternativen abzuwägen und einen plausiblen Finanzierungsentscheid zu treffen.[163] Für die Prozessfinanzierungsgesellschaft als aktive Investorin zahlt sich somit ein sophistiziertes Risikomanagement aus.

2.7.4 Entscheidungsmodell der anspruchsberechtigten Privatperson

a) Vergleich Klageeinreichung ohne Prozessfinanzierung und Klageverzicht

Wenn die anspruchsberechtigte Privatperson den Prozessweg beschreitet, kann sie ihr Endvermögen je nach Prozessausgang (Klagegutheissung oder Klageabweisung) wie folgt[164] berechnen:

(1) Klagegutheissung:

$v_1 = v_o + SW$

(2) Klageabweisung:

$v_2 = v_o - PK$

(3) Einfacher Erwartungswert bei Klageeinreichung ohne Prozessfinanzierung:

$EW_1^{KEoPF} = p_1 \times v_1 + q_1 \times v_2$

da gilt: $p_1 + q_1 = 1$, ist $q_1 = 1 - p_1$

(4) Angepasster Erwartungswert bei Klageeinreichung ohne Prozessfinanzierung:

$EW_1^{KEoPF} = p_1 \times (v_o + SW) + (1 - p_1) \times (v_o - PK)$

(5) Einfacher Erwartungsnutzen bei Klageeinreichung ohne Prozessfinanzierung:

$EU_1^{KEoPF} = p_1 \times u_1(v_1) + (q_1) \times u_1(v_2)$

---

163 Vgl. Schneck 2010: 29.

164 Basierend auf dem Entscheidungsverfahren im mikroökonomischen Modell (vgl. *Adams* 1983 und Dimde 2003) wird in den Ziffern 2.7.4-2.7.6 eine vertiefte Betrachtung und spezifische Erweiterung der gewerblichen Prozessfinanzierung vorgenommen und mit zwei Beispielberechnungen in den Ziffern 2.7.7-2.7.8 ergänzt.

(6) Angepasster Erwartungsnutzen bei Klageeinreichung ohne Prozessfinanzierung:

$$EU_1^{KEoPF} = p_1 \times u_1(v_o + SW) + (1 - p_1) \times u_1(v_o - PK)$$

Verzichtet die anspruchsberechtigte Privatperson auf die Klageeinreichung, dann beziehen sich der Erwartungswert und der Erwartungsnutzen auf das unveränderte Anfangsvermögen.

(7) Erwartungswert bei Klageverzicht:

$$EW_1^{KV} = v_0$$

(8) Erwartungsnutzen bei Klageverzicht:

$$EU_1^{KV} = u_1(v_0)$$

Die anspruchsberechtigte Privatperson beschreitet nur dann ohne Prozessfinanzierung den Prozessweg, wenn der Erwartungsnutzen bei Beschreiten des Prozessweges höher ist als der Erwartungsnutzen des (unveränderten) Vermögens bei Klageverzicht.

(9) $$\mathbf{EU_1^{KEoPF} \geq EU_1^{KV}}$$

Mit Einsetzen der beiden Erwartungsnutzenfunktionen **(6)** und **(8)** ergibt sich folgende Bedingung:

(10) $$\mathbf{p_1 \times u_1(v_o + SW) + (1 - p_1) \times u_1(v_o - PK) \geq u_1(v_0)}$$

Diese Bedingung **(10)** soll nun noch nach der notwendigen Prozesserfolgswahrscheinlichkeit für eine Klageeinreichung ohne Prozessfinanzierung aufgelöst werden. Dies ergibt diejenige Mindestwahrscheinlichkeit p_1, die bei der Beurteilung der Sachlage gegeben sein muss, damit der risikoaverse Anspruchsinhaber den Klageweg beschreitet.

(11) $$p_1 \times u_1(v_o + SW) + (1 - p_1) \times u_1(v_o - PK) \geq u_1(v_0)$$

$$|\text{ einsetzen von } u_1(x) = \sqrt{x}$$

$$\leftrightarrow p_1 \times \sqrt{(v_0 + SW)} + (1\text{-}p_1) \times \sqrt{(v_0 - PK)} \geq \sqrt{v_0}$$

$$|\text{ ausmultiplizieren von } (1\text{-}p_1) \times \sqrt{(v_0 - PK)}$$

$$\leftrightarrow p_1 \times \sqrt{(v_0 + SW)} + \sqrt{(v_0 - PK)} - p_1 \times \sqrt{(v_o - PK)} \geq \sqrt{v_0}$$

$$|\text{ subtrahieren von } \sqrt{(v_0 - PK)}$$

$$\leftrightarrow p_1 \times \sqrt{(v_0 + SW)} - p_1 \times \sqrt{(v_o - PK)} \geq \sqrt{v_0} - \sqrt{(v_0 - PK)}$$

$$|\text{ ausklammern von } p_1$$

$$\leftrightarrow p_1 \times (\sqrt{(v_0 + SW)} - \sqrt{(v_o - PK)}) \geq \sqrt{v_0} - \sqrt{(v_0 - PK)}$$

| dividieren durch $(\sqrt{(v_0 + SW)} - \sqrt{(v_o - PK)})$

(12) $$p_1^{GW\ KEoPF/KV} \geq \frac{\sqrt{v_0} - \sqrt{(v_0 - PK)}}{\sqrt{(v_0 + SW)} - \sqrt{(v_o - PK)}}$$

Die Prozesserfolgswahrscheinlichkeit bei Prüfung des effektiven Sachverhaltes muss somit mindestens den Wert **(12)** erreichen, damit die anspruchsberechtigte Privatperson die Klageeinreichung ohne Prozessfinanzierung überhaupt in Erwägung zieht.

(13) $$p_1^{effSV} \geq p_1^{GW\ KEoPF/KV}$$

Ist diese Bedingung **(13)** nicht erfüllt, dann wird die anspruchsberechtigte Privatperson entweder auf den Klageweg verzichten oder um professionelle Prozessfinanzierung nachfragen.

b) Vergleich Klageeinreichung mit Prozessfinanzierung und Klageverzicht

Durch den Einbezug der Prozessfinanzierungsgesellschaft verändert sich die Berechnung des Erwartungsnutzens der anspruchsberechtigten Privatperson.

Bei Klagegutheissung wird vom Klageerlös (SW) der prozentuale Anteil der Prozessfinanzierungsgesellschaft in Abzug gebracht. Bei Klageabweisung jedoch muss die anspruchsberechtigte Privatperson mit keinerlei Prozesskosten (PK) rechnen, da diese vollständig durch die Prozessfinanzierungsgesellschaft übernommen werden.

(14) Vermögensänderung der anspruchsberechtigten Privatperson bei Klagegutheissung. Die Prozessfinanzierungsgesellschaft erhält einen Teil des Streitwertes (SW).

$v_1 = v_o + \pi \times SW$

(15) Vermögensänderung der anspruchsberechtigten Privatperson bei Klageabweisung. Die Prozessfinanzierungsgesellschaft übernimmt sämtliche Prozesskosten (PK).

$v_2 = v_o - PK$, da $PK = 0$ folgt

$\leftrightarrow v_2 = v_o$

(16) Mit Einbezug der Prozessfinanzierung ändert sich für die anspruchsberechtigte Partei der Erwartungswert wie folgt:

$EW_1^{KmP} = p_1 \times (v_o + \pi \times SW) + (1 - p_1) \times v_0$

(17) Daraus folgt der Erwartungsnutzen bei Einbezug der Prozessfinanzierung:

$EU_1^{KmP} = p_1 \times u_1(v_o + \pi \times SW) + (1 - p_1) \times u_1(v_0)$

Der risikoaverse Anspruchsinhaber wird mit Prozessfinanzierung unter folgender Bedingung gewillt sein, eine Klage einzureichen, anstatt auf die Klage zu verzichten:

(18) $\mathbf{EU_1^{KmP} \geq EU_1^{KV}}$

Mit Einsetzen der beiden Erwartungsnutzenfunktionen **(8)** und **(17)** ergibt sich folgende Bedingung:

(19) $\mathbf{p_1 \times u_1(v_o + \pi \times SW) + (1 - p_1) \times u_1(v_0) \geq u_1(v_0)}$

Diese Bedingung **(19)** soll nun noch nach der notwendigen Prozesserfolgswahrscheinlichkeit der Klageeinreichung mit Prozessfinanzierung aufgelöst werden. Dies ergibt diejenige Mindestwahrscheinlichkeit, die bei der Beurteilung der effektiven Sachlage gegeben sein muss, damit der risikoaverse Anspruchsinhaber den Klageweg beschreitet.

(20) $p_1 \times u_1(v_o + \pi \times SW) + (1 - p_1) \times u_1(v_0) \geq u_1(v_0)$

| einsetzen von $u_1(x) = \sqrt{x}$

$\leftrightarrow p_1 \times \sqrt{(v_o + \pi \times SW)} + (1 - p_1) \times \sqrt{v_0} \geq \sqrt{v_0}$

| ausmultiplizieren von $(1\text{-}p_1) \times \sqrt{(v_0}$

$\leftrightarrow p_1 \times \sqrt{(v_o + \pi \times SW)} + \sqrt{v_0} - p_1 \times \sqrt{v_0} \geq \sqrt{v_0}$

| subtrahieren von $\sqrt{v_0}$

$\leftrightarrow p_1 \times \sqrt{(v_o + \pi \times SW)} - p_1 \times \sqrt{v_0} \geq 0$

| ausklammern von p_1

$\leftrightarrow p_1 \times (\sqrt{(v_o + \pi \times SW)} - \sqrt{v_0}) \geq 0$

| durch $(\sqrt{(v_o + \pi \times SW)} - \sqrt{v_0})$ dividieren

(21) $\mathbf{p_1^{GW\ KmP/KV} \geq 0}$

Die Prozesserfolgswahrscheinlichkeit bei Prüfung des effektiven Sachverhaltes muss somit mindestens den Wert **(21)** erreichen, damit die anspruchsberechtigte Privatperson die Klageeinreichung mit Prozessfinanzierung in Erwägung zieht.

Somit gilt:

(22) $p_1^{effSV} \geq p_1^{GW\ KEoPF/KV}$, da **(21)** gilt:

$\leftrightarrow p_1^{effSV} \geq p_1^{GW\ KEoPF/KV} \geq 0$

(23) $\mathbf{p_1^{effSV} \geq 0}$

Die risikoaverse anspruchsberechtigte Privatperson wird somit theoretisch bei jeglicher effektiver Prozesswahrscheinlichkeit die Möglichkeit der Prozessfinanzierung in Erwägung ziehen. Dies ist schlüssig, da ein allfälliger Prozessverlust für sie mit keinerlei Prozesskostentragungspflicht verbunden ist.

c) Vergleich Klageeinreichung mit und ohne Prozessfinanzierung

Geprüft werden soll nun, ab welcher Prozesserfolgswahrscheinlichkeit die anspruchsberechtigte Privatperson die Klageeinreichung mit Prozessfinanzierung höher gewichtet, als die Klageeinreichung ohne Prozessfinanzierung.

(24) $\mathbf{EU_1^{KmP} \geq EU_1^{KoP}}$

Mit Einsetzen der beiden Erwartungsnutzenfunktionen **(6)** und **(17)** ergibt sich folgende Bedingung:

(25) $$\mathbf{p_1 \times u_1(v_o + \pi \times SW) + (1 - p_1) \times u_1(v_0) \geq p_1 \times u_1(v_o + SW) + (1 - p_1) \times u_1(v_o - PK)}$$

Somit gilt bei Auflösung der Bedingung **(25)** nach p folgende Prozesserfolgswahrscheinlichkeit als Hürde für die Klageeinreichung mit Prozessfinanzierung im Vergleich zur Klageeinreichung ohne Prozessfinanzierung:

(26) $$p_1 \times u_1(v_o + \pi \times SW) + (1 - p_1) \times u_1(v_0) \geq p_1 \times u_1(v_o + SW) + (1 - p_1) \times u_1(v_o - PK)$$

| einsetzen von $u_1(x) = \sqrt{x}$

$$\leftrightarrow p_1 \times \sqrt{(v_o + \pi \times SW)} + (1 - p_1) \times \sqrt{v_0} \geq p_1 \times \sqrt{(v_0 + SW)} + (1-p_1) \times \sqrt{(v_0 - PK)}$$

| ausmultiplizieren von $(1 - p_1) \times \sqrt{v_0} \geq p_1 \times \sqrt{(v_0 + SW)}$

| ausmultiplizieren von $(1-p_1) \times \sqrt{(v_0 - PK)}$

$$\leftrightarrow p_1 \times \sqrt{(v_o + \pi \times SW)} + \sqrt{v_0} - p_1 \times \sqrt{v_0} \geq p_1 \times \sqrt{(v_0 + SW)} + \sqrt{(v_0 - PK)} - p_1 \times \sqrt{(v_0 - PK)}$$

| subtrahieren von $\sqrt{v_0}$

| subtrahieren von $p_1 \times \sqrt{(v_0 + SW)}$

| addieren von $p_1 \times \sqrt{(v_0 - PK)}$

$$\leftrightarrow p_1 \times \sqrt{(v_o + \pi \times SW)} - p_1 \times \sqrt{v_0} - p_1 \times \sqrt{(v_0 + SW)} + p_1 \times \sqrt{(v_0 - PK)} \geq \sqrt{(v_0 - PK)} - \sqrt{v_0}$$

| ausklammern von p_1

$$\leftrightarrow p_1 \times (\sqrt{(v_o + \pi \times SW)} - \sqrt{v_0} - \sqrt{(v_0 + SW)} + \sqrt{(v_0 - PK)})$$
$$\geq \sqrt{(v_0 - PK)} - \sqrt{v_0}$$

| dividieren durch $(\sqrt{(v_o + \pi \times SW)} - \sqrt{v_0} - \sqrt{(v_0 + SW)} + \sqrt{(v_0 - PK)})$

(27) $$\mathbf{p_1^{GW\,KoP/KmP} \geq \frac{\sqrt{(v_0 - PK)} - \sqrt{v_0}}{\sqrt{(v_o + \pi \times SW)} - \sqrt{v_0} - \sqrt{(v_0 + SW)} + \sqrt{(v_0 - PK)}}}$$

2.7.5 Entscheidungsmodell des anspruchsberechtigten Unternehmens

a) Vergleich Klageeinreichung ohne Prozessfinanzierung und Klageverzicht

Basierend auf den Ausführungen zum Entscheidungsverfahren der anspruchsberechtigten Privatperson kann der Erwartungsnutzen des risikoneutralen Unternehmens ohne Prozessfinanzierung wie folgt dargestellt werden:

(28) Erwartungswert Klageeinreichung ohne Prozessfinanzierung:

$$EW_2^{KoP} = p_2 \times (v_o + SW) + (1 - p_2) \times (v_o - PK)$$

(29) Erwartungsnutzen Klageeinreichung ohne Prozessfinanzierung:

$$EU_2^{KoP} = p_2 \times u_2(v_1) + (1 - p_2) \times u_2(v_2)$$

(30) Erwartungsnutzen bei Prozessverzicht:

$$EU_2^{KV} = u_2(v_0)$$

Das anspruchsberechtigte Unternehmen wird immer dann den Prozessweg wählen, wenn der Erwartungsnutzen aus dem Beschreiten des Prozessweges grösser ist als der Erwartungsnutzen des bisherigen Vermögens bei Klageverzicht.

(31) $$\mathbf{EU_2^{KoP} \geq EU_2^{KV}}$$

Mit Einsetzen der beiden Erwartungsnutzenfunktionen **(29)** und **(30)** ergibt sich folgende Bedingung:

(32) $$\mathbf{p_2 \times u_2(v_1) + (1 - p_2) \times u_2(v_2) \geq u_2(v_0)}$$

Diese Bedingung **(32)** soll nun noch nach der notwendigen Prozesserfolgswahrscheinlichkeit für eine Klageeinreichung ohne Prozessfinanzierung aufgelöst werden. Dies ergibt diejenige Mindestwahrscheinlichkeit p_2, die bei der Beurteilung der Sachlage gegeben sein muss, damit das risikoneutrale Unternehmen den Klageweg beschreitet.

(33) $p_2 \times u_2(v_1) + (1 - p_2) \times u_2(v_2) \geq u_2(v_0)$

| einsetzen von $u_2(x) = x$

$\leftrightarrow p_2 \times (v_0 + SW) + (1 - p_2) \times (v_0 - PK) \geq v_0$

| ausmultiplizieren von p

$\leftrightarrow p_2 \times (v_0 + SW) + (v_0 - PK) - p_2 \times (v_0 - PK) \geq v_0$

| subtrahieren von $(v_0 - PK)$

$\leftrightarrow p_2 \times ((v_0 + SW) - (v_0 - PK)) \geq v_0 - (v_0 - PK)$

| dividieren durch $((v_0 + SW)\text{-}(v_0 - PK))$

(34) $$p_2^{GW\ KoP/KV} \geq \frac{v_0 - (v_0 - PK)}{(v_0 + SW)\text{-}(v_0 - PK)}$$

Die Prozesserfolgswahrscheinlichkeit bei Prüfung des effektiven Sachverhaltes muss somit mindestens den Wert **(34)** erreichen, damit das anspruchsberechtigte Unternehmen die Klageeinreichung ohne Prozessfinanzierung überhaupt in Erwägung zieht.

(35) $p_2^{effSV} \geq p_2^{GW\ KEoPF/KV}$

Ist diese Bedingung **(35)** nicht erfüllt, dann wird das anspruchsberechtigte Unternehmen entweder auf den Klageweg verzichten oder um professionelle Prozessfinanzierung nachfragen.

b) Vergleich Klageeinreichung mit Prozessfinanzierung und Klageverzicht

Basierend auf den Ausführungen zum Entscheidungsverfahren der anspruchsberechtigten Privatperson kann der Erwartungsnutzen des risikoneutralen Unternehmens mit Prozessfinanzierung wie folgt dargestellt werden:

(36) Erwartungswert Klageeinreichung mit Prozessfinanzierung:

$EW_2^{KmP} = p_2 \times (v_0 + \pi \times SW) + (1 - p_2) \times (v_0)$

(37) Erwartungsnutzen Klageeinreichung mit Prozessfinanzierung:

$EU_2^{KmP} = p_2 \times u_2(v_0 + \pi \times SW) + (1 - p_2) \times u_2(v_0)$

Das risikoneutrale Unternehmen wird mit Prozessfinanzierung unter folgender Bedingung gewillt sein, eine Klage einzureichen, anstatt auf die Klage zu verzichten:

(38) $\mathbf{EU_2^{KmP} \geq EU_2^{KV}}$

Mit Einsetzen der beiden Erwartungsnutzenfunktionen **(30)** und **(37)** ergibt sich folgende Bedingung:

(39) $\mathbf{p_2 \times u_2(v_0 + \pi \times SW) + (1 - p_2) \times u_2(v_0) \geq u_2(v_0)}$

Diese Bedingung **(39)** soll nun noch nach der notwendigen Prozesserfolgswahrscheinlichkeit der Klageeinreichung mit Prozessfinanzierung aufgelöst werden. Dies ergibt diejenige Mindestwahrscheinlichkeit, die bei der Beurteilung der effektiven Sachlage gegeben sein muss, damit das risikoneutrale Unternehmen den Klageweg beschreitet.

(40) $p_2 \times u_2(v_0 + \pi \times SW) + (1 - p_2) \times u_2(v_0) \geq u_2(v_0)$

| einsetzen von $u_2(x) = x$

$\leftrightarrow p_2 \times (v_0 + \pi \times SW) + (1 - p_2) \times (v_0) \geq v_0$

| ausmultiplizieren von p

$\leftrightarrow p_2 \times (v_0 + \pi \times SW) + v_0 - p_2 \times (v_0) \geq v_0$

| subtrahieren von v_0

$\leftrightarrow p_2 \times ((v_0 + \pi \times SW)\text{-}(v_0)) \geq 0$

| dividieren durch $((v_0 + \pi \times SW)\text{-}(v_0))$

(41) $\mathbf{p_2^{GW\ KmP/KV} \geq 0}$

Die Prozesserfolgswahrscheinlichkeit bei Prüfung des effektiven Sachverhaltes muss somit mindestens den Wert **(41)** erreichen, damit das anspruchsberechtigte Unternehmen die Klageeinreichung mit Prozessfinanzierung in Erwägung zieht. Somit gilt:

(42) $p_2^{effSV} \geq p_2^{GW\ KmP/KV}$, da **(41)** gilt:

$\leftrightarrow p_2^{effSV} \geq p_2^{GW\ KmP/KV} \geq 0$

(43) $\mathbf{p_2^{effSV} \geq 0}$

Das risikoneutrale anspruchsberechtigte Unternehmen wird somit theoretisch bei jeglicher effektiver Prozesswahrscheinlichkeit die Möglichkeit der Prozessfinanzierung in Erwägung ziehen. Dies ist ebenfalls schlüssig, da ein allfälliger Prozessverlust für die Unternehmung mit keinerlei Prozesskostentragungspflicht verbunden ist.

c) Vergleich Klageeinreichung mit und ohne Prozessfinanzierung

Geprüft werden soll nun, ab welcher Prozesserfolgswahrscheinlichkeit das anspruchsberechtigte Unternehmen der Klageeinreichung mit Prozessfinanzierung den Vorrang gegenüber der Klageeinreichung ohne Prozessfinanzierung gibt.

(44) $$\mathbf{EU_2^{KmP} \geq EU_2^{KoP}}$$

Mit Einsetzen der beiden Erwartungsnutzenfunktionen **(29)** und **(37)** ergibt sich folgende Bedingung:

(45) $$\mathbf{p_2 \times u_2(v_0 + \pi \times SW) + (1 - p_2) \times u_2(v_0) \geq p_2 \times u_2(v_0 + SW) + (1 - p_2) \times u_2(v_0 - PK)}$$

Somit gilt bei Auflösung der Bedingung **(45)** nach p_2 folgende Prozesserfolgswahrscheinlichkeit als Hürde für die Klageeinreichung mit Prozessfinanzierung im Vergleich zur Klageeinreichung ohne Prozessfinanzierung:

(46) $$p_2 \times u_2(v_0 + \pi \times SW) + (1 - p_2) \times u_2(v_0) \geq p_2 \times u_2(v_0 + SW) + (1 - p_2) \times u_2(v_0 - PK)$$

$|$ einsetzen von $u_2(x) = x$

$$\leftrightarrow p_2 \times (v_0 + \pi \times SW) + v_0 - p_2 \times (v_0) \geq p_2 \times (v_0 + SW) + (1 - p_2) \times (v_0 - PK)$$

$|$ ausmultiplizieren von p_2

$$\leftrightarrow p_2 \times v_0 + p_2(\pi \times SW) + v_0 - p_2 \times (v_0) \geq p_2 \times (v_0) + p_2(SW) + v_0 - PK - p_2(v_0) + p_2(PK)$$

$|\ (p_2 \times v_0) - p_2 \times (v_0) = 0$

$$\leftrightarrow p_2(\pi \times SW) + v_0 \geq p_2(SW) + v_0 - PK + p_2(PK)$$

$|$ subtrahieren von v_0

$|$ subtrahieren von $p_2(SW)$

$|$ subtrahieren von $p_2(PK)$

$$\leftrightarrow p_2(\pi \times SW) - p_2(SW) - p_2(PK) \geq -PK$$

$|$ ausklammern von p_2

$$\leftrightarrow p_2(\pi \times SW - SW - PK) \geq -PK$$

$|$ dividieren durch $(\pi \times SW - SW - PK) \geq$

(47) $$\mathbf{p_2^{GW\ KmP/KoP} \geq \frac{-PK}{\pi \times SW - SW - PK}}$$

2.7.6 Entscheidungsmodell der Prozessfinanzierungsgesellschaft

a) Grundlegende Angaben zum Entscheidungsverfahren

Der Prozessfinanzierer ist risikofreudig. Er sieht die Finanzierung von Prozessen als Investition. Die Einschätzung der Prozesserfolgswahrscheinlichkeit kann (muss aber nicht) von derjenigen der anspruchsberechtigen Partei abweichen.

(48) Erwartungswert des Prozessfinanzieres bei der Prozessfinanzierung:

$$EW_3^{PF} = p_3 \times (v_0 + (1-\pi) \times SW) + (1 - p_3) \times (v_0 - PK)$$

(49) Erwartungsnutzen des Prozessfinanzieres bei der Prozessfinanzierung:

$$EU_3^{PF} = p_3 \times u_3(v_0 + (1-\pi) \times SW) + (1 - p_3) \times u_3(v_0 - PK)$$

(50) Erwartungswert der Alternativinvestition:

$$EW_3^{AI} = v_0 \times \left(1 + \frac{z}{100}\right)^n$$

(51) Erwartungsnutzen der Alternativinvestition:

$$EU_3^{AI} = u_3\left(v_0 \times \left(1 + \frac{z}{100}\right)^n\right)$$

b) Entscheid zur Prozessinvestition

Der Prozessfinanzierer wird immer dann in einen Prozess investieren und das Risiko eingehen, wenn der Erwartungsnutzen aus der Prozessfinanzierung grösser ist als der Erwartungsnutzen aus der Alternativinvestition. Dies liegt vor wenn:

(52) $\mathbf{EU_3^{PF} \geq EU_3^{AI}}$

Mit Einsetzen der beiden Erwartungsnutzenfunktionen **(49)** und **(51)** ergibt sich folgende Bedingung:

(53)
$$p_3 \times u_3(v_0 + (1-\pi) \times SW) + (1 - p_3) \times u_3(v_0 - PK) \geq u_3\left(v_0 \times \left(1 + \frac{z}{100}\right)^n\right)$$

| einsetzen von $u_3(x) = x^2$

(54)
$$\mathbf{p_3 \times (v_0 + (1-\pi) \times SW)^2 + (1 - p_3) \times (v_0 - PK)^2 \geq \left(v_0 \times \left(1 + \frac{z}{100}\right)^n\right)^2}$$

c) *Berechnung der notwendigen Prozesserfolgswahrscheinlichkeit*

Fraglich ist nun, wie hoch die Prozesserfolgswahrscheinlichkeit sein muss, damit der Prozessfinanzierer das Investment in den Prozess der Alternativinvestition vorzieht. Dazu löst man die Funktion **(54)** nach p_3 auf.

(55)
$$p_3 \times (v_0 + (1-\pi) \times SW)^2 + (1-p_3) \times (v_0 - PK)^2 \geq \left(v_0 \times \left(1+\frac{z}{100}\right)^n\right)^2$$

| ausmultiplizieren von p_3

$$\leftrightarrow p_3 \times (v_0 + (1-\pi) \times SW)^2 + (v_0 - PK)^2 - p_3(v_4 - PK)^2$$
$$\geq \left(v_0 \times \left(1+\frac{z}{100}\right)^n\right)^2$$

| subtrahieren von $(v_0 - PK)^2$

$$\leftrightarrow p_3 \times (v_0 + (1-\pi) \times SW)^2 - p_3(v_0 - PK)^2 \geq \left(v_0 \times \left(1+\frac{z}{100}\right)^n\right)^2 \text{-}(v_0 - PK)^2$$

| vereinfachen nach p

$$\leftrightarrow p_3 \times (v_0 + (1-\pi) \times SW)^2 - (v_0 - PK)^2) \geq \left(v_0 \times \left(1+\frac{z}{100}\right)^n\right)^2 \text{-}(v_0 - PK)^2$$

| dividieren durch $(v_0 + (1-\pi) \times SW)^2 - (v_0 - PK)^2)$

(56)
$$\mathbf{p_3^{GW\,PF/AI}} = \frac{\left(\mathbf{v_0} \times \left(\mathbf{1}+\frac{\mathbf{z}}{\mathbf{100}}\right)^{\mathbf{n}}\right)^{\mathbf{2}} - (\mathbf{v_0} - \mathbf{PK})^{\mathbf{2}}}{(\mathbf{v_0} + (\mathbf{1}-\boldsymbol{\pi}) \times \mathbf{SW})^{\mathbf{2}} - (\mathbf{v_0} - \mathbf{PK})^{\mathbf{2}}}$$

2.7.7 Beispielberechnung der Klageeinreichung

a) *Ausgangslage*

Folgende Angaben liegen vor:

$\mathbf{v_0}$	Anfangsvermögen	€ 60'000
SW	Substantiierter Streitwert	€ 75'000
PK	Prozesskosten	€ 50'000
n	Investitionsjahre	2
Z	Zinssatz	1.75
$\boldsymbol{\pi}$	Nettoanteil der anspruchsberechtigten Partei am SW	0.70
1- $\boldsymbol{\pi}$	Anteil der Prozessfinanzierungsgesellschaft am SW	0.30
$\mathbf{p_{1\,V1}^{effSV}}$	Einschätzung Prozesserfolgswahrscheinlichkeit durch die anspruchsberechtigte Privatperson, Variante 1	0.62

$p^{effSV}_{1\,V2}$	Einschätzung Prozesserfolgswahrscheinlichkeit durch die anspruchsberechtigte Privatperson Variante 2	0.39
$p^{effSV}_{2\,V1}$	Einschätzung Prozesserfolgswahrscheinlichkeit durch das anspruchsberechtigte Unternehmen, Variante 1	0.62
$p^{effSV}_{2\,V2}$	Einschätzung Prozesserfolgswahrscheinlichkeit durch das anspruchsberechtigte Unternehmen, Variante 2	0.39
$p^{effSV}_{3\,V1}$	Einschätzung Prozesserfolgswahrscheinlichkeit durch die Prozessfinanzierungsgesellschaft,Variante 1	0.76
$p^{effSV}_{3\,V2}$	Einschätzung Prozesserfolgswahrscheinlichkeit durch die Prozessfinanzierungsgesellschaft, Variante 2	0.57

b) Risikoaverse anspruchsberechtigte Privatperson

Wie unter **(10)** dargelegt wird die risikoaverse anspruchsberechtigte Privatperson den Prozess nur eingehen, wenn der Erwartungsnutzen aus der Klageeinreichung grösser ist als der Erwartungsnutzen aus dem Vermögen ohne Klageeinreichung.

Die anspruchsberechtige Partei beurteilt die Prozesserfolgswahrscheinlichkeit mit dem Vermerk *überwiegende Erfolgsaussichten.*

(57) $p_1 \times u_1(v_o + SW) + (1 - p_1) \times u_1(v_o - PK) \geq u_x(v_0)$

Somit gilt mit p_1^{effSV}:

(58) $p_1^{effSV} \times \sqrt{(v_0 + SW)} + (1\text{-}p_1^{effSV}) \times \sqrt{(v_0 - PK)} \geq \sqrt{v_0}$

(59) $0.62 \times \sqrt{(60'000 + 75'000)} + (1\text{-}0.62) \times \sqrt{(60'000 - 50'000} \geq \sqrt{60'000}$

(60) $\mathbf{265.80 \geq 244.95}$

Die Bedingung ist erfüllt und die anspruchsberechtigte Privatperson wird bei der Erfolgswahrscheinlichkeit von 62 Prozent die Klage ohne Inanspruchnahme eines Prozessfinanzieres einreichen.

Anders stellt sich der Sachverhalt dar, wenn von einem ungewissen Prozessausgang ausgegangen werden muss, resp. einer Erfolgswahrscheinlichkeit von nur 39 Prozent. Die anspruchsberechtigte Partei beurteilt somit die Prozesserfolgsaussichten mit dem Vermerk *keine Aussichten auf Erfolg.*

(61) Wiederum gilt, nun mit $p^{effSV}_{1\,V2}$:

$\mathbf{p^{effSV}_{1\,V2}} \times \sqrt{(v_0 + SW)} + (1\text{-}\mathbf{p^{effSV}_{1\,V2}}) \times \sqrt{(v_0 - PK)} \geq \sqrt{v_0}$

(62) $0.39 \times \sqrt{(60'000 + 75'000)} + (1\text{-}0.39) \times \sqrt{(60'000 - 50'000} \geq \sqrt{60'000}$

(63) $\mathbf{167.81 \geq 244.95}$

Die Bedingung ist nicht erfüllt. Die anspruchsberechtigte Privatperson wird bei einer Erfolgswahrscheinlichkeit von 39 Prozent das Prozessrisiko nicht eingehen.

c) ***Risikoneutrales anspruchsberechtigtes Unternehmen***

Wie unter **(32)** dargelegt wird das risikoneutrale anspruchsberechtigte Unternehmen den Prozess nur eingehen. wenn der Erwartungsnutzen aus der Klageeinreichung grösser ist als der Erwartungsnutzen aus dem Vermögen ohne Klageeinreichung. Die anspruchsberechtigte Partei beurteilt die Prozesserfolgswahrscheinlichkeit mit dem Vermerk *überwiegende Erfolgsaussichten.*

(64) $p_2 \times u_2(v_1) + (1 - p_2) \times u_2(v_2) \geq u_2(v_0)$

Somit gilt mit $p_{2\,V1}^{effSV}$:

(65) $p_{2\,V1}^{effSV} \times (v_0 + SW) + (1 - p_{2\,V1}^{effSV}) \times (v_0 - PK) \geq v_0$

(66) $0.62 \times (60'00 + 75'000) + (1\text{-}0.62) \times (60'000 - 50'000) \geq 60'000$

(67) $\mathbf{87'500 \geq 60'000}$

Die Bedingung ist erfüllt, und das anspruchsberechtigte Unternehmen wir bei der Erfolgswahrscheinlichkeit von 62 Prozent die Klage ohne Inanspruchnahme eines Prozessfinanzieres einreichen.

Anders stellt sich wiederum der Sachverhalt dar, wenn von einem ungewissen Prozessausgang ausgegangen werden muss, resp. einer Erfolgswahrscheinlichkeit von nur 39 Prozent. Das anspruchsberechtigte Unternehmen beurteilt somit die Prozesserfolgsaussichten mit dem Vermerk *ungewissser Prozessausgang*. Es gilt:

(68) $p_{2\,V2}^{effSV}{:}\times (v_0 + SW) + (1 - p_{2\,V2}^{effSV}) \times (v_0 - PK) \geq v_0$

(69) $0.39 \times (60'000 + 75'000) + (1\text{-}0.39) \times (60'000 - 50'000) \geq 60'000$

(70) $\mathbf{56'550 \geq 60'000}$

Auch diese Bedingung ist nicht erfüllt und das risikoneutrale Unternehmen wird bei einer Erfolgswahrscheinlichkeit von 39 Prozent das Prozessrisiko nicht eingehen.

d) *Risikofreudige Prozessfinanzierungsgesellschaft*

Wie unter **(54)** dargelegt wird der risikofreudige Prozessfinanzierer die Prozessrisiken nur dann eingehen, wenn der Erwartungsnutzen aus der Prozessfinanzierung grösser ist als der Erwartungsnutzen aus der Alternativinvestition.

Im Gegensatz zum Anspruchsinhaber und auch dem Unternehmer kann angenommen werden, dass der Prozessfinanzierer über eine andere Einschätzung der Prozesswahrscheinlichkeit verfügt. Es wird davon ausgegangen, dass die Prozessfinanzierungsgesellschaft aufgrund ihrer Expertise und des bestehenden Risikomanagements von einer Prozesserfolgswahrscheinlichkeit von 76 Prozent, somit von *ganz überwiegenden Erfolgsaussichten* ausgeht. Somit gilt:

(71) $$\mathbf{p_{3\,V1}^{effSV} \times (v_0 + (1-\pi) \times SW)^2 + (1 - p_{3\,V1}^{effSV}) \times (v_0 - PK)^2 \geq \left(v_0 \times \left(1 + \frac{z}{100}\right)^n\right)^2}$$

(72) $$0.76 \times (60'000 + (1-0.7) \times 75'000)^2 + (1-0.76) \times (60'000 - 50'000)^2 \geq \left(60'000 \times \left(1 + \frac{1.75}{100}\right)^2\right)^2$$

(73) **5‘196‘750‘000≥ 3‘893‘760‘000**

Die Bedingung ist erfüllt, und der risikofreudige Prozessfinanzierer wir bei der Erfolgswahrscheinlichkeit von 76 Prozent die Klage finanzieren und auf die Alternativinvestition verzichten.

Geprüft wird nun der Sachverhalt, wenn die Prozessfinanzierungsgesellschaft zwar von einer etwas besseren Prozesserfolgswahrscheinlichkeit in der Höhe von 57 Prozent und somit nur von *Aussichten auf Erfolg* ausgeht. Es gilt:

(74) $$\mathbf{p_{3\,V2}^{effSV}} \times (v_0 + (1-\pi) \times SW)^2 + (1 - \mathbf{p_{3\,V2}^{effSV}}) \times (v_0 - PK)^2 \geq \left(v_0 \left(1 + \frac{z}{100}\right)^n\right)^2$$

(75) $$0.57 \times (60'000 + (1-0.7) \times 75'000)^2 + (1-0.57) \times (60'000 - 50'000)^2 \geq \left(60'000 \times \left(1 + \frac{1.75}{100}\right)^2\right)^2$$

(76) **3‘922‘562‘500 ≥ 3‘893‘760‘000**

Aufgrund der geringfügig höheren Einschätzung der Prozesserfolgswahrscheinlichkeit ist die Prozessfinanzierungsgesellschaft wiederum bereit, in diesen Prozess zu investieren und auf die Alternativinvestition zu verzichten.

e) Vergleichende Darstellung

Folgende Resultate konnten erzielt werden:

		Anspruchsberechtigte Privatperson	Anspruchsberechtigtes Unternehmen	Prozessfinanzierungs-gesellschaft
Variante 1	Numerische Beurteilung	$p_{1\,V1}^{effSV} = 0.62$	$p_{2\,V1}^{effSV} = 0.62$	$p_{3\,V1}^{effSV} = 0.76$
	Verbale Beurteilung	Überwiegende Erfolgsaussichten	Überwiegende Erfolgsaussichten	Ganz überwiegende Erfolgsaussichten
	Prozessverhalten	Klageeinreichung	Klageeinreichung	Klageeinreichung
Variante 2	Numerische Beurteilung	$p_{1\,V2}^{effSV} = 0.39$	$p_{2\,V2}^{effSV} = 0.39$	$p_{3\,V2}^{effSV} = 0.57$
	Verbale Beurteilung	Keine Aussichten auf Erfolg	Keine Aussichten auf Erfolg	Aussichten auf Erfolg
	Prozessverhalten	Keine Klageeinreichung	Keine Klageeinreichung	Klageeinreichung

Abbildung 12: Klageeinreichung in Abhängigkeit zur Erfolgswahrscheinlichkeit.

2.7.8 Beispielberechnung der notw. Prozesserfolgswahrscheinlichkeit

a) Ausgangslage

Folgende Angaben liegen vor:

$\mathbf{v_0}$	Anfangsvermögen	€ 60’000
SW	Substantiierter Streitwert	€ 75’000
PK	Prozesskosten	€ 50’000
n	Investitionsjahre	2
Z	Zinssatz	1.75
π	Nettoanteil der anspruchsberechtigten Partei am SW	0.70
$1-\pi$	Anteil des Prozessfinanzierers am Streitwert	0.30

b) Risikoaverse anspruchsberechtigte Privatperson

Berechnet werden soll die nötige Prozesserfolgswahrscheinlichkeit, damit die risikoaverse anspruchsberechtigte Privatperson überhaupt den Klageweg ohne Prozessfinanzierung in Erwägung zieht.

Es gilt somit in Anwendung von Bedingung **(12):**

(77) $$p_1^{GW\,KEoPF/KV} \geq \frac{\sqrt{v_0} - \sqrt{(v_0 - PK)}}{\sqrt{(v_0 + SW)} - \sqrt{(v_0 - PK)}}$$

(78) $$p_1^{GW\,KoP/KV} \geq \frac{\sqrt{60'000} - \sqrt{(60'000 - 50'000)}}{\sqrt{(60'000 + 75'000)} - \sqrt{(60'000 - 50'000)}}$$

(79) $$p_1^{GW\,KoP/KV} \geq 0.54$$

Basierend auf der Ausgangslage muss die risikoaverse anspruchsberechtigte Privatperson zumindest von einer Prozesserfolgswahrscheinlichkeit von 54 Prozent ausgehen, das heisst den Sachverhalt mit *Aussichten auf Erfolg* einschätzen.

Wenn die geschätzte Prozesserfolgswahrscheinlichkeit tiefer ist, dann wird die anspruchsberechtigte Privatperson auf den Klageweg verzichten oder gefolgt aus **(23)** allenfalls die Dienste einer Prozessfinanzierungsgesellschaft in Erwägung ziehen, da gilt:

(80) $$p_1^{effSV} \geq 0$$

Fraglich ist nun noch, ab welchem Schwellenwert der geschätzten Prozesserfolgswahrscheinlichkeit über den minimalen 54 Prozent die anspruchsberechtigte Privatperson nicht mehr auf die Dienste einer Prozessfinanzierungsgesellschaft zählt, sondern den Prozess klarerweise selbständig zur Durchsetzung bringt. Es gilt gestützt auf **(27):**

(81) $$p_1^{GW\,KoP/KmP} \geq \frac{\sqrt{(v_0 - PK)} - \sqrt{v_0}}{\sqrt{(v_0 + \pi \times SW)} - \sqrt{v_0} - \sqrt{(v_0 + SW)} + \sqrt{(v_0 - PK)}}$$

(82) $$p_2^{GW\,KoP/KmP} \geq \frac{\sqrt{10'000} - \sqrt{60'000}}{\sqrt{(60'000 + 0.7 \times 75'000)} - \sqrt{60'000} - \sqrt{135'000} + \sqrt{10'000}}$$

(83) $$p_2^{GW\,KoP/KmP} \geq 0.82$$

Die risikoaverse anspruchsberechtigte Privatperson wird erst ab einer Prozesserfolgswahrscheinlichkeit von 82 Prozent nicht mehr auf die Dienste der Prozessfinanzierungsgesellschaft zählen. Es müssen somit *ganz überwiegende Erfolgsaussichten* bestehen, damit die risikoaverse Privatperson den Schritt zur Klageeinreichung in jedem Fall ohne Prozessfinanzierung wagt.

c) Risikoneutrales anspruchsberechtigtes Unternehmen

Berechnet werden soll die nötige Prozesserfolgswahrscheinlichkeit, damit das risikoneutrale anspruchsberechtigte Unternehmen überhaupt den Klageweg ohne Prozessfinanzierung in Erwägung zieht.

Es gilt somit die Bedingung **(34)**:

(84) $$p_2^{GW\ KoP/KV} \geq \frac{v_0 - (v_0 - PK)}{(v_0 + SW)\text{-}(v_0 - PK)}$$

(85) $$p_2^{GW\ KoP/KV} \geq \frac{60'000 - (60'000 - 50'000)}{(60'000 + 75'000)\text{-}(60'000 - 50'000)}$$

(86) $$p_2^{GW\ KoP/KV} \geq 0.40$$

Basierend auf der Ausgangslage muss das anspruchsberechtigte risikoneutrale Unternehmen zumindest von einer Prozesserfolgswahrscheinlichkeit von 40 Prozent ausgehen, das heisst den Sachverhalt mit immer noch *keine Aussichten auf Erfolg* einschätzen.

Wenn die geschätzte Prozesserfolgswahrscheinlichkeit tiefer ist, dann wird das anspruchsberechtigte Unternehmen auf den Klageweg verzichten oder gefolgt aus **(43)** allenfalls die Dienste einer Prozessfinanzierungsgesellschaft in Erwägung ziehen, da gilt:

(87) $$p_2^{effSV} \geq 0$$

Fraglich ist nun noch, ab welchem Schwellenwert der geschätzten Prozesserfolgswahrscheinlichkeit über den minimalen 40 Prozent das anspruchsberechtigte Unternehmen nicht mehr auf die Dienste einer Prozessfinanzierungsgesellschaft zählt, sondern den Prozess klarerweise selbständig zur Durchsetzung bringt. Es gilt gestützt auf **(47)**:

(88) $$p_2^{GW\ KmP/KoP} \geq \frac{-PK}{(\pi \times SW - SW - PK)}$$

(89) $$p_2^{GW\ KmP/KoP} \geq \frac{-50'\ 000}{(0.7 \times 75'000 - 75'000 - 50'000)}$$

(90) $$p_2^{GW\ KmP/KoP} \geq 0.66$$

Das risikoneutrale anspruchsberechtigte Unternehmen wird bereits ab einer Prozesserfolgswahrscheinlichkeit von 66 Prozent nicht mehr auf die Dienste der Prozessfinanzierungsgesellschaft zählen. Es müssen somit nur *überwiegende Erfolgsaussichten* bestehen, damit das risikoneutrale anspruchsberechtigte Unternehmen den Schritt zur Klageeinreichung in jedem Fall ohne Prozessfinanzierung wagt.

d) Risikofreudige Prozessfinanzierungsgesellschaft

Berechnet werden soll nun, ab welcher Erfolgswahrscheinlichkeit die risikofreudige Prozessfinanzierungsgesellschaft die Finanzierung eines Prozesses einer Alternativinvestition vorzieht. Aus **(56)** folgt:

(91)
$$\mathbf{p_3^{GW\,PF/AI}} = \frac{\left(\mathbf{v_0} \times \left(\mathbf{1} + \frac{\mathbf{z}}{\mathbf{100}}\right)^{\mathbf{n}}\right)^2 - (\mathbf{v_0} - \mathbf{PK})^2}{(\mathbf{v_0} + (\mathbf{1} - \boldsymbol{\pi}) \times \mathbf{SW})^2 - (\mathbf{v_0} - \mathbf{PK})^2}$$

(92)
$$p_3^{GW\,PF/AI} = \frac{\left(60'000 \times \left(1 + \frac{1.75}{100}\right)^2\right)^2 - (60'000 - 50'000)^2}{(60'000 + (1 - 0.7) \times 75'000)^2 - (60'000 - 50'000)^2}$$

(93)
$$\mathbf{p_3^{GW\,PF/AI}} = \mathbf{0.57}$$

Der Prozessfinanzierer wird unter den gegebenen Voraussetzung bereits bei einer Prozesserfolgswahrscheinlichkeit von 57 Prozent, d.h. bei *Aussichten auf Erfolg* die Prozessfinanzierung als alternatives Investment der Alternativinvestition vorziehen.

e) Vergleichende Darstellung

		Anspruchsberechtigte Privatperson	Anspruchsberechtigtes Unternehmen	Prozessfinanzierungsgesellschaft
Prozessfinanzierung	Minimale Prozesserfolgswahrscheinlichkeit	$p_1^{effSV} \geq 0$	$p_2^{effSV} \geq 0$	
	Maximale Prozesserfolgswahrscheinlichkeit	$p_2^{GW\,KoP/KmP} \geq 0.82$	$p_2^{GW\,KoP/KmP} \geq 0.66$	
	Provisorische Bandbreite für mögliche Prozessführung	0 % – 82 %	0 % – 66 %	
Vergleich	Minimale Prozesserfolgswahrscheinlichkeit für Prozessführung	$p_1^{GW\,KoP/KV} \geq 0.54$	$p_2^{GW\,KoP/KV} \geq 0.40$	$p_3^{GW\,PF/AI} = 0.57$
Fazit	Definitive Bandbreite für Prozessführung mit Prozessfinanzierung	57 % – 82 % 25 %	57 % – 66 % 9 %	

Abbildung 13: Notwendige Prozesserfolgswahrscheinlichkeit.

Der Vergleich zeigt klar, dass - gestützt auf die getroffenen Annahmen - die risikoaverse anspruchsberechtigte Privatperson aufgrund der höheren Bandbreite der möglichen Prozessfinanzierung für die Prozessfinanzierungsgesellschaft das interessantere Zielpublikum darstellt, als die Gruppe der risikoneutralen anspruchsberechtigten Unternehmen. Die anspruchsberechtigte Privatperson kennt kein Risikomanagement und es fehlt ihr oft die nötige Fachexpertise, um die Prozesserfolgswahrscheinlichkeit angemessen einschätzen zu können.

2.8 Geschäftsmodell der Prozessfinanzierung

2.8.1 Allgemein

Das Geschäftsmodell der gewerblichen Prozessfinanzierung[165] kann zusammenfassend wie folgt dargestellt werden.

Eine Privatperson oder ein Unternehmen ist anspruchsberechtigte Partei. Die finanziellen Mittel können oder wollen jedoch nicht zur Prozessführung aufgebracht werden, obwohl der Anspruch zumindest bei der Privatperson erfolgsversprechend ist. Beim anspruchsberechtigten Unternehmen kann der Grund für eine Prozessfinanzierung auch in buchhalterischen Vorschriften resp. der möglichen Vermeidung von Prozessrückstellungen gesucht werden. Die anspruchsberechtigte Person überträgt nun den Anspruch resp. das Prozesskostenrisiko vollständig auf die Prozessfinanzierungsgesellschaft. Die anspruchsberechtigte Privatperson oder das Unternehmen bleiben weiterhin als Partei am Prozess beteiligt. Rechtlich wird der Prozessfinanzierungsvertrag als Gesellschaftsvertrag für eine einfache stille Gesellschaft klassifiziert.

Die Prozessfinanzierungsgesellschaft finanziert prozessuale Streitigkeiten jeglicher Art, „insbesondere auch solche, für die kein Versicherungsschutz erhältlich ist.“[166] Üblicherweise werden nur Aktivprozesse, deren Ergebnisse wirtschaftlich verwertbar sind, finanziert. Der Unternehmensgegenstand der Prozessfinanzierungsgesellschaft besteht somit darin, „sich durch die Finanzierung fremder Rechtsstreitigkeiten gegen eine Beteiligung an der erstrittenen Summe

---

[165] Vgl. Krejci 2011: 424-426.

[166] Rochon 2003: 36; weshalb dem so ist, liegt im unterschiedlichen Risikoappetit zwischen anspruchsberechtigter Partei (risikoavers) und Prozessfinanzierungsgesellschaft (risikoneutral). Dieser Punkt wird bei der ökonomischen Analyse der Prozessfinanzierung eingehend betrachtet.

erwerbswirtschaftlich zu betätigen und eine dauernde Einnahmequelle zu verschaffen."[167]

Für die Prozessfinanzierung geeignete Rechtsgebiete und wirtschaftlich verwertbare Aktivprozesse können sein:

- Forderungen gestützt auf finanzmarktrechtliche Ansprüche: Fälle des Anlegerschutzes, bspw. Haftungsansprüche aus fehlerhafter Anlageberatung und Vermögensverwaltung, auftragswidrige Entgegennahme von Retrozessionen und anderen geldwerten Leistungen.
- Forderungen im Rahmen des Erbschafts- und Nachlassrechts: Berechtigte Ansprüche aus Pflichtteilsrecht, Erbvertrag oder auch Forderung im Rahmen der *Asset Protection.*
- Forderungen im Rahmen des Schuldbetreibungs- und Konkursrechts (Insolvenzrecht): Aussichtsreiche Ansprüche zu Gunsten der Masse auch wenn das Massevermögen zur Prozessführung nicht ausreichend ist.
- Haftungsansprüche gegenüber freien Berufen wie Ärzteschaft, Anwaltschaft oder Architektenwesen bei Verstoss gegen die Pflicht zur persönlichen Erfüllung, Verstoss gegen Informationspflichten, Sorgfaltspflichten, Loyalitätspflichten, Obhuts- und Schutzpflichten oder Verletzung der Standesordnung.

Wenn die anspruchsberechtigte Person vor Gericht unterliegt, dann übernimmt die Prozessfinanzierungsgesellschaft sämtliche Prozesskosten i.w.S., die sich aus den Anwaltskosten der anspruchsberechtigten Person, den Gerichtskosten, den Kosten für Zeugen und Sachverständige, den Vollstreckungskosten bei Klagegutheissung und im Fall der Klageabweisung auch aus dem Kostenerstattungsanspruch der gegnerischen Partei[168] zusammensetzen.

Bei vollständigem oder teilweisem Obsiegen der anspruchsberechtigten Person resp. im Falle eines Vergleichs hat die Prozessfinanzierungsgesellschaft gemäss Prozessfinanzierungsvertrag Anrecht auf eine angemessene Beteiligung

---

[167] Kochheim 2003: 30; vgl. Maubach 2002: 32-34/113-120; Dimde 2003: 162-163; Rochon 2003: 40-42; Jaskolla 2004: 16; Homberg 2006: 8-13; aus neuster Zeit für die Schweiz: *Wegmüller* 2013.

[168] Schon im römischen und im gemeinen Recht war die Kostentragungspflicht im Prozess nur von vorläufiger Natur. Nach Beendigung des Verfahrens hatte die obsiegende Partei jeweils einen Kostenerstattungsanspruch gegen die unterliegende Gegnerschaft, der sich neben Anwaltskosten auch auf sämtliche veranlassten Prozesskosten bezogen hat, vgl. Muggiasca 1970: 7.

am Prozesserlös.[169] Dazu dienen Sicherungsgeschäft, wie auch allenfalls eine vertragliche Einbindung der mandatierten Anwaltschaft. Ob mit oder ohne Prozessfinanzierung, „der Prozesszweck bleibt stets ein und derselbe: Die Wahrung der Gerechtigkeit durch Übung der Gerichtsbarkeit.“[170] Auch die Prozessfinanzierungsgesellschaft dient somit - auch wenn monetäre Interessen zweifellos im Vordergrund stehen - der konkreten Rechtsverwirklichung.

Für die Prozessfinanzierung ist das Investment in den Prozess resp. das eigentliche vorfinanzierte Prozessrisiko eingesetztes Wagniskapital. Die an die anspruchsberechtigte Person geleisteten Zahlungen (Prozesskosten i.w.S.) sind als Anschaffungskosten eines immateriellen geschäftswertähnlichen Wirtschaftsgutes in der Bilanz zu aktivieren. Der Anspruch auf Beteiligung am Prozesserlös stellt einen selbständig verkehrsfähigen und selbständig bewertbaren Vermögensbestandteil dar. Als solcher Vermögensbestandteil kann die Prozessfinanzierungsgesellschaft diesen je nach Prozessverlauf auch wertbereinigen oder gar abschreiben.

Den zweifellos hohen und auch langfristigen Kapitalbedarf deckt die Prozessfinanzierungsgesellschaft im Sinne einer Investmentaktiengesellschaft auf dem primären oder sekundären Kapitalmarkt. Das aktive Vertragsmanagement der bestehenden Prozessfinanzierungsverträge ist das eigentliche *Asset Management*. Unter dem aktiven Vertragsmanagement versteht man „einen sich selbständig erneuernden Kreislauf. Denn die letzte Stufe des Vertragsmanagements mündet zugleich auch wieder in dessen erste Stufe ein: das Evaluierungsergebnis stellt die Initiative des (neuen) Managementprozesses dar.“[171] Man versteht darunter das *Legal Controlling* und das *Legal Auditing*.[172]

Wichtig für den betriebswirtschaftlichen Erfolg einer jeden Prozessfinanzierungsgesellschaft sind die Compliance und das Risikomanagement als Investmentkontrolle. Der Bereich Compliance prüft die Bonität der potentiellen anspruchsgegnerischen Partei und auch die Seriosität der allfälligen anspruchsberechtigten Partei. Letzteres ist elementar, bildet doch die Prozessfinanzierungsgesellschaft mit der anspruchsberechtigten Partei eine einfache stille Gesellschaft. Der Bereich Risikomanagement dient der steten Überprüfung der in-

169 Vgl. Maubach 2002: 18; Kochheim 2003: 30; Dimde 2003: 155-156; Rochon 2003: 40-42; Jaskolla 2004: 14-17; Homberg 2006: 1-4/25-26.

170 Wach 1885: 5.

171 Schütte/Beutin 2008: 26; als Teilgebiete des Vertragsmanagements können das Vertragscontrolling, die Vertragsverwaltung und die Vertragsarchivierung verstanden werden, vgl. dazu auch Heussen 2007.

172 Vgl. Staub 2006: 61-173.

vestierten Prozessrisiken, kann doch die Prozessfinanzierungsgesellschaft im Sinne einer Ausstiegsklausel die vertraglich zugesicherte Option ziehen, das Investment jederzeit zu desinvestieren.

Elementar ist weiter der Aufbau von Fachexpertise, allenfalls auch durch Einbezug externer spezialisierter Fachexperten- resp. einer Fachanwaltschaft.[173] Betriebswirtschaftlich ist das Outsourcing zu begrüssen, muss die Prozessfinanzierungsgesellschaft doch einerseits ein diversifiziertes Aktivum an Prozessrisiken resp. Prozessinvestitionen haben, um rentabel zu sein, kann jedoch andererseits aus Kostengründen nicht in jedem Bereich die nötige Fachexpertise selber aufbauen und auf dem neusten Stand halten. Längerfristig kann sich die Prozessfinanzierungsgesellschaft im Sinne eines Insourcing an das Unternehmen binden und für die Abwicklung von Prozessrisiken zur Verfügung stehen. Delegierbar sind weiter administrative Dienste und Vertriebsaktivitäten. Zudem ist es der Prozessfinanzierungsgesellschaft als Investmentaktiengesellschaft freigestellt, weitere operative Tätigkeiten wahrzunehmen. Nach aussen vertreten und nach innen verwaltet wird die Prozessfinanzierungsgesellschaft durch den Verwaltungsrat und die Geschäftsleitung. Die Prozessfinanzierungan sich ist ein kapital- und zeitintensives Investitionsvorhaben, setzt doch die Selektion der Investitionen nicht nur ein juristisches, sondern vielmehr auch ein betriebswirtschaftliches Verständnis voraus. Die Frage stellt sich, ob das Vehikel der privat gehaltenen oder auch börsenkotierten Investmentgesellschaften auch hinsichtlich der neuen regulatorischen Vorgaben das richtige Gefäss darstellt.

[173] Vgl. Ebd.: 177-202.

2.8.2 Grafische Darstellung

Das Geschäftsmodell der Prozessfinanzierungsgesellschaft lässt sich - ergänzt um das diskutierte Vertragsmodell - abschliessend wie folgt darstellen:

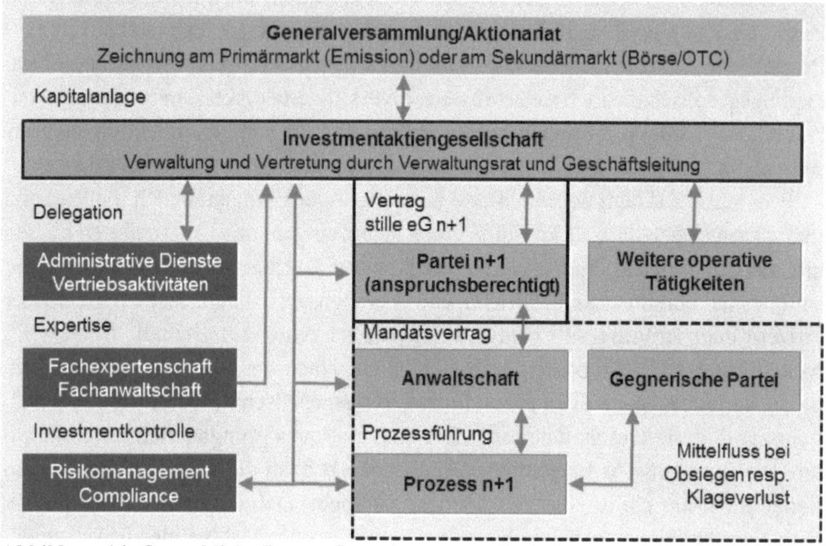

Abbildung 14: Gewerbliche Prozessfinanzierungsgesellschaft.

2.9 Thesenbildung

Folgende fünf Thesen dienen der Darstellung der gewerblichen Prozessfinanzierung:

1. Die Prozessfinanzierungsgesellschaft übernimmt gegen Erfolgsbeteiligung und Sicherungszession die Übernahme sämtlicher Prozesskosten i.w.S. von bestimmten Aktivprozessen. Es handelt sich dabei weder um eine Rechtsschutzversicherung noch um Prozesskostenhilfe oder unentgeltliche Rechtspflege.
2. Prozessfinanzierungsgesellschaft und anspruchsberechtigte Partei bilden eine stille einfache Gesellschaft, zusammen mit der mandatierten Anwaltschaft formiert sich eine vertragliche Dreierkonstellation. Die Anwaltschaft ist im Gegensatz zur Prozessfinanzierungsgesellschaft der anspruchsberechtigten Partei zu Sorgfalt und Treue verpflichtet.

3. Die anspruchsberechtigte Privatperson eignet sich aufgrund der mangelnden Erfahrung bei Einschätzung der Erfolgwahrscheinlichkeit sowie der fehlenden Kenntnisse in Compliance und Risikomanagement sowie der risikoaversen Grundhaltung besonders für die gewerbliche Prozessfinanzierung. Eine Finanzdienstleistung somit, welche durch eine risikofreudige Prozessfinanzierungsgesellschaft als eigentliches Geschäftsmodell angeboten wird.
4. Risikomanagement und Compliance sind bei der gewerblichen Prozessfinanzierung ausgeprägt und mithin Grundlage des Geschäftserfolges. Als *Asset Management* kann bei der gewerblichen Prozessfinanzierungsgesellschaft das aktive Vertragsmanagement verstanden werden. Fachexpertise im Sinne einer zugezogenen Fachexpertenschaft und Fachanwaltschaft dient der gewerblichen Prozessfinanzierungsgesellschaft zur Festlegung möglichst realistischer Prozesserfolgswahrscheinlichkeiten.
5. Die gewerbliche Prozessfinanzierungsgesellschaft deckt den dafür notwendigen Kapitalbedarf entweder durch eigene Kraft oder auf dem Kapitalmarkt und ist ein prozessbezogenes Finanzierungsmodell *sui generis*.[174]

[174] Vgl. Krejci 2011: 438.

3 Kollektive Kapitalanlagen nach der AIFM-RL

3.1 Entwicklung der europäischen Finanzmarktregulierung

Unter Regulierung versteht man „die gezielte staatliche oder staatlich sanktionierte Beschränkung der Handlungs- und Verfügungsmöglichkeiten von Menschen.“[175] Die aktuellen Regulierungsbemühungen für die VerwalterInnen alternativer Investmentfonds gelten als Folge der Verwerfungen an den europäischen Finanzmärkten im Nachgang der US-amerikanischen Subprime-Krise[176], die sich zu einer weltweiten Finanz- und Wirtschaftskrise ausweitete. Der *Nucleus* der aktuellen Regulierungswelle ist somit in einem Markt- und Staatsversagen zu suchen.[177] Unter anderem führte die asymmetrische Informationsverteilung zu der unzureichenden Preisbildung an den relevanten Märkten[178] und somit zum Kollaps.

Die Finanz- und Wirtschaftskrise deckte einige Schwachstellen der einzelstaatlichen finanzmarktrechtlichen Regulierungen auf. Gemäss dem *De Larosière*-Bericht[179] wurde vor allem die Regulierung von alternativen Investmentfonds als verbesserungsfähig beurteilt. Weiter muss die finanzmarktrechtliche Regulierung vor dem Hintergrund der Deklaration der G20[180] in Washington gesehen werden. Dort wurde das Dogma geschaffen, dass kein Finanzmarkt, kein Finanzmarktakteur und kein Finanzprodukt (mehr) unbeaufsichtigt bleiben dürfen.[181] Es wurde jedoch auch der Vorwurf laut, dass als Folge der Finanzkrise die Finanzmärkte überreguliert werden.[182]

175 Kumpan 2006: 45 m.w.H.

176 Vgl. zur Evolution der Kredit- und Liquiditätskrise zu einer umfassenden Finanzkrise Lengenohl 2011; Reinhart/Rogoff 2010: 293-315; *Heun* 2010: 53-62; zur Entwicklung der europäischen Finanzmarktregulierung Veil 2011.

177 Vgl. *Heun* 2010: 62.

178 Vgl. Kumpan 2006: 52.

179 <http://ec.europa.eu/internal_market/finances/docs/de_larosiere_report_de.pdf> 08.08.2014.

180 G20 ist die Abkürzung für die zwanzig wichtigsten Industrie- und Schwellenländer und wird aus 19 Ländern und der EU gebildet. Die G20 ist ein Forum, um Herausforderungen im Zusammenhang des internationalen Finanzsystems gemeinsam angehen zu können, vgl. aus neuster Zeit Hajnal 2014.

181 <http://www.g20.org/images/stories/docs/eng/washington.pdf> 08.08.2014.

182 Vgl. *Vaubel* 2010: 313-320; Wittig 2011: 75-76.

Das Funktionieren des Finanzmarktes hängt stark vom Vertrauen der AnlegerInnen ab. Aus diesem Grund sollen weitreichende Anlegerschutzvorschriften vermeiden, dass die AnlegerInnen durch unvollständige oder unrichtige Informationen übervorteilt werden.[183] Transparente Informationen sind für einen effektiven und effizienten Finanzmarkt unabdingbar, denn „*knowledge of the facts must be actually brought home to the investor [...]. Compliance with this requirement should also be obligatory, and not something which the investor could waive.*"[184]

Regulierungsbemühungen als Folge von negativen Spekulationsauswirkungen sind keine Erscheinung der Neuzeit, wohl aber der Begriff *regulatory tsunami*. Schon 1883 hat *Ehrenberg* zur Fondsspekulation festgehalten, dass der Fondsverkehr an sich zwei Funktionen innehabe. Einerseits die Vermittlung von Angebot und Nachfrage auf dem Finanzmarkt und andererseits „die Befriedigung spekulativer Neigungen, d.h. des weitverbreiteten Wunsches, nicht sowohl Zinsertrag, als vielmehr Kapitalzuwachs durch eine Wertsteigerung des Spekulationsobjektes zu erzielen. Wie aber jeder Spekulationsverkehr der Entartung ausgesetzt ist, so ganz besonders der spekulative Fondsverkehr."[185]

Dies steht im eklatanten Gegensatz zum eigentlichen Anspruch der AnlegerInnen an eine kollektive Kapitalanlage. Mit Übertragung der Verwaltung und dem Auftrag der Aufbewahrung an Dritte wünschen sich die risikoaversen PrivatanlegerInnen eine Kapitalanlage, die bei einer angemessenen Verzinsung den Wert beibehält und keine Verwaltungssorgen verursacht.[186] Der Substanzerhalt und der Anspruch auf Ertragserwirtschaftung gelten somit als das generelle Hauptinteresse.[187] Eine eigenständige Verwaltung dagegen würde von den AnlegerInnen „eine laufende Beobachtung des Effektenmarktes und der Entwicklung der in Betracht kommenden Unternehmungen [erfordern], zuverlässige Informa-

---

183 Vgl. Schlitt 2014: 12; Berg 2009: 249-264.

184 Brandeis 1914: 104.

185 Ehrenberg 1883: 1, in der Schweiz wurde erst 1991 ein entsprechender Artikel im StGB aufgehoben. Mit diesem Gesetzesartikel wollte man seinerzeit verhindern, dass die Finanzintermediäre „die unwirtschaftlichen Eigenschaften von andern auszunützen, um daraus einen Vermögensvorteil zu erzielen." Kradolfer 1943: 70. Die gegenläufige Tendenz der Legiferierung ist heute wieder mit der Stärkung des Anlegerschutzes bei bei der MiFID II-RL zu sehen.

186 Vgl. Spörri 1958: 9.

187 Unterteilbar in das Verwaltungsinteresse, das Informationsinteresse, das Kontrollinteresse sowie dem Liquidations- resp. Liquiditätsinteresse der Anlegerschaft eines Investmentfonds, vgl. Gringel 2009: 73-76.

tionen, Sachkunde in ihrer Beurteilung und Zeit, sich dieser Fragen gründlich anzunehmen [voraussetzen].“[188]

Die jüngste Finanzkrise hat gezeigt, dass die berechtigten Interessen der AnlegerInnen an eine kollektive Kapitalanlage nicht alleine durch die vorgeschriebene breite Risikoverteilung und die Übergabe von Verwaltung, Verwahrung und Kontrolle an erfahrene Dritte befriedigt werden können. Die Legislative sowie die Aufsichtsbehörden werden durch das Dogma der G20 aufgefordert, die rechtlichen und regulatorischen Rahmenbedingungen zum Schutz des Kunden, zur Gewährleistung der Stabilität des Finanzmarktes und zur Vermeidung von Missbräuchen zu verbessern.

3.2 Ausgestaltungsmöglichkeiten kollektiver Kapitalanlagen

3.2.1 Vorbemerkungen

Generell können die kollektiven Kapitalanlagen[189] in jene der offenen (*open end*) und der geschlossenen[190] (*closed end*) Art unterteilt werden. Als offene kollektive Kapitalanlagen gelten der vertragliche Anlagefonds[191] und das gesellschaftsrechtlich organisierte Fondsvehikel, bspw. die Investmentgesellschaft mit variablem Kapital (SICAV).[192] Beide Formen können in Fremdverwaltung oder in Selbstverwaltung ausgestaltet sein.

Die Idee der kollektiven Kapitalanlage hat bis heute nicht an Attraktivität verloren. Denn, so *Mollet* 1942, „wenn sich schon im letzten Jahrhundert Kapitalisten zum Zweck gemeinsamer Kapitalanlage zusammengeschlossen haben, ist es heute für den Durchschnittskapitalisten noch viel mehr Bedürfnis, seine verfügbaren Mittel mit denen anderer zusammenzulegen und durch fachmännische und unabhängige Kapitaldispositionen (Management) deren Kaufkraft womöglich noch zu erhalten und gleichzeitig eine gute Rendite zu sichern.“[193]

---

188 *Caemmerer von* 1958: 41.

189 Vgl. Mertens 2008: 198-223; Jutzi/Schären 2014: 75-247.

190 Die hier nicht betrachteten geschlossenen kollektiven Kapitalanlagen sind allesamt gesellschaftsrechtlich organisierte Investmentvehikel, sei es als Kommanditgesellschaft für kollektive Kapitalanlagen oder als Investmentgesellschaft mit festem Kapital (SICAF), vgl. Hasenböhler 2007: RN 12-26; Derungs/Dobrauz 2013: 28-30; Heberlein 2008: 143-146; Jutzi/Schären 2014: 78-247.

191 Vgl. Jutzi/Schären 2014: 81-114.

192 Vgl. Heberlein 2008: 117-132; Jutzi/Schären 2014: 115-158.

193 Mollet 1942: 10.

3.2.2 Fremdverwaltete kollektive Kapitalanlage

Eine kollektive Kapitalanlage gilt als fremdverwaltet, wenn die eingesetzte Fondsverwaltungsgesellschaft die Verwaltungstätigkeit übernimmt.[194] Man spricht in diesem Zusammenhang auch vom Verwaltermodell. Der fremdverwaltete traditionelle Investmentfonds wird üblicherweise in der Rechtsform der Kollektivtreuhänderschaft ausgestaltet.[195] Das Rechtsverhältnis zwischen den AnlegerInnen sowie der Fondsverwaltungsgesellschaft[196] und Depotbank[197] sind im sog. Kollektivanlagenvertrag (Fondsvertrag) geregelt. Zusammen mit dem Prospekt bildet der Fondsvertrag das Fondsreglement als Vertragsgrundlage einer jeden Zeichnung von Anteilen des Fonds.

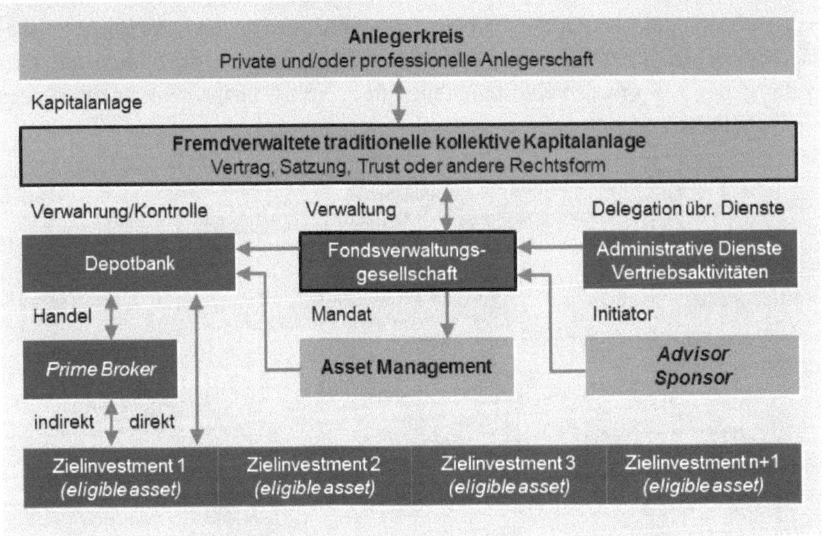

Abbildung 15: Fremdverwaltete traditionelle kollektive Kapitalanlage.

Die Anlegerschaft tritt mit Vertragsschluss resp. Zeichnung der Anteile in diesen Fondsvertrag ein. Gestützt auf den Fondsvertrag besteht nun eine obliga-

194 Vgl. Lenenbach 2010: RN 14.44.

195 Davon abzugrenzen ist die fremdverwaltete SICAV (Investmentgesellschaft mit variablem Kapital), welche die Administration und insb. die Anlagenverwaltung an eine Fondsverwaltungsesellschaft delegiert hat.

196 Vgl. Hasenböhler 2007: RN 275-299; Derungs/Dobrauz 2013: 85-91.

197 Vgl. Hasenböhler 2007: RN 300-308; Derungs/Dobrauz 2013: 164; Lenenbach 2010: RN 14.28; allfällige Primebroker dagegen werden direkt durch die Depotbank eingesetzt, vgl. dazu Rosowski 2009: 170-266.

tionenrechtliche Forderung gegen die Fondsverwaltungsgesellschaft auf Beteiligung an Vermögen und Ertrag. Die Anlegerschaft verzichtet auf die direkten Instruktions- und Überwachungsmöglichkeiten, die üblicherweise bei Abschluss eines diskretionären Vermögensverwaltungsmandates bestehen würden. Beim Erwerb eines Investmentfondsanteils erlischt somit das Mitspracherecht in Bezug auf die konkrete Umsetzung der Anlagestrategie.

Demgegenüber stehen die Pflicht der Fondsverwaltungsgesellschaft zur jederzeitigen Rücknahme der Anteile und die Kontrollfunktion durch die Depotbank. Diese bietet Gewähr dafür, dass die Fondsverwaltungsgesellschaft Gesetz und Fondsreglement beachtet.[198]

Der fremdverwaltete alternative Investmentfonds folgt dagegen dem Managermodell, d.h. im Mittelpunkt des Geschehens steht als eigentlicher Paradigmenwechsel nicht mehr die Fondsverwaltungsgesellschaft, sondern die Verwaltung des AIF mit den Kerntätigkeiten des Asset Managements und/oder des Risikomanagements.[199]

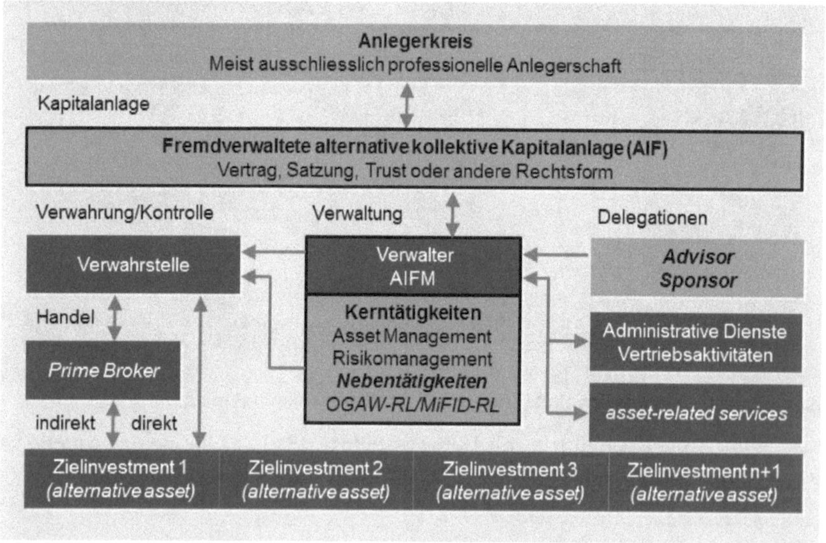

Abbildung 16: Fremdverwaltete alternative kollektive Kapitalanlage (AIF).

198 Insb. ob der NAV richtig berechnet und die Anlagestrategie korrekt umgesetzt wurde, vgl. Landert 2010: 26; Lenenbach 2010: RN 14.153-14.165.

199 Vgl. Lötscher 2013: 292-296.

Gewisse Beratungstätigkeiten können auch beim fremdverwalteten AIF delegiert werden, der Endentscheid muss jedoch immer beim AIFM resp. bei der prudentiell beaufsichtigten eingesetzten Vermögensverwaltungsgesellschaft liegen. Der AIF verwaltet sich auch hier analog dem vertraglichen Investmentfonds nicht selbst, sondern es wird ein professioneller Manager damit beauftragt.

Da die Anlagetätigkeit nicht wie bei OGAW auf Wertpapiere (i.S.v. *eligible assets*) beschränkt, sondern mit den alternativen Anlagen weitaus breiter gefasst ist, wurde in der AIFM-RL der Begriff Depotbank durch den Begriff Verwahrstelle ersetzt.[200]

3.2.3 Selbstverwaltete kollektive Kapitalanlage

Die selbstverwaltete kollektive Kapitalanlage[201] ist nun ein Phänomen, das im Aufbau immer komplexer und in der Abgrenzung zur Investmentaktiengesellschaft immer schwieriger wird.

Beim selbstverwalteten traditionellen Investmentfonds als Investmentgesellschaft mit variablem Kapital (SICAV) fallen das Investmentvehikel und die Fondsverwaltungsgesellschaft in einem gesellschaftsrechtlichen Konstrukt mit eigener Rechtspersönlichkeit zusammen. Somit bildet die SICAV gleichzeitig das genehmigungspflichtige Investmentvehikel wie auch den zulassungspflichtigen Bewilligungsträger.[202] Der Zweck der SICAV ist die kollektive Kapitalverwaltung. Die Gesellschaft ist offen gestaltet, d.h. das Aktienkapital sowie das Aktionariat sind nicht im Voraus bestimmt. Beteiligt sind das Anlegeraktionariat und das Unternehmeraktionariat.

Das Unternehmeraktionariat[203] ist als *Promotor* resp. *Sponsor* beim selbstverwalteten SICAV meist auch VermögensverwalterIn und ausführendes Organ in Personalunion und kann so direkten Einfluss auf die gesellschaftlichen Belange ausüben. Das Anlegeraktionariat[204] dagegen hat die gleichen Rechte wie bei einer Aktiengesellschaft. Das Anlegeraktionariat verfügt neben den Vermögensrechten auch über umfangreiche Mitgliedschaftsrechte (Mitwirkungsrechte, Informations- und Kontrollrechte sowie Klagerechte).[205] Gerade im Bereich der

---

200 Eine Depotbank kann somit Verwahrstelle sein, nicht jede Verwahrstelle (z.B. Anwaltschaft oder Treuhänderschaft) eignet sich jedoch auch zur Depotbank.

201 Zur Vertiefung vgl. Wegner 2010.

202 Vgl. Hasenböhler 2007: RN 16; Derungs/Dobrauz 2013: 101-106; Heberlein 2008: 117-132; Lenenbach 2010: RN 14.45.

203 Vgl. Heberlein 2008: 108-112.

204 Vgl. Ebd.: 113-116.

205 Vgl. Derungs/Dobrauz 2013: 101.

institutionellen Anlegerschaft und im Geschäftsbereich der *Private-Label-Fonds* ist diese gesellschaftsrechtlich organisierte kollektive Kapitalanlage deshalb beliebt und als vollwertige Alternative zum vertraglichen Anlagefonds anerkannt.[206]

Die SICAV kann jederzeit Anlegeraktien zum Nettoinventarwert (NAV) ausgeben, muss solche aber auch jederzeit zurücknehmen.[207] Man spricht hier von einer offenen Ausgestaltung der kollektiven Kapitalanlagen. Die Abgrenzung zur operativen Gesellschaft im Aussenverhältnis kann sich schwierig gestalten, insb. wenn die Investitionen im alternativen Anlagebereich stattfinden. Durch die Strukturierung des Investmentfonds als SICAV kann der *Promotor* zudem mehr Verantwortung für seine Produkte im Innenverhältnis (d.h. gegenüber dem allfälligen Administrator) wie auch im Aussenverhältnis (d.h. gegenüber der Anlegerschaft) übernehmen.[208]

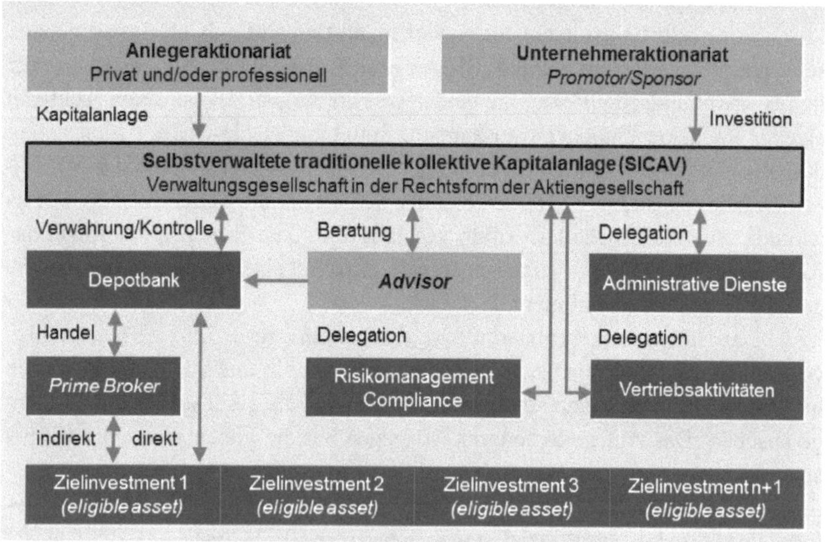

Abbildung 17: Selbstverwaltete traditionelle kollektive Kapitalanlage (SICAV).

---

206 Vgl. Hasenböhler 2007: RN 365-366.
207 Vgl. Lüscher-Marty 2012a: 468.
208 Vgl. Hasenböhler 2007: RN 473.

Beim selbstverwalteten alternativen Investmentfonds fallen nun der AIFM und der AIF zusammen. Meist ist der AIFM vertreten durch das Unternehmeraktionariat auch *Promotor/Sponsor* des AIF, welcher durch das Anlegeraktionariat vertreten wird.

Bezogen auf den grundsätzlichen Aufbau kann auf die Ausführungen zum selbstverwalteten SICAV verwiesen werden, dies jedoch mit der gewichtigen Ausnahme, dass auch hier nicht dem Verwaltermodell, sondern dem Managermodell gefolgt wird.

Dadurch wird der Vermögensverwalter der kollektiven alternativen Kapitalanlagen als bisher weitgehend unregulierte Branche ins Rampenlicht der regulatorischen Bühne gestellt. Besonders für die VerwalterIn resp. die BeraterIn (*Advisory-Modell*) von alternativen Investmentfonds handelt es sich hier um einen eigentlichen Paradigmenwechsel.[209]

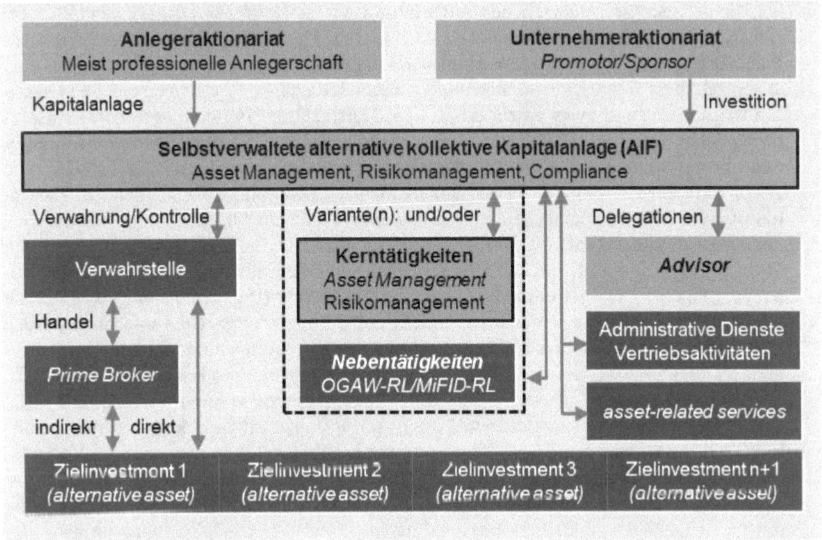

Abbildung 18: Selbstverwaltete alternative kollektive Kapitalanlage (AIF).

209 Vgl. Lötscher 2013: 292-296.

3.3 Europäische Regulierung alternativer Investmentfonds

3.3.1 Verwalter-Regulierung für alternative Anlagen

Die AIFM-RL wurde als Kompromissentwurf am 11.11.2010 vom europäischen Parlament verabschiedet und erhielt am 27.05.2011 die formelle Zustimmung des Rates der EU. Nach der erfolgten Publikation im europäischen Amtsblatt trat die AIFM-RL am 21.07.2011 in Kraft. Die EU-Mitgliedstaaten hatten im Anschluss eine Umsetzungsfrist von zwei Jahren, um die Richtlinie in das nationale Recht[210] zu überführen.[211]

---

[210] Die Wirkung der AIFM-RL ist nur mittelbar, da es sich bei der vom EP erlassenen AIFM-RL um den Basisrechtsakt auf Stufe 1 des Lamfalussy-Verfahrens (Komitologie) handelt, welcher noch durch die jeweiligen MS umgesetzt werden muss. Auf Stufe 2 stehen die delegierten VO der EK als Durchführungsmassnahmen, welche auf einer entsprechenden Ermächtigung im Basisrechtsakt basieren. Die direkt anwendbaren delegierten VO haben unmittelbare Wirkung. Der EuGH hat den Begriff der Durchführung sehr weit ausgelegt, diese Rechtsakte können allgemeiner oder auch konkreter Art sein. Die Durchführungsmassnahme muss einzig durch den Basisrechtsakt (Grundmassnahme) entsprechend determiniert sein. Auf Stufe 3 erlassen die jeweilige ESA (hier ESMA) die Regularien zur Umsetzung und Durchführung der Rechtsvorschriften von Stufe 1 und 2. Die ESAs setzt dazu Leitlinien, für die auf nationaler Ebene zu verabschiedenden Verwaltungsvorschriften (*Guidelines*), Empfehlungen zu Auslegungsfragen (*Recommendations*) und gemeinsame technische Durchführungsstandards (*Technical Standards*) fest. Auf Stufe 4 überprüft die EK (i.c. die jeweilige ESA) nun die Einhaltung der Rechtsvorschriften durch die MS. Die jeweilige ESA kann rechtliche Schritte gegen diejenigen MS in die Wege leiten, welche eines Verstosses gegen das Gemeinschaftsrecht verdächtigt werden (Verletzung von Unionsrecht). Auslegungshoheit der Regularien hat die EK. Bei Auslegungsdivergenzen hat jedoch auch im Lamfalussy-Verfahren der EuGH das letzte Wort. Weiter wird mittels Umsetzungstabellen die fristgerechte und vollständige RL-Umsetzung überwacht (vergleichende Analyse) und man strebt eine gemeinsame Aufsichtskultur an. Das Lamfalussy-Verfahren wurde entwickelt, um rasch auf die Veränderungen auf den Finanzmärkten reagieren zu können und um eine fristgerechte und einheitliche Umsetzung und Durchsetzung der Rechtsakte im Bereich der Finanzdienstleistungen sicherstellen zu können. Ein *level playing field* wird ermöglicht und ein *gold plating* resp. *regulatory arbitrage* verhindert. Vgl. Leixner 2010; <http://www.kapitalmarkt recht-im-internet.eu/de/Rechtsgebiete/Kapitalmarktrecht/Grundlagen/4/lamfalussy-verfah ren.htm> 12.11.2014;vgl. zu ESMA generell Buck-Heeb 2014: 302-304; Walla 2011.

[211] Mit Ausnahmen der folgenden EU-Mitgliedstaaten wurde die AIFM-RL fristgerecht umgesetzt: Litauen, Polen, Portugal, Rumänien und Slovenien. Die EWR/EFTA-Staaten (ohne Schweiz) müssen die AIFM-RL vorab in den EWR-Acquis übernehmen. Diese Übernahme ist zum heutigen Zeitpunkt noch nicht vollzogen. Die EWR/EFTA-Staaten können somit – trotz Umsetzung im autonomen Vorvollzug – vom EU-Passport für die grenzüberschreitende Verwaltungs- und Vertriebstätigkeit von AIF noch nicht profitieren. Marginal besser ist die Lösung der Schweiz, welche einerseits mit der ESMA eine entsprechende Kooperationsvereinbarung (AIFM-Drittstaatenregelung) geschlossen hat und

Die AIFM-RL soll einige der festgestellten Lücken im Aufsichtssystem schliessen, „da [gerade] Hedgefonds nach verbreiteter Auffassung bislang im regulatorischen und aufsichtsrechtlichen Niemandsland tätig waren."[212] Geregelt wird in der AIFM-RL aber nicht der AIF als Fondskonstrukt selbst, sondern es wird „die Zulassung, die laufende Tätigkeit und die Transparenz der VerwalterInnen alternativer Investmentfonds (AIFM) festgelegt, die alternative Investmentfonds (AIF) in der Union verwalten und/oder vertreiben."[213]

Ziele der AIFM-RL sind die Begrenzung der systemischen Risiken, der verbesserte Schutz von Zielunternehmen von Private Equity Fonds, eine Verbesserung des AnlegerInnenschutzes sowie zu guter Letzt die Schaffung eines Binnenmarktes für alternative Investmentfonds.[214] Die Ziele der Regulierung von alternativen Investmentfonds stellen nicht nur die FinanzmarktteilnehmerInnen, sondern auch die Aufsichtsbehörden, ob in der EU, in den EWR/EFTA-Staaten oder der Schweiz als Drittland im Bereich der alternativen Anlagen, vor neue Herausforderungen.[215] Es handelt sich bei der AIFM-RL somit um eine Verwalter-Regulierung für alternative Anlagen, im Gegensatz zur OGAW IV-RL als Produkt-Regulierung für traditionelle Anlagen. Bedeutsam ist, dass es keine Rolle spielt, ob es sich beim verwalteten Vermögen (AIF) um eine kollektive Kapitalanlage der offenen oder der geschlossenen Form handelt, und auch die Rechtsform[216] des verwalteten oder vertriebenen Investmentfonds ist gänzlich irrelevant.[217] Böse Zungen sprechen gar von einer *one-size-fit-all*-Regulierung für alternative Anlagen.

3.3.2 Geltungsbereich des materiellen Investmentfondsbegriffs

Der Geltungsbereich des materiellen Investmentfondsbegriffs der AIFM-RL ist erschöpfend, werden doch sämtliche Unternehmen erfasst, welche „die Verwaltung von AIF als regelmässige Geschäftstätigkeit betreiben und die sich bei einer Anzahl von Anlegern Kapital beschaffen, um dieses Kapital einer be-

andererseits zumindest ab 2015 als Drittstaat am erweiterten AIFM-Passport-Regime teilnehmen kann, vgl. dazu Frick 2013: 77-131.

212 Vgl. *Spindler/Tancredi* 2011: 1394.

213 Art. 1 AIFM-RL.

214 Vgl. AIFM-RL-Tollmann 2013: RN 17-23.

215 Vgl. *Wallach* 2011; Lötscher/Bont 2012; *Zetzsche* 2014; *Möllers et al.* 2011.

216 Vertrag, Satzung, Trust oder andere Rechtsform.

217 Art. 2 Abs. 2 AIFM-RL.

stimmten Anlagepolitik entsprechend zugunsten dieser Anleger zu investieren."[218]

Als AIF gilt jeder OGA, der keine Genehmigung nach der OGAW IV-RL benötigt und nicht vom Geltungsbereich der AIFM-RL ausgenommen ist.[219] Dies im Gegensatz zum formellen OGAW-Begriff, der ausschliesslich diejenigen Organismen umfasst, „deren ausschliesslicher Zweck es ist, beim Publikum beschaffte Gelder für gemeinsame Rechnung nach dem Grundsatz der Risikostreuung in Wertpapiere und/oder andere [...] liquide Finanzanlagen zu investieren."[220] Der Unterschied ist markant, da „durch den formalisierten Definitionsansatz der formelle Investmentfondsbegriff den Vorteil der Rechtssicherheit bietet. Der materielle Investmentfondsbegriff hingegen ist darauf ausgerichtet, eine Vielzahl von Investmentstrukturen zu erfassen und diese global dem Investmentrecht zu unterwerfen, ohne dass Fondsinitiator oder Anleger die Möglichkeit haben, sich dieser Einordnung zu entziehen."[221]

Neben dem materiellen Fondsbegriff der AIFM-RL finden sich auf europäischer Ebene noch zwei weitere wichtige Klarstellungen. Die europäische Kommission hat in Auslegung des AIF-Begriffes festgehalten, dass nur Raum für zwei Kategorien besteht: *„AIFs or UCITs and to avoid any gaps. Whether a structure falls within this definition can be determined only on a case-by-case basis, taking into acccount its specific features. ESMA is currently discussing hypothese aspects in more detail."*[222] Auf Stufe ESMA wurde diese Diskussion mit der Publikation der Schlüsselbegriffe in ESMA-Leitlinie 2013/611 verbindlich festgelegt. Mit Leitlinien bezweckt die ESMA „kohärente, effiziente und wirksame Aufsichtspraktiken zu schaffen und eine gemeinsame, einheitliche und kohärente Anwendung des Unionsrechts sicherzustellen."[223] Die AIFM-RL ist somit eine flächendeckende Auffangregulierung, welche die VerwalterInnen sämtlicher Investmentvehikel erfassen will, die nicht schon unter die OGAW

218 Erwägungsgrund (6) AIFM-RL.

219 Vgl. Art. 4 Abs. 1 lit. a AIFM-RL.

220 Art. 1 Abs. 2 lit. a OGAW IV-RL, zur Definition von liquiden Finanzanlagen (Art. 50 Abs. 1 OGAW IV-RL) siehe die FMA-Mitteilung 2013/05, <http://www.fma-li.li/finanzintermediaere/bereich-wertpapiere/verwaltungsgesellschaften-und-ogaw-nach-ucitsg/regulierung-rechtsgrundlagen.html> 15.09.2014.

221 *Fischer/Friederich* 2013: 157, vgl. *Zetzsche/Preiner* 2013: 2101; *Krause/Klebeck* 2013: 5-6; Schneider 2013: 79-81; *Möllers et al.* 2011: 1537-1538.

222 <http://ec.europa.eu/yqol/index.cfm?fuseaction=question.show&questionId=1170> 8.8.2014.

223 Art. 16 Abs. 1 ESMA-VO.

IV-RL fallen.[224] Ziel ist die Sicherstellung der einheitlichen Anwendung des Unionsrechts im gemeinsamen Binnenmarkt[225], um jegliche Form von *regulatory arbitrage* vermeiden und ein *level playing field* sicherstellen zu können.[226]

Die alternativen Investmentfonds gilt es zudem zu den weiteren kollektiven und individuellen Anlageformen abzugrenzen. I.c. interessiert vor allem die in der Praxis relevante Abgrenzung von den regulierten alternativen Investmentfonds zu den nicht regulierten Formen der kollektiven Kapitalanlage und zu den individuellen Anlageformen.

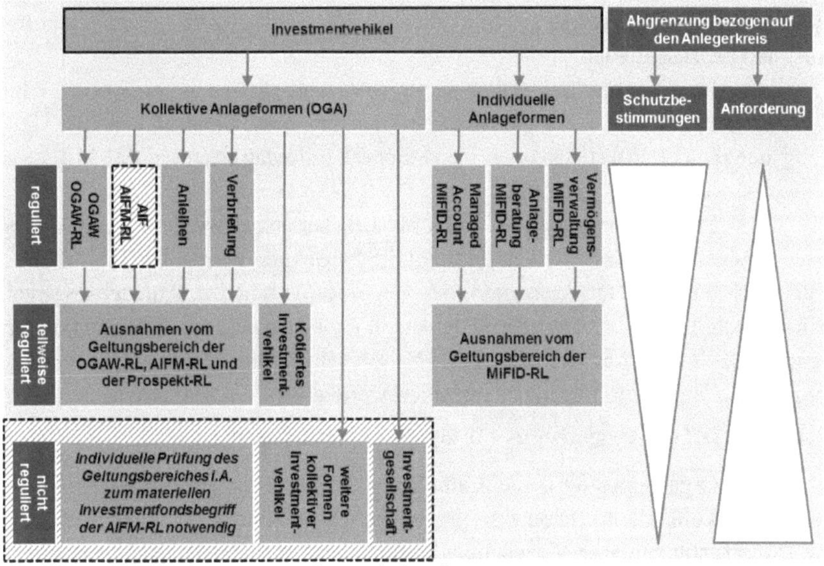

Abbildung 19: Abgrenzung zu weiteren Anlageformen.

---

[224] Von dieser Auffangregulierung ist nur ausgenommen, wer schon gestützt auf die AIFM-RL dem Ausnahmebereich zugeordnet wurde oder aber diejenigen Investmentvehikel, welche nicht der europäischen Fondsdefinition entsprechen. Regelt doch die AIFM-RL explizit die alternativen Investmentfonds als AIF i.S. einer kollektiven Kapitalanlage umfassend, vgl. Schneider 2013: 79-81.

[225] Innerhalb der EU sind die Mitgliedstaaten gemäss ständiger Rechtsprechung des Europäischen Gerichtshofs (EuGH) verpflichtet, das nationale Recht richtlinienkonform auszulegen. Diese Verpflichtung folgt aus Art. 288 Abs. 3 AEUV und Art. 4 Abs. 3 EUV. Die nationalen Gerichte müssen bei der richtlinienkonformen Auslegung auch die durch den EuGH erfolgte Auslegungen und Konkretisierungen nachvollziehen. Die richtlinienkonforme Auslegung wird so immer mehr degradiert zu einer richtlinienkonformen Rechtsfindung durch die Gerichte, vgl. Roth 2010: RN 3-24 m.w.H.

[226] Vgl. Borchardt 2012: RN 398ff.

3.4 Einstufung als alternativer Investmentfonds

3.4.1 Vorbemerkungen

Der materielle Investmentfondsbegriff der AIFM-RL bringt es mit sich, dass bei Indizien des Bestehens einer kollektiven Kapitalanlage auch stets der Anwendungsbereich der entsprechenden Kollektivanlagengesetzgebung geprüft werden muss. Bezweckt der materielle Investmentfondsbegriff doch „möglichst viele Sachverhalte zu erfassen und dadurch tatsächliche oder vermeintliche Lücken und Umgehungsversuche zum Nachteil der als unmündig angesehenen Investoren auszuschließen."[227]

Für im Finanzbereich tätige operative Gesellschaften ist eine potentielle Unterstellung besonders sorgfältig zu prüfen, um nicht ohne Not in den Geltungsbereich der anspruchsvollen Verwalter-Regulierung nach der AIFM-RL zu fallen.

Ein Investmentvehikel soll dann als AIF betrachtet werden, wenn alle in der AIF-Definition enthaltenen Bestandteile tatsächlich vorhanden sind, d.h. es muss sich um einen OGA handeln, der von einer Anzahl von Anlegern Kapital einsammelt, um es gemäss einer festgelegten Anlagestrategie zum Nutzen dieser Anleger zu investieren, darf aber kein OGAW sein.[228] Die einzelnen Definitionsbegriffe sollen nachfolgend kurz diskutiert werden.

3.4.2 Begriff des Organismus für gemeinsame Anlagen

Der Organismus für gemeinsame Anlagen (OGA) ist eine kollektive Kapitalanlage. Kollektiv im Sinne einer Personenmehrheit und Kapitalanlage als „eine längerfristig geplante Verwendung von Geldern zur Erzielung eines Ertrages und/oder eines Wertzuwachses oder wenigstens zur Erhaltung der Substanz."[229] Ausgangspunkt der Betrachtung ist somit immer ein OGA[230], der entweder als

---

227 Krause/Klebeck 2013: 4.

228 Art. 4 Abs. 1 lit. a AIFM-RL. Im Umkehrschluss heisst dies aber nicht, dass bei Nichtvorhandensein eines der Definitionsbestandteile von ESMA 2013/611 automatisch von einem Nicht-AIF ausgegangen werden darf. Für die Einstufung sind alleine die AIFM-RL und der dahinter liegende Regelungsgedanke entscheidend, vgl. ESMA 2013/611: III Ziff. 5. Die Frage nach Einstufung und Abgrenzung des AIF hat in der Literatur schon zu kontroversen Diskussionen Anlass gegeben, vgl. *Zetzsche/Preiner* 2013; Schneider 2013; *Krause/Klebeck* 2013; *Seibt/Jander-McAlister* 2013a; *Seibt/Jander-McAlister* 2013b.

229 Albisetti et. al. 1977: Kapitalanlagen.

230 In der deutschen Fassung der Leitlinie ESMA 2013/611 wird fälschlicherweise bei diesem Thema von einem OGA in Wertpapiere (OGAW) gesprochen. Der Verweis auf Wertpapiere ist jedoch falsch und m.E. ein Übersetzungsfehler. In der englischen Fassung

Investmentaktiengesellschaft oder als Investmentfonds ausgestaltet werden kann.

Das investierte Vermögen der Anleger wird im OGA gepoolt und gemeinschaftlich in das Anlagevermögen investiert.[231] Die Anleger sind gemeinsam am Erfolg und auch am Risiko der gebündelten Kapitalanlage beteiligt. Individualverhältnisse der Finanzanlage fallen somit nicht in den Geltungsbereich der AIFM-RL, da das kollektive Element fehlt.[232]

Ein OGA gilt jedoch nicht als AIF, wenn der OGA eine Geschäftsstrategie verfolgt, welche vor allem in einer gewerblichen[233] und/oder industriellen[234] Tätigkeit liegt. Zudem darf die Gruppe der Anleger keine laufende Ermessens- bzw. Kontrollbefugnis haben. Dieses Befugnis- und Kontrollrechte sind nur dann ein Kriterium gegen die Festlegung als AIF, wenn diese Rechte nur kollektiv als Gruppe ausgeübt werden können. Schädlich im Sinne der Einstufung als AIF ist jedoch, wenn das gepoolte Kapital zum Zwecke der Anlage und zur Erzielung einer Gemeinschaftsrendite geäufnet wurde.[235]

3.4.3 Begriff der Kapitalbeschaffung

Kapitalbeschaffung im Sinne der ESMA 2013/611-Leitlinien liegt vor, wenn die Geschäftstätigkeit des OGA darin besteht, in gewerblicher Art und Weise eine potentielle Anlegerschaft direkt oder indirekt zur Kapitalüberlassung zwecks Veranlagung gemäss festgelegter Anlagestrategie zu motivieren. Ob diese Kapitalbeschaffungsbemühungen einmalig oder fortlaufend stattfinden, ist irrelevant. Wichtig ist einzig das aktive auf die Kapitalbeschaffung gerichtete Handeln. Der Begriff der Kapitalbeschaffung ist somit weit gefasst und wird nur durch die Einschränkung der bereits vorbestehenden (verwandtschaftlich eng gefassten) Gruppe von Familienmitgliedern durchbrochen.[236]

---

wird richtigerweise von *collective investment undertaking* ohne Reduzierung auf die Anlageklasse der Wertpapiere gesprochen.

231 Vgl. Lenenbach 2010: RN 14.3.

232 Vgl. *Krause/Klebeck* 2013: 7 m.w.H.

233 Unter der gewerblichen (kommerziellen) Tätigkeit wird nach ESMA 2013/611: II, VI Ziff. 12 lit. a verstanden, dass der OGA den Kauf, Verkauf und/oder Austausch von Waren oder Gütern und/oder Verkehr mit nicht-finanziellen Dienstleistungen bezweckt.

234 Unter der industriellen Tätigkeit wird nach ESMA 2013/611: II, VI Ziff. 12 lit. a die Produktion von Waren oder die Errichtung von Immobilien verstanden.

235 ESMA 2013/611: VI Ziff. 12 lit. b.

236 ESMA 2013/611: II, VII, *Zetzsche/Preiner* 2013: 2104; Schneider 2013: 87-88; *Krause/Klebeck* 2013: 8.

3.4.4 Begriff der Anzahl AnlegerInnen

Ein OGA ist begriffsimmanent nur dann ein Organismus für gemeinsame Anlagen, wenn auch mehr als einem/einer AnlegerIn die Investition (theoretisch) möglich ist. Lassen die Regularien des OGA[237] die Kapitalbeschaffung generell bei mehreren AnlegerInnen zu, ist es auch nicht schädlich, wenn *in praxi* nur ein/e AnlegerIn investiert ist.[238] Ist jedoch die Fremdverwaltung mit Ermessenspielraum auf einen/eine AnlegerIn beschränkt (ob als Investmentfonds ausgestaltet oder nicht), so finden die Regelungen der individuellen Portfolioverwaltung nach der MiFID-RL Anwendung.[239]

3.4.5 Begriff der festgelegten Anlagestrategie

Interessant und m.E. sehr tückisch ist der Begriff der festgelegten Anlagestrategie. Wenn der OGA eine Gemeinschaftsrendite für das bei der Anlegerschaft eingesammelte Kapital verfolgt, dann soll nach ESMA 2013/611 ein weiteres Argument für den AIF vorliegen. Faktoren, die einzeln schon auf das Vorhandensein einer solchen Anlagestrategie hinzielen sind: (a) eine bestimmte und verbindliche Anlagestrategie, (b) welche in einem vertraglichen Dokument dargelegt sein muss und/oder (c) den OGA resp. deren Vertreter bindet, sich nach eben dieser Anlagestrategie zu richten.[240]

3.5 Prüfschema zur Einstufung eines Investmentvehikels

Das Prüfschema ist zweigeteilt: Im ersten Teil wird wertungsneutral der als Investmentvehikel bezeichnete OGA daraufhin geprüft, ob dieser in den Geltungsbereich der europäischen Finanzmarktregulierung fällt oder gänzlich davon ausgenommen ist. Als Endpunkt der Prüfung steht im Idealfall die kollektive Kapitalanlage. Im zweiten Teil des Prüfschemas wird dann die kollektive Kapitalanlage dahingehend untersucht, ob der OGA anhand der Kriterien in den ESMA-Leitlinien 2013/611 als diskretionäre Einzelportfolioverwaltung nach MiFID-RL, als Ausnahmetatbestand zur AIFM-RL oder als AIF[241] gilt.

---

237 Vertragsbedingungen, Satzung oder andere rechtsverbindliche Regelungen und Bestimmungen.

238 ESMA 2013/611: VIII Ziff. 17, vgl. *Zetzsche/Preiner* 2013: 2106; *Krause/Klebeck* 2013: 8.

239 Vgl. *Zetzsche/Preiner* 2013: 2104.

240 ESMA 2013/611: IX Ziff. 20; vgl. *Zetzsche/Preiner* 2013: 2014; Schneider 2013: 88-89.

241 Art. 4 Abs. 1 lit. a AIFM-RL.

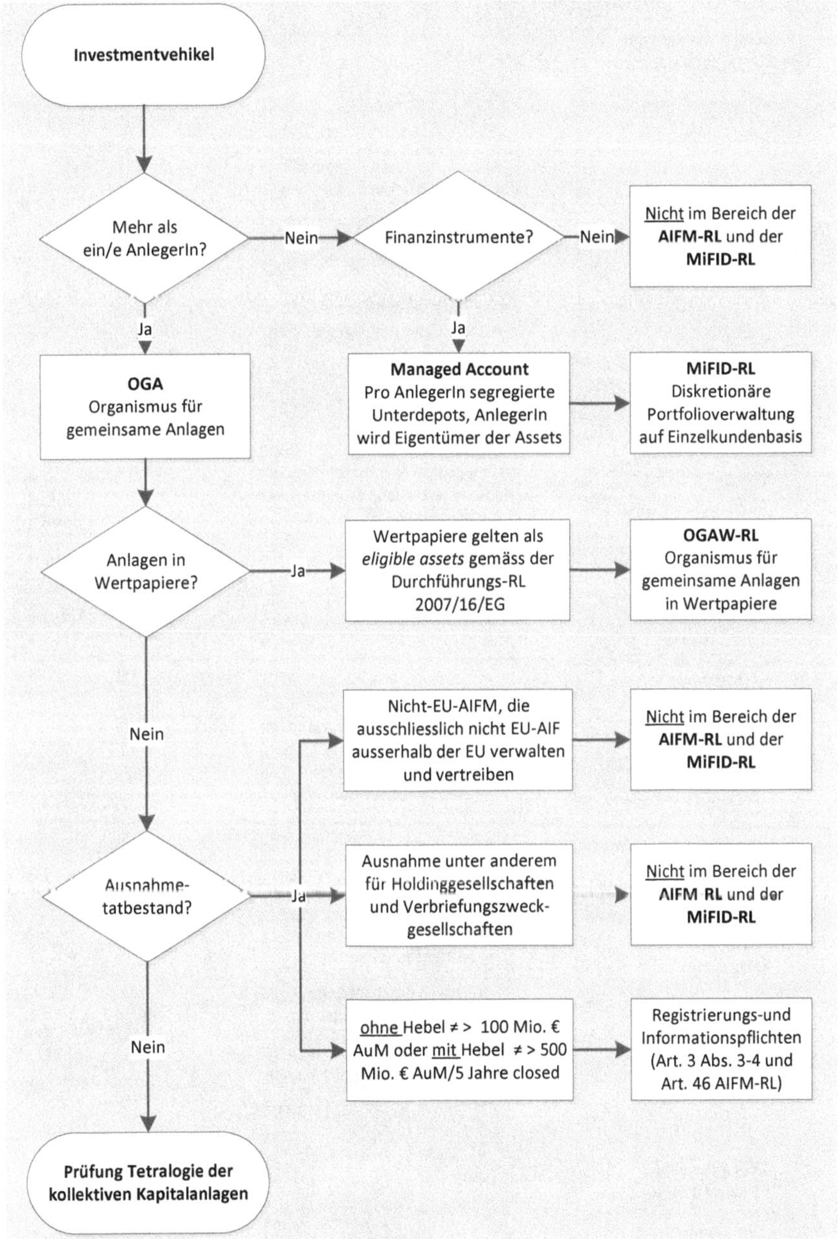

Abbildung 20: Investmentvehikel-Prüfung auf Eignung als kollektive Kapitalanlage.

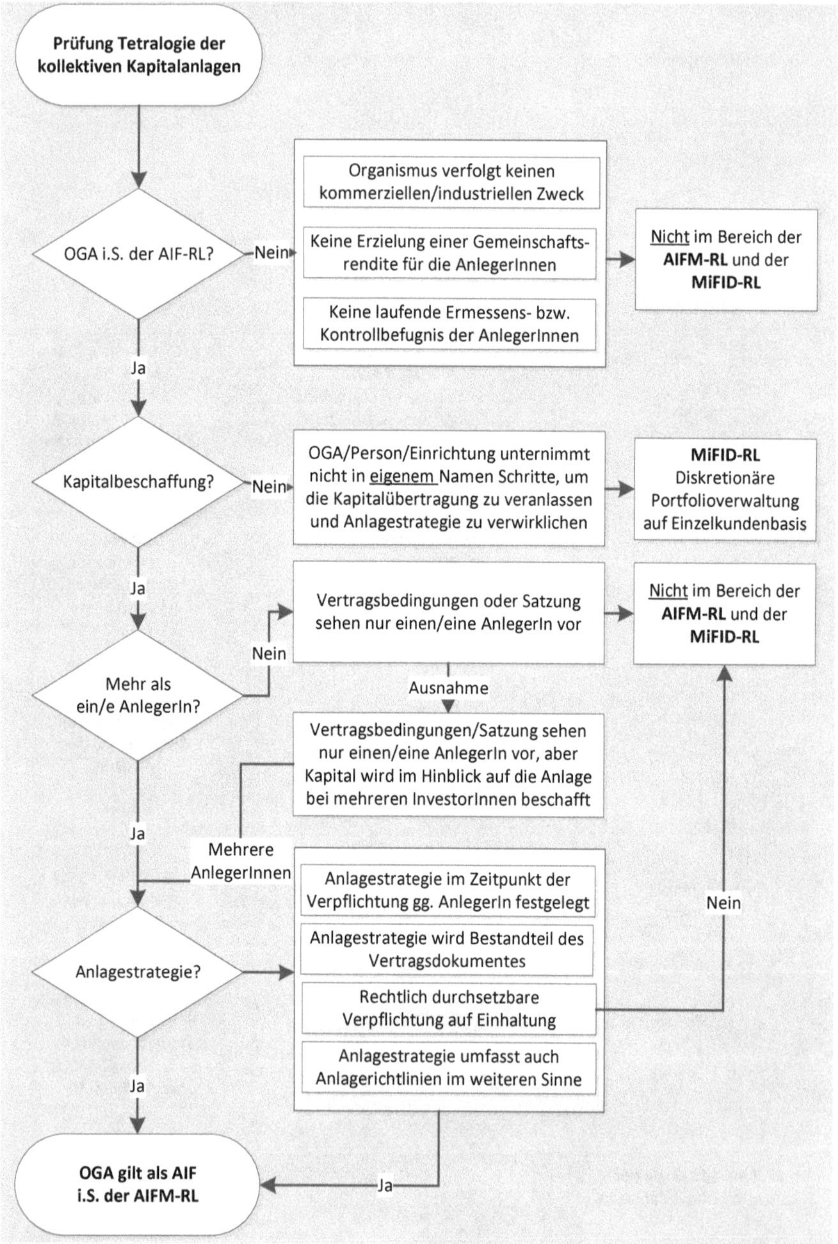

Abbildung 21: Prüfung der kollektiven Kapitalanlage auf Eignung als AIF.

Die Einstufung als AIF erfolgt so unabhängig vom Rechtskleid und der weiteren Ausgestaltung des OGA. Es handelt sich unwiderleglich um einen alternativen Investmentfonds im falschen gesellschaftsrechtlichen resp. regulatorischen Gefäss. Die rechtliche Gleichbewertung von verschiedenen Tatbeständen i.S. einer Fiktion[242] soll die *regulatory arbitrage* verhindern und ein europäisches *level playing field* der alternativen Investmentfonds herstellen.

3.6 Abgrenzungsfragen bei der Investmentvehikel-Einstufung

3.6.1 Abgrenzung Anlagestrategie zum Gesellschaftszweck

Die festgelegte Anlagestrategie soll „den Investmentfonds von der gewerblichen Tätigkeit des (operativen) Unternehmens abgrenzen".[243]

Fraglich ist nun, ob der Gesellschaftszweck einer Investmentaktiengesellschaft schon als festgelegte Anlagestrategie gelten kann. Der Zweck der Gesellschaft in helvetischer Terminologie oder der Gegenstand der Gesellschaft, wie die Bezeichnung im europäischen Raum lautet, beschreibt „eine über unbestimmte Angaben deutlich hinausgehende Umschreibung des vorgesehenen Tätigkeitsfeldes einer Gesellschaft. [...] Daraus ergibt sich, dass allgemeine Zweckklauseln, die das Tätigkeitsfeld nicht näher bestimmen (wie die traditionsreiche Formel der Geschäfte aller Art), nicht genügen können."[244]

Der Gesellschaftszweck ist verbindlich für die für das Vehikel handelnden Organe, denn das einmal gesteckte Ziel lässt sich sowohl im Gesellschaftsrecht wie auch im Recht der kollektiven Kapitalanlagen nur mit einer Limitierung der Interessenwahrnehmung erreichen. „Es liegt gerade im Wesen [...], dass durch Bildung einer Interessengemeinschaft im Kollektiv ein bestimmter Zweck verwirklicht werden soll und daher rein egoistischen Erwägungen nur wenig Raum lassen."[245] Gesetz und Statuten (inkl. der Zweckbestimmung) sind somit Grundlage der Verbandstätigkeit, dies „zum Schutz von Aktionären, Gläubigern und Dritten. Diese Schutzfunktion rechtfertigt in unserem auf Treu und Glauben basierenden Rechtssystem die Pflicht der Gesellschaft und ihrer Organe, im Einzelfall auf die Realisierung eines wirtschaftlichen Vorteils zu verzichten, wenn

[242] Vgl. Musielak 1975: 82-83.
[243] Zetzsche/Preiner 2013: 2106.
[244] Böckli 1992: RZ109 m.w.H.
[245] Schreiber 1974: 7.

sich dieser allein durch eine Verletzung von Gesetz oder Statuten erreichen lässt."[246]

Je konkreter gefasst und näher an einer Anlagestrategie die Formulierung des Gesellschaftszweckes somit ausgestaltet ist, desto grösser ist das Risiko, dass ein Bestandteil für die Klassifizierung als AIF (festgelegte Anlagestrategie) gegeben ist.[247]

3.6.2 Abgrenzung kollektive Kapitalanlage zur operativen Gesellschaft

Der Begriff der gewerblichen Tätigkeit in den ESMA-Leitlinien 2013/611 ist eng gefasst. Es besteht somit das Risiko, dass die gewerbliche Tätigkeit eines Unternehmens im Finanzbereich in den Geltungsbereich der AIFM-RL fallen kann. Dies vor allem, da die Abgrenzung kollektiver Kapitalanlagen zur operativen Gesellschaften im Finanzbereich eine Herausforderung darstellen kann.[248]

Diese Einzelfallbetrachtung wird in den entsprechenden ESMA-Leitlinien 2013/611 explizit erwähnt und ein reines *check the box* ist zwar notwendig, aber nicht hinreichend.[249] Abgrenzungskriterien können neben den ESMA-Regularien auch Fragen der Fremdverwaltung, des statutarischen Zwecks, der Herkunft der Mittel, des Organisationsgrades und der Organisationsform sowie die Art des Risikos (Markt- oder Investitionsrisiko), der Marktauftritt und die subjektive Auffassung der Anlegerschaft und ihre Zahl sein.[250] Die Anlage von Geldern zur Erzielung einer Gemeinschaftsrendite ist für sich betrachtet für die Einstufung einer operativen Gesellschaft als kollektive Kapitalanlage jedoch noch nicht ausreichend.

In Deutschland wurde deshalb (in Ergänzung der AIFM-RL) festgehalten, dass operativ tätige Vehikel von vorneherein nicht als AIF gelten können. Bezweckt wird damit die klare Abgrenzung zum produzierenden oder anders operativ tätigen Unternehmen, das gerade nicht im Investmentfondsmantel stecken

---

246 Stauber 1985: 16.

247 Offenkundig ist dies beim liechtensteinischen Investmentunternehmensgesetz (IUG): Das Risikomangement bei Investmentunternehmen muss laut Gesetz allgemein anerkannt sein und dem beabsichtigten Geschäftszweck entsprechen (Art. 64 Abs. 7 IUG). Der Geschäftszweck eines Investmentunternehmens ist nichts anderes als die Anlagestrategie der kollektiven Kapitalanlage.

248 Vgl. auch die Diskussion vor Inkrafttreten der AIFM-RL in Müller 2001: 113-115. Das BGer hatte bereits 2009 Gelegenheit, sich mit dem Begriff der operativen Gesellschaft auseinanderzusetzen, siehe dazu BGE 2C-571/2009 vom 05.11.2010.

249 ESMA 2013/611: III Ziff. 5.

250 *Bohrer* 2011: 76.

solle und dessen Regulierung nicht durch die AIFM-RL vorgesehen sei.[251] Eine solche Einschränkung des Geltungsbereichs der AIFM-RL ist m.E. aber nicht mehr durch eine richtlinienkonforme Umsetzung und Auslegung gedeckt und deshalb abzulehnen.

Wichtig ist jedoch, dass die Abgrenzung der kollektiven Kapitalanlage zur operativen Gesellschaft i.S. einer Zweckgesellschaft[252] nicht zu einer *mission impossible*[253] wird.

3.7 Thesenbildung

Folgende fünf Thesen dienen der Darstellung der kollektiven Kapitalanlage nach der AIFM-RL:

1. Die weltweiten Finanzkrisen haben dazu geführt, dass das Vertrauen der Anleger in die Finanzmärkte durch weitgehende Anlegerschutzvorschriften gestärkt werden soll. Bisher regulatorisch und auch aufsichtsrechtlich wenig bis schwach regulierte Finanzintermediäre und Finanzprodukte werden mit der AIFM-RL einer *one-size-fits-all*-Regulierung unterworfen.
2. Die Idee der kollektiven Kapitalanlage hat bis heute nicht an Attraktivität verloren. Die kollektiven Kapitalanlagen können in offener oder auch geschlossener Art ausgestaltet werden. In der Praxis kennt man das Verwaltermodell und das Managermodell, um die Verwaltungstätigkeit der kollektiven Kapitalanlage abzubilden.
3. Die AIFM-RL kennt den materiellen Investmentfondsbegriff und bildet so eine nahezu lückenlose Auffangregulierung für sämtliche Investmentvehikel, die nicht dem formellen Investmentfondsbegriff der OGAW IV-RL unterworfen sind. Die europäische *regulatory arbitrage* soll so unterbunden werden und ein *level playing field* hergestellt werden.
4. Die Einstufung des alternativen Investmentvehikels in gesellschaftsrechtlicher Ausprägung zum selbstverwalteten alternativen Investmentfonds (AIF) gestaltet sich schwierig. Das entwickelte Prüfschema soll in der Praxis als Leitfaden dienen.

[251] Vgl. Schneider 2013: 92.
[252] Vgl. Krause/Zerey 2013: 113-128.
[253] Vgl. *Bohrer* 2011.

5. Die Abgrenzung von einerseits Anlagestrategie zu Gesellschaftszweck sowie andererseits von der kollektiven Kapitalanlage zur operativen Gesellschaft wird in den meisten Fällen Praxisprobleme verursachen. Will sich doch eine operative Gesellschaft im Finanzbereich i.S. einer Zweckgesellschaft nicht ohne Not der anspruchsvollen Verwalterregulierung der AIFM-RL unterwerfen.

4 Prozesskostenfonds

4.1 Relevanz der möglichen Unterstellung

Anhand des entwickelten Prüfschemas soll nun erörtert werden, ob das Konstrukt der gewerblichen Prozessfinanzierung als alternatives Investmentvehikel in den Geltungsbereich der AIFM-RL fallen kann.

Wenn diese Frage bejaht wird, sind gewerbliche Prozessfinanzierungsgesellschaften sowie Investmentaktiengesellschaften in ähnlicher Ausgestaltung als faktisch selbstverwaltete Investmentvehikel bewilligungspflichtig und der Aufsicht zu unterstellen.

4.2 Anwendung des Prüfschemas

4.2.1 Sachverhaltsmerkmale

Das entwickelte Geschäftsmodell der gewerblichen Prozessfinanzierung ist gemäss Herleitung durch folgende Sachverhaltsmerkmale gekennzeichnet:

- Investmentaktiengesellschaft mit dem Gesellschaftszweck der finanziellen Beteiligung an der gerichtlichen oder aussergerichtlichen Geltendmachung von Rechtsansprüchen Dritter.
- Übernahme der Prozesskosten der anspruchsberechtigten Partei
- Einräumung einer Erfolgsbeteiligung
- Eingehen einer Sicherungszession
- Deckung des Kapitalbedarfs aus eigener Kraft oder auf dem Kapitalmarkt
- Bildung einer stillen einfachen Gesellschaft im Innenverhältnis
- Prüfung der jeweiligen Investmentopportunitäten der Prozessfinanzierungsgesellschaft nach dem mikroökonomischen Entscheidungsmodell.

4.2.2 Subsumtion

Das im dritten Kapitel erarbeitete Prüfschema zur Einstufung alternativer Investmentvehikel als alternative kollektive Kapitalanlagen im Geltungsbereich der AIFM-RL soll nun dazu dienen, das Geschäftsmodell der gewerblichen Prozessfinanzierung zu subsumieren. Die Struktur des Prüfschemas wird so auf den Einzelfall angewendet (*juristischer Syllogismus*).[254]

Bei der Subsumtion dieser Sachverhaltsmerkmale unter das entwickelte Prüfschema spielt es noch keine Rolle, wie das alternative Investmentvehikel auszugestalten wäre, wenn dieses in den Geltungsbereich der AIFM-RL fallen würde. Diese Frage stellt sich erst beim konkreten Gesuch an die Finanzmarktaufsichtsbehörde. Zu prüfen ist somit ausschliesslich, ob der Anwendungsbereich des materiellen Investmentfondbegriffs gegeben ist.

a) Organismus für gemeinsame Anlagen

Die Prozessfinanzierungsgesellschaft ist gemäss der Sachverhaltsmerkmale eine im Finanzbereich tätige Investmentaktiengesellschaft. Bei Finanzierung über den Kapitalmarkt wird das Vermögen der InvestorInnen im OGA gepoolt und gemeinschaftlich in die Prozessfinanzierung als Gesellschaftszweck resp. Anlagestrategie investiert. Die InvestorInnen sind gemeinsam am Erfolg und auch am Risiko der gebündelten Kapitalanlage beteiligt.

b) Kapitalbeschaffung

Der Gesellschaftszweck der Prozessfinanzierungsgesellschaft besteht darin, in gewerblicher Art und Weise eine potentielle Anlegerschaft direkt oder indirekt zur Kapitalüberlassung zwecks Veranlagung gemäss festgelegter Anlagestrategie zu motivieren.

c) Anzahl AnlegerInnen

Die Prozessfinanzierungsgesellschaft ist als Organismus für gemeinsame Anlagen (OGA) dafür geeignet, mehreren InvestorInnen die Beteiligung an der Anlagestrategie in Erfüllung des Gesellschaftszweckes zu ermöglichen.

d) Festgelegte Anlagestrategie

Der Zweck der Gesellschaft bestimmt den Umfang der Vertretungsmacht der Investmentaktiengesellschaft. Die Organe dürfen sämtliche Handlungen vornehmen, die der Zweck der Gesellschaft mit sich bringt. Der Gesellschaftszweck ist somit zwingende Handlungsanweisung an die Organe, und die Aktionäre und Aktionärinnen können mit einem eng gefassten Zweck deren Handlungsspielraum einschränken. Was gesellschaftsrechtlich für den vorsichtigen Aktionär oder die vorsichtige Aktionärin sinnvoll ist, kann jedoch für die Inves-

[254] Vgl. Ott 1992: 96-97; Ott 1993: 26-29; Vogel 1998: 173; Haug 2013: 25.

torInnen aufsichtsrechtlich schädlich sein. Die gewerbliche Tätigkeit einer Prozessfinanzierungsgesellschaft, als unternehmerische Tätigkeit im Finanzbereich, kann somit je nach Ausgestaltung des Gesellschaftszweckes und der Statuten als faktische Tätigkeit im Geltungsbereich der AIFM-RL gesehen werden.

Das aktive Vertragsmanagement (*Legal Management*[255]) und das laufende *Investment Controlling* auf Basis der mikroökonomischen Betrachtung hat aufgezeigt, dass die verwandtschaftlichen Beziehungen zum Risikomanagement und *Asset Mangement* analog der AIFM-Tätigkeit sehr gross sind.

4.2.3 Schlussfolgerung

Die Abgrenzung von operativen Gesellschaften im Finanzbereich und alternativen kollektiven Kapitalanlagen ist anspruchsvoll. Es reicht nicht aus, wenn man bspw. auf die Wertsteigerung aufgrund der unternehmerischen Tätigkeit, die mögliche Einflussnahme auf Finanzmarktbewegungen oder auf Art und Grad der AnlegerInnen- resp. Aktionariatsmitbestimmung abstellt. Vielmehr ist hier jeweils eine Einzelfallbetrachtung notwendig, die neben den erwähnten drei Faktoren auch den Zweck und die Statuten, die Herkunft der Mittel, den Organisationsgrad und die Organisationsform, das Risikomanagement, das Marketing sowie bis zu einem gewissen Grad auch die subjektive Auffassung der AnlegerInnen über den Verwendungszweck und die Tragweite der Beteiligung einschliessen muss. Dies ist logische Konsequenz eines materiellen Investmentfondsbegriffs für alternative kollektive Kapitalanlagen.

Die Einzelfallbetrachtung der gewerblichen Prozessfinanzierungsgesellschaft als Investmentaktiengesellschaft legt jedoch den Schluss nahe, dass es sich um ein der AIFM-RL unterstehendes Investmentvehikel handelt. Obwohl gesellschaftsrechtlich korrekt ausgestaltet, ist die regulatorische Struktur nicht korrekt und das Investmentvehikel ist in die Form einer selbstverwalteten alternativen kollektiven Kapitalanlage zu überführen (AIF).

4.3 Folgenanalyse der Einstufung

4.3.1 Betriebswirtschaftliche Folgenanalyse

Für die Allgemeinheit leistet der Prozess wie dargelegt einen wichtigen Beitrag zur konkreten Rechtsverwirklichung, für das Individuum dagegen stellt ein Prozess nicht nur ein soziales Übel, sondern auch stets ein monetäres Risiko dar.

---

255 Vgl. Staub 2006: 61-173.

Buchhalterisch ist ein ungewisser Prozessausgang eine Risikoposition, deren Bewertung schwierig ist. Nach den Vorgaben der Wirtschaftsprüfung ist die monetäre Bewertung dieser Risikoposition trotzdem abzuschätzen „und es ist dafür eine angemessene Rückstellung zu bilden. [...] Es empfiehlt sich, bei laufenden Prozessen von den Anwälten Erkundigungen über den mutmasslichen Prozessausgang und die Höhe allfälliger Schadenersatzverpflichtungen (inkl. Prozesskosten) einzuholen.“[256]

Die Prozessrisiken können in eine Zweckgesellschaft[257] (SPV) i.S. eines Spezialfonds ausgelagert werden. Als Gegenleistung erhält das transferierende Unternehmen (*Sponsor/Originator*)[258] das Recht, Leistungen von der Zweckgesellschaft zu empfangen. Um eine direkte Zurechnung der ausgelagerten Risiken zu verhindern, befinden sich weder die Stimmrechtsmehrheit an noch die Gesellschaftsführungskompetenz von der Zweckgesellschaft im Besitz des Unternehmens, in dessen Interesse die Prozessrisiken gehalten werden.

Ein konsolidierter Einbezug als Beteiligung ist in dieser Ausgestaltung nicht nötig, da die Zweckgesellschaft lediglich ein untergeordnetes Finanzinvestment darstellt.[259] Die gewerbliche Prozesskostenfinanzierung kann bilanztechnisch optimal über SPV als kollektive Kapitalanlage ausgestaltet werden. Prozessrisiken können so bilanzneutral i.S. von rückstellungsfremd ausgelagert werden.

Aus Sicht der Betriebswirtschaftslehre stellt die gewerbliche Prozessfinanzierung somit ein optimales Instrument für das Management von Prozessrisiken dar.

4.3.2 Portfoliotheoretische Folgenanalyse

Im *Private Banking*[260] wie auch im *Wealth Management*[261] kann die gewerbliche Prozessfinanzierung in der Ausgestaltung als Prozesskostenfonds als alternative Anlage einen wertvollen Beitrag zur optimalen *Asset Allocation* bie-

---

256 Treuhand-Kammer 2009: 241.

257 Vgl. Zerey 2013.

258 Zum Einbezug des Sponsors/Originator vgl. Wittig 2011: 78-84.

259 Vgl. Siebert 2012: 29-30.

260 Zur Evolution des *Private Banking* siehe Löber 2012: 20-32; Franz 2014: 3-5.

261 Unter *Wealth Management* wird die Verbindung von *Asset Management* und internationaler *Asset Allocation*, internationalem Gesellschafts- und Kapitalmarktrecht (insb. Stiftungsrecht, Trustrecht oder das Recht der kollektiven Kapitalanlage) sowie die internationale Besteuerung verstanden, mit dem Ziel, optimale Vermögenssituationen für vermögende Kunden zu erreichen. Das *Wealth Management* grenzt sich so vom reinen *Private Banking* ab, vgl. Echter/Steiner 2008: 5-7, Franz 2014: 3-5.

ten. Neben einer Optimierung der Rendite bezwecken alternative Anlagen vor allem eine optimale Strukturierung des Portfolios sowie eine Erweiterung der Investitionsmöglichkeiten. Nicht-traditionelle Anlagen sorgen aufgrund der geringeren Korrelation[262] untereinander sowie zu den traditionellen Anlagen für mehr Stabilität im Portfolio.[263] Die alternativen Anlagen weisen als Kehrseite der Medaille jedoch eine nur begrenzte Liquidität auf. Die Investitionen sind somit immer mittel- bis langfristig zu betrachten. Zudem haben alternative Anlagen nur eine begrenzte Markteffizienz. Das kollektive Investmentvehikel ist oft weder verbrieft[264] noch an einem anerkannten Börsenplatz gehandelt. Die Bewertungsmöglichkeiten sind somit eingeschränkt.[265] Unter alternativen kollektiven Kapitalanlagen versteht man somit diejenigen Finanzanlagen, die „auf Grund ihrer Andersartigkeit nicht der [traditionellen] Investmentfondsbranche zugeordnet werden können."[266] Traditionelle Anlagen dagegen sind für sämtliche Anlegerkategorien zugänglich und weisen ein weitaus tieferes Risiko auf. Sie spiegeln eine hohe Liquidität wieder und verfolgen meist eine leicht zu verstehende Anlagestrategie.[267]

Wie nun der Prozesskostenfonds als alternative Anlage mit den traditionellen Anlagen in einem Portfolio kombiniert werden soll, wird anhand der Portfolio-Selektionstheorie nach *Markowitz*[268] betrachtet. Die Fortführung der Port-

262 Die Korrelation steht für das Mass der Gemeinsamkeit der Schwankungen von zwei Anlagen. Diese kann Werte zwischen - 1.00 (perfekt gegenläufige Schwankung) und + 1.00 (perfekt gleichläufige Schwankung) aufweisen, vgl. Buhl 2006: 149. Die Korrelation bezeichnet somit das Mass der gegenseitigen Abhängigkeit von Wertpapierrenditen.

263 Vgl. Lüscher-Marty 2012a: 32; *Linderkamp et al.* 2013: 276.

264 Verbriefung heisst mitnichten die Ausstellung einer Urkunde aus Papier, vielmehr handelt es sich nach Lehmann um eine fehlerhafte Übersetzung des Ausdruckes *securization* in das Deutsche. Verbriefung heisst somit, „dass Vermögenswerte kapitalmarktfähig gemacht werden. An den Finanzmärkten können nur Titel gehandelt werden, die umlauffähig und vertretbar sind. Alle Forderungen werden [im Rahmen der Verbriefung] auf eine sog. Zweckgesellschaft (SPV) übertragen, die ihrerseits Schuldverschreibungen oder Aktien ausgibt. Letztere können am Kapitalmarkt gehandelt werden." Lehmann 2009: 53-54, zum Thema der Schuldverschreibung im Rahmen der Verbriefung siehe Hasler 2014: 59-79; Eckert 2013: 41-90.

265 Vgl. Mostowfi/Meier 2013: 14; *Linderkamp et al.* 2013: 276.

266 Kaiser 2004: 5; Betrachtet werden in dieser Abhandlung nur die indirekten Anlagen über einen Investmentfonds oder ein Derivatprodukt. Die alternativen Direktanlagen in Immobilien, *Private Equity* oder Rohstoffe werden ausgeklammert, da das kollektive Element der Investition im Sinne einer gemeinsamen Kapitalanlage fehlt, vgl. Lüscher-Marty 2012c: 343-408.

267 Vgl. Rosowski 2009: 4.

268 Vgl. Markowitz 1959.

folio-Selektionstheorie kann gar als wissenschaftliche Rechtfertigung der Fondsanlagen selbst gelten. Dies, da nach dem Grundsatz der *Asset Allocation* theoretisch nur zwei Fonds[269] in einem Portfolio benötigt werden.[270]

Die Bildung eines effizienten Portfolios führt zu einer Reduktion des Risikos, da die Schwankungen der Einzelpositionen im Portfolio selbst durch die Allokation teilweise kompensiert werden. Das Gesamtrisiko wird so diversifiziert (*Wunder der Diversifikation*)[271], und das effiziente Portfolio stellt durch den Einfluss der Korrelation eine optimale Kombination von Rendite und Risiko dar.[272] Die Schätzungen von Rendite und Risiko beruhen jedoch auf Vergangenheitswerten und sind somit mit Unsicherheiten behaftet.[273] Der Effekt der nachhaltigen Risikosenkung im Portfolio kann somit nur erreicht werden, wenn man Anlageklassen wählt, die sich möglichst unabhängig entwickeln. Man spricht von einer angestreben tiefen Korrelation der Anlageklassen.[274] Es gilt: „Je geringer die Korrelation der Anlagen in einem Portfolio, desto stärker wirkt der Diversifikationseffekt. […] Je mehr die Korrelation von + 1.00 in Richtigung - 1.00 geht, desto grösser ist die Reduktion des Gesamtrisikos und umgekehrt.“[275] Der Diversifikationseffekt gilt jedoch nicht absolut. „*Correlation tends to decrease with the absolute size of the threshold for positive returns, […] but tends to increase for negative returns. So the probability of having large losses simultaneously on two markets is much larger than would be suggested […]. It appears that it is a bear market, rather than volatility per se, that is the driving force in increasing international correlation.*“[276] Bei signifikanten negativen Marktbewegungen kann die Korrelation somit wider Erwarten auch zunehmen. Der Korrelationskoeffizient ist jedoch ein taugliches Instrument, um das Risiko bei der Portfolio-Bildung zu reduzieren. Die Investition in einen Prozesskostenfonds zeigt vermutungsweise eine tiefe bis negative Korrelation sowohl zu anderen Anlageklassen als auch zu der Entwicklung der Finanzmärkte. Zudem ist die

---

269 Ein Fonds für risikobehaftete Anlagen und ein Fonds für risikofreie Anlagen. Die konkrete Allokation ist abhängig von der Renditeerwartung resp. der individuellen Risikostruktur der AnlegerInnen.

270 Rudolph 2003: 12.

271 Vgl. Wagemann 2009; Buhl 2006: 152-155; siehe auch <http://www.boerse-frankfurt.de/de/wissen/handeln+an+der+boerse+frankfurt/theorie+von+markowitz/korrelation+von+risiken> (11.01.2015).

272 Vgl. Buhl 2006: 145-170.

273 *Michaud* 1989: 33; Taleb 2008: 33.

274 Lüscher-Marty 2012b: 95-117; Rudolph 2003; *Michaud* 1989; *Speidell et al.* 1989.

275 Vgl. Lüscher-Marty 2012b: 101.

276 *Longin/Solnik* 2001: 669-670.

Investition in einen Prozesskostenfonds durch die Risikostreuung der Direktanlage in ein einzelnes Prozessrisiko überlegen.[277]

Folgende Annahmen[278] wurden getroffen: Bei einer vollständigen Investition in den Prozesskostenfonds muss ein Risiko von 21 Prozent und eine Rendite von 13 Prozent in Kauf genommen werden. Bei einer vollständigen Investition dagegen in das traditionelle Wertpapierdepot resultieren ein Risiko von 9 Prozent und eine Rendite von 5 Prozent. Geprüft und aufgezeigt werden die Korrelationskoeffizienten + 1.0 (Kor$_e$1), + 0.5 (Kor$_e$2), 0.0 (Kor$_e$3), - 0.5 (Kor$_e$4) und - 1.0 (Kor$_e$5) bei unterschiedlicher *Asset Allocation*[279] resp. Gewichtung der Anlage in Anteile eines traditionellen Wertpapierdepots (TWD) und Anteile eines Prozesskostenfonds (PKF).

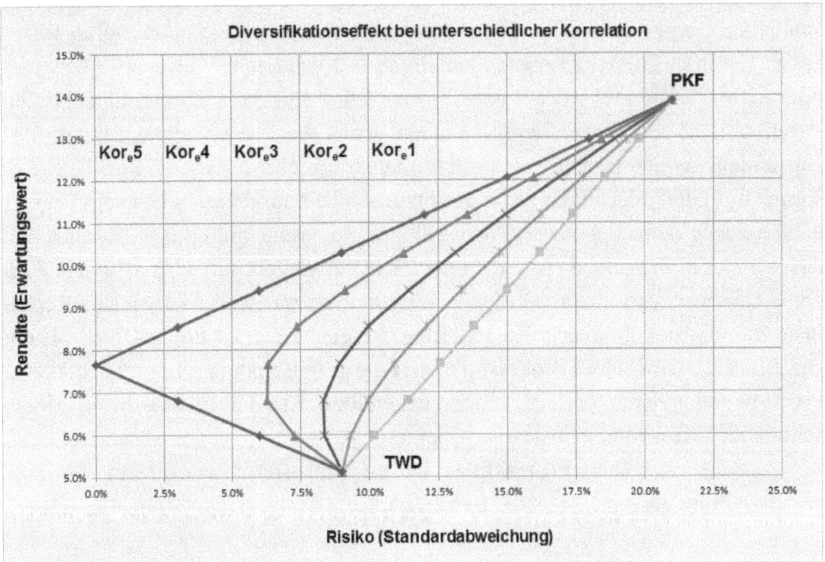

Abbildung 22: Diversifikationseffekt bei unterschiedlicher Korrelation.

---

[277] Als Vorteile gelten vor allem das reduzierte Abschreibungsrisiko, die Gestaltungsmöglichkeiten bei der Ertragsvereinnahmung, die Möglichkeit der Bildung von stillen Reservern, die Reduzierung des Verwaltungsaufwandes und meist günstigere Kostenstruktur bei kollektiven Kapitalanlagen, vgl. Mutter 2005: 578-579.

[278] Für die Berechnung des effizienten Portfolios werden als Inputdaten die stetigen Renditen (Erwartungswerte), deren Varianz (Standardabweichung resp. Risiko) und deren Kovarianz (Korrelation) benötigt, vgl. Lüscher-Marty 2012b: 19-46, 95-117.

[279] Die detaillierte Berechnung des Diversifikationseffektes bei unterschiedlicher Korrelation findet sich im Anhang 4.

Durch Beimischung von Anteilen des Prozesskostenfonds steigt die Rendite und gleichzeitig reduziert sich das Gesamtrisiko des Portfolios. Der Scheitelpunkt bildet je nach Korrelationskoeffizient die risikominimale *Asset Allocation.* Ein derart diversifiziertes resp. effizientes Portofolio ist dem traditionellen Wertpapierdepot als Vergleichsinvestition überlegen.[280]

Aus Sicht der Portfoliotheorie ist der Einbezug von Anteilen eines Prozesskostenfonds in die *Asset Allocation* und somit die Diversifikation von alternativen und traditionellen Anlagen zu begrüssen.

4.3.3 Prozessökonomische Folgenanalyse

Unter Prozessökonomie versteht man die Erreichung des Prozesszieles innert möglichst kurzer Zeit und mit möglichst geringem monetären Aufwand.[281] Der Nutzen einer Prozesshandlung beurteilt sich danach, „ob das Ziel des Prozesses durch in Frage kommende Handlung in irgendeiner Weise gefördert wird oder nicht."[282] Die Höhe der Prozesskosten selbst soll die anspruchsberechtigten Parteien nicht vom Prozessieren abhalten, wohl aber die Aussichtslosigkeit des zugrundeliegenden Begehrens. Deshalb haben mittellose Parteien nur dann Anspruch auf URP oder PKH, wenn der Prozess nicht aussichtslos erscheint. Somit entspricht es dem Gebot der Prozessökonomie, wenn mittellosen Parteien bei aussichtslosen Prozessen die URP oder PKH verweigert wird. Überflüssige Prozesse sollen so vermieden werden.[283] Wie die ökonomische Analyse des Rechts insb. die mikroökonomische Betrachtung der gewerblichen Prozessfinanzierung gezeigt hat, wird eine Prozessfinanzierungsgesellschaft keine aussichtslosen Prozesse finanzieren und ist zudem gegenüber dem/der InvestorIn zu einem schonenden Ressourceneinsatz verpflichtet.

Die gewerbliche Prozessfinanzierung wird somit den Zielen der Prozessökonomie gerecht.

---

280 Bei einer Korrelation von - 1.00 und einer *Asset Allocation* von 30 Prozent an Anteilen eines Prozesskostenfonds und 70 Prozent an Anteilen einer traditionellen Wertpapierdepotallokation könnte das Risiko unter obigen Annahmen theoretisch eliminert und eine Rendite von 7.75 Prozent erzielt werden, vgl. auch Cottier 1997: 196-203; Mostowfi/Meier 2013: 15-20.

281 Vgl. Stern 1989: 2; Pflughaupt 2011: 70; Schwab 2011.

282 Stern 1989: 3, vgl. Pflughaupt 2011: 71-130.

283 Vgl. Brändli 2013: 95-107; Stern 1989: 6.

4.3.4 Wohlfahrtstheoretische Folgenanalyse

Dieselben rechtspolitischen Fragen, die man sich bei der gewerblichen Prozessfinanzierung heute stellt – nämlich die Vereinbarkeit mit der öffentlichen Ordnung, den guten Sitten und dem Schutz der Persönlichkeit – stellte man sich schon beim Aufkommen der ersten Rechtsschutzversicherungen. Man befürchtete eine unerträgliche Flut von aussichtslosen, ja schikanösen Prozessen.[284] Eine Angst, die – wie man heute weiss – nicht begründet war, wurde doch bis dato eine Korrelation von Rechtsschutzversicherung und Anzahl schikanöser Prozesse nicht nachgewiesen.[285]

Wie die mikroökonomische Betrachtung gezeigt hat, geht eine Prozessfinanzierungsgesellschaft nur nach einer intensiven *Due Diligence* die Investition in ein Prozessrisiko ein. Die Bandbreite möglicher Prozesse ist bei den anspruchsberechtigten Privatpersonen[286] höher als bei dem anspruchsberechtigten Unternehmen. Die Gründe dafür liegen in der unterschiedlichen Risikoneigung. Prozesse von Privatpersonen weisen zudem eine kürzere Laufzeit und ein geringeres Volumen auf als die grossen Prozessrisiken[287] von anspruchsberechtigten Unternehmen.

Somit kann die Geschäftstätigkeit von Prozessfinanzierungsgesellschaften als valable Alternative zu den Rechtsschutzversicherungen und der Prozesskostenhilfe gesehen werden.

---

284 Vgl. *Spiro* 1954: 226.

285 Vgl. Schwab/Tang 2011; kritisch dazu Adams 1981: 111-125; *Adams* 1983.

286 Man spricht hier von den Streitigkeiten des täglichen Lebens.

287 Dagegen sind die unternehmensspezifischen Fälle der Prozessfinanzierung (litigation funding) vor allem medienwirksam und tlw. für die involvierte Prozessfinanzierungsgesellschaft sehr lukrativ, siehe dazu der Rechtsstreit Stiftung Salle Modulable & Rütli Stiftung versus Butterfield Trust (Bermuda) Limited, welcher durch die Harbour Litigation Funding finanziert wurde und dieser rund 35 Mio. CHF und somit gut 30 Prozent der Streitsumme einbringen soll, vgl. <http://www.harbourlitigationfunding.com/pdfs/ judgment-stiftung_salle_modulable-v-btcbl-17_feb_final_(reduced).pdf> 28.12.2014 oder der Rechtsstreit der Schweizer Grossbank Credit Suisse (CS) gegen den georgischen Geschäftsmann *Zaur Leshkasheli*. In diesen Rechtsstreit investiert seitens Leshkasheli ebenfalls eine Prozessfinanzierungsgesellschaft, hier der Prozesskostenfonds Vannin Capital (http://www.vannin.com), vgl. <http://www.nzz.ch/wirtschaft/credit-suisse-gegen-einen-prozess-fonds-1.18411019> 28.12.2014.

4.4 Prozesskostenfonds als staatliches Sondervermögen

Im Rahmen der Vernehmlassung zum Bundesgesetz über die Finanzdienstleistungen (Finanzdienstleistungsgesetz, FIDLEG) in der Schweiz wurde neben der Variante einer Schiedsgerichtslösung auch das Modell eines staatlichen Prozesskostenfonds für Finanzdienstleistungs-Streitigkeiten zur Diskussion gestellt.[288]

Bezweckt wurde damit die Erleichterung der Durchsetzung von Anlegerschäden für Privatkunden und Privatkundinnen. Im Gegensatz zur gewerblichen Prozessfinanzierung wäre bei diesem staatlichen Prozesskostenfonds die Äufnung alleine durch (zwingende) Beiträge der Finanzdienstleister gesichert.[289] Im Rahmen der Vernehmlassung im Gesetzgebungsprozess hat sich die Finanzbranche jedoch gegen Sonderrechte für Zivilprozesse in Finanzdienstleistungs-Streitigkeiten ausgesprochen.[290] Es ist davon auszugehen, dass der Prozesskostenfonds dieser Art keinen Eingang ins FIDLEG finden wird. Dies, da vor allem das Trittbrettfahrerproblem (*free rider problem*) sowie auch die Gefahr des Opportunismus nach Vertragsabschluss (*ex post opportunism*) unkontrollierbare Auswirkungen haben könnten. Ein Prozesskostenfonds kann nur in privatrechtlicher gewerblicher Ausgestaltung prozessökonomisch und wohlfahrtstheoretisch die volle Wirkung entfalten.

Der Staat soll weder in den Wettbewerb eingreifen noch den Raum für Privatinitiative einschränken. Zudem geht das schweizerische Finanzmarktrecht von dem/der mündigen AnlegerIn aus. Die Anlageentscheide können somit selbständig und eigenverantwortlich getroffen werden, sobald der/die mündige AnlegerIn über die wesentlichen Informationen über Produkt und Marktteilnehmer[291] verfügt.[292] Des Weiteren müssen die Produkte und Dienstleistungen bereits

---

[288] Die gesetzliche Regelung eines Prozesskostenfonds für Finanzdienstleistungs-Streitigkeiten als Bestandteil (Variante) des FIDLEG-Vernehmlassungsentwurfes findet sich als Extrakt im Anhang 5.

[289] Bundesrat 2014: 18-21, 92-100.

[290] Vgl. hier <http://www.nzz.ch/wirtschaft/der-finanzsektor-lehnt-sich-gegen-den-bundesrat-auf-1.18432266> 18.01.2015.

[291] Informations- und Publikationsvorschriften zur Erhöhung der Transparenz.

[292] Vgl. *Eggen/Staub* 2012: 56; dazu treffend in der wirtschaftsliberalen NZZ: „Wie alle anderen Berufsleute sind Finanzberater keine Heiligen und unterliegen oft Interessenkonflikten. Bankkunden sind wie alle anderen Menschen keine Universalgenies und anfällig für Irrtümer. Doch wer im Sinne der EU glaubt, jede Unebenheit per Dekret verhindern zu können, blendet sein allgemein düsteres Menschenbild ausgerechnet bei jenen Leuten

den Kenntnissen und Erfahrungen (*appropriateness*) angemessen und mit den finanziellen Verhältnissen, den Anlagezielen und der individuellen Risikostruktur (*suitability*) vereinbar sein.

Ein staatlich vorgeschriebener Zwangsfonds für die Finanzdienstleister ist somit als Regulierungsvorhaben nicht zu rechtfertigen, da kein dafür notwendiges Marktversagen vorliegt. Die bereits legiferierten allgemeinen gesetzlichen Grundsätze zur Sorgfalt, zu der getreuen Geschäftsbesorgung und zur Rechenschaftspflicht genügen vollauf. Mit der Rechtsschutzversicherung und der Prozesskostenhilfe resp. unentgeltlichen Rechtspflege bestehen zudem genügend Instrumente, um berechtigte Ansprüche auch gegen FinanzdienstleisterInnen geltend machen zu können.

4.5 Prozessfinanzierung als alternatives Fondskonstrukt

Die gewerbliche Prozessfinanzierung kann wie dargelegt als alternatives Investmentvehikel[293] in den Geltungsbereich der AIFM-RL fallen. Die optimale Ausgestaltung der gewerblichen Prozessfinanzierung als AIF soll nachfolgend kurz skizziert werden.

Der *Promotor* resp. *Sponsor* des Prozesskostenfonds bildet das Unternehmeraktionariat. Das Anlegeraktionariat wird aufgrund der Risikostruktur der alternativen Anlage aus einer meist professionellen Anlegerschaft gebildet. Ein Prozesskostenfonds ist ein Fonds mit erhöhten Risiken.

Idealerweise wird das Prozessfinanzierungsvehikel als selbstverwaltete alternative kollektive Kapitalanlage (AIF) ausgestaltet. Die Bereiche *Asset Management*, Risikomanagement und Compliance werden durch die Gesellschaft selbst vorgenommen. Eine Verwahrstelle übernimmt die Verwahrung der in Zweckgesellschaften (SPV) verbrieften Prozessrisiken.

Mittels Delegationsvertrag können die administrativen Dienste, die Vertriebsaktivitäten für das Marketing der AIF-Anteile sowie die *asset-related-services* ausgelagert werden. Auf ad-hoc-Basis können ebenfalls Fachanwälte und Fachanwältinnen beigezogen werden, um im Rahmen der *Due Diligence* die Prozessrisiken optimal bewerten und im Prozessverlauf die nötige Expertise einholen zu können.

---

aus, welche die Dekrete schreiben." <http://www.nzz.ch/wirtschaft/kommentare/wenn-gauner-auf-unmuendige-treffen-1.18501912> 21.03.2015.

293 Vgl. dazu auch Krause/Zerey 2013.

Der *Promotor* resp. *Sponsor* des Prozesskostenfonds bildet das Unternehmeraktionariat. Das Anlegeraktionariat wird aufgrund der Risikostruktur der alternativen Anlage aus einer meist professionellen Anlegerschaft gebildet. Ein Prozesskostenfonds ist ein Fonds mit erhöhten Risiken.

Idealerweise wird das Prozessfinanzierungsvehikel als selbstverwaltete alternative kollektive Kapitalanlage (AIF) ausgestaltet. Die Bereiche *Asset Management*, Risikomanagement und Compliance werden durch die Gesellschaft selbst vorgenommen. Eine Verwahrstelle übernimmt die Verwahrung der in Zweckgesellschaften (SPV) verbrieften Prozessrisiken.

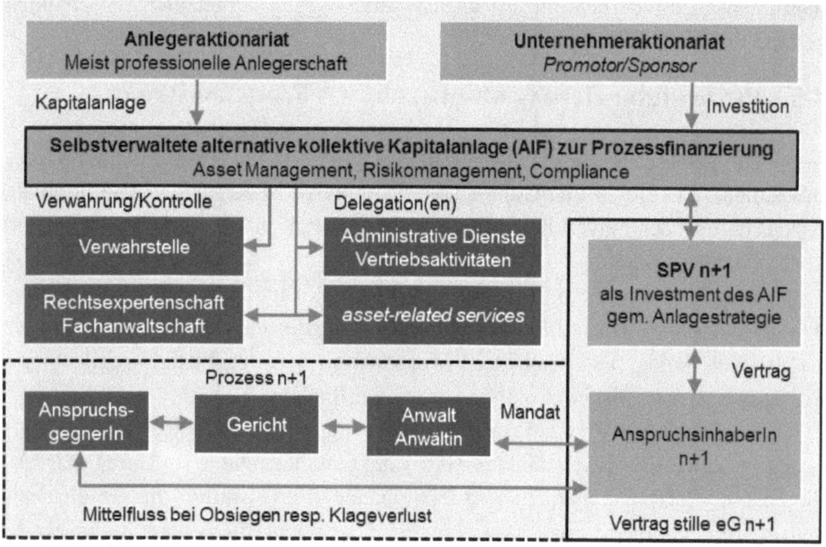

Abbildung 23: Prozesskostenfonds.

Mittels Delegationsvertrag können die administrativen Dienste, die Vertriebsaktivitäten für das Marketing der AIF-Anteile sowie die *asset-related-services* ausgelagert werden. Auf ad-hoc-Basis können ebenfalls Fachanwälte und Fachanwältinnen beigezogen werden, um im Rahmen der *Due Diligence* die Prozessrisiken optimal bewerten und im Prozessverlauf die nötige Expertise einholen zu können.

Aus Gründen der Verwertbarkeit und Segregation wird für jedes Prozessrisiko eine eigene Zweckgesellschaft aufgesetzt oder ähnlich gelagerte Prozessrisiken in einer Zweckgesellschaft gebündelt. Diese Zweckgesellschaft kontrahiert jeweils mit dem Anspruchsinhaber i.S. einer stillen Gesellschaft. Die Verbriefung bildet somit eine Ausgestaltung des alternativen Risikotransfers.

Nach Prozessabschluss führt die anteilige Verwertung resp. Teilliquidation der Zweckgesellschaft zum Rückfluss der monetären Mittel an den Prozesskostenfonds oder aber im Falle eines Prozessverlustes zur nötigen Bereitstellung der angefallenen Prozesskosten.

4.6 Thesenbildung

Folgende fünf Thesen dienen der Darstellung des Prozesskostenfonds:

1. Die gewerbliche Prozessfinanzierungsgesellschaft kann als eine im Finanzbereich tätige Investmentaktiengesellschaft dem Geltungsbereich der AIFM-RL unterstellt sein. Die Investmentaktiengesellschaft ist dann zwar gesellschaftsrechtlich korrekt aufgesetzt, aufsichtsrechtlich jedoch im falschen Gefäss und deshalb in eine alternative kollektive Kapitalanlage umzuwandeln.
2. Der materielle Investmentfondsbegriff wirft in der Praxis zahlreiche Abgrenzungsfragen auf und stets ist eine Einzelfallbetrachtung notwendig.
3. Die Folgenanalyse hat ergeben, dass weder aus betriebswirtschaftlicher, aus portfoliotheoretischer, aus prozessökonomischer noch aus wohlfahrtstheoretischer Sicht aus dem Konstrukt eines Prozesskostenfonds Gefahr für die zugrundeliegenden Zielvorstellungen besteht.
4. Die Prozessfinanzierung stellt als alternative kollektive Kapitalanlage in der diskutierten Ausgestaltung ein interessantes Investmentvehikel und eine besondere Anlageopportunität dar. Alternative Anlagen als Regulierungsobjekt der AIFM tragen einerseits durch die Generierung einer Überrendite (Alpha) zu einer Renditeoptimierung des Anlageportfolios bei und sorgen andererseits für eine Portfoliostabilität, da die alternativen Anlagen weder untereinander noch gegenüber den traditionellen Anlagen korrelieren.
5. Die finanzmarktrechtliche Architektur des Prozesskostenfonds kann für ähnlich gelagerte Fälle von Investmentaktiengesellschaften im Finanzbereich Verwendung finden. Die AIFM-Regulierung kann so als Chance gesehen werden, die nationale Investmentaktiengesellschaft richtlinienkonform auszugestalten und somit die entsprechenden AIF-Anteile auch europaweit vertreiben zu können und Gelder für neue Investitionen zu äufnen.

5 Zusammenfassung und Ausblick

Im ersten Kapitel der Abhandlung werden die Ausgangslage, die Problemstellung und die Zielsetzung erläutert. Der Aufbau der Abhandlung wird dargestellt und die methodische Grundlage geklärt. Der Forschungsansatz ist bewusst interdisziplinär gewählt. Nur eine ganzheitliche Betrachtung unter Berücksichtigung der ökonomischen wie auch rechtlichen Aspekte kann das Thema in seiner Komplexität abdecken. Die gewerbliche Prozessfinanzierung ist eine juristische Finanzdienstleistung mit dem Charakter eines Investmentvehikels. Aus diesem Grund galt die Forschungsfrage dem Thema, wann eine operative Investmentaktiengesellschaft im Finanzbereich unter den materiellen Investmentfondsbegriff der AIFM-RL fallen kann. Eine Unterstellung, die eine gesellschaftsrechtlich korrekt aufgesetzte Erwerbsgesellschaft *ex lege* zu einem selbstverwalteten alternativen Investmentfonds mutieren lässt. Eine Mutation, die selbstredend noch aufsichtsrechtlich vollzogen werden muss, ist das bisherige Gefäss doch nicht mehr mit den regulatorischen Anforderungen konform.

Im zweiten Kapitel der Abhandlung wird eine eigenständige Definition entwickelt. Die Prozessfinanzierung stellt ein Geschäftsmodell dar, bei dem eine Prozessfinanzierungsgesellschaft der anspruchsberechtigten Partei gegen eine Erfolgsbeteiligung und Sicherungszession die Übernahme sämtlicher Prozesskosten i.w.S. von bestimmten wirtschaftlich verwertbaren Aktivprozessen zusichert und den dafür notwendigen Kapitalbedarf entweder durch eigene Kraft oder auf dem Kapitalmarkt deckt. Die gewerbliche Prozessfinanzierung wird zu anderen Formen der Prozessfinanzierung wie der Rechtsschutzversicherung und der Prozesskostenhilfe resp. unentgeltlichen Rechtspflege abgegrenzt. Anschliessend wird das Vertragswerk der Prozessfinanzierung in das System der Vertragsarten eingeordnet. Die Prozessfinanzierungsgesellschaft ist ein Finanzierungsmodell *sui generis*. Anhand der ökonomischen Analyse des Rechts werden die ökonomischen Folgen dargestellt. Die asymmetrische Informationsverteilung und die daraus resultierenden Vertragsprobleme führen zu einem Marktversagen. Durch den Informationsvorsprung der Prozessfinanzierungsgesellschaft kann diese die Opportunitäten besser beurteilen. Die anspruchsberechtigte Partei dagegen kann die spezifischen Handlungen und auch die Prozessrisiken nur beschränkt einschätzen. Das Risiko besteht, dass die Prozessfinanzierungsgesellschaft als Nutzenmaximierer (*homo oeconomicus*) die Informationsasymmetrie zum eigenen Nutzen einsetzt und nicht im ausschliesslichen Interesse der anspruchsberechtigten Partei handelt. Die Regulierung als staatliche Intervention greift korrigierend in die privatrechtliche marktwirtschaftliche Ordnung ein und versucht das Marktversagen zu lindern. Durch Informations- und Aufklärungspflichten sollen das Informationsgefälle somit gesenkt und die Interessen durch ein materielles Anreizsystem harmonisiert werden. Ausgehend von der Prozesserfolgswahrscheinlichkeit und dem Risikoverhalten der anspruchsberechtigten Parteien werden die unterschiedlichen Entscheidungsmodelle diskutiert. Mittels einer mikroökonomischen Betrachtung wird aufgezeigt, weshalb sich eine gewerbliche Prozessfinanzierungsgesellschaft im konkreten Fall für eine Investition in das Prozessrisiko entscheidet, obwohl für die anspruchsberechtigte Privatperson das Prozessrisiko zu gross sein kann. In Abhängigkeit vom unterschiedlichen Risikoverhalten wird dargelegt, dass die mögliche Bandbreite von Investitionsmöglichkeiten bei der risikoaversen anspruchsberechtigten Privatperson grösser ist als bei dem risikoneutralen anspruchsberechtigten Unternehmen. Die anspruchsberechtigte Privatperson ist somit ein attraktives Zielpublikum für die gewerbliche Prozessfinanzierungsgesellschaft. Ähnlich gelagerte Prozessrisiken lassen sich in einer Zweckgesellschaft bündeln.

Die gewerbliche Prozessfinanzierung als alternative Anlageform und als Finanzierungsmodell *sui generis* wird im dritten Kapitel auf die mögliche Unterstellung unter die AIFM-RL hin geprüft. Die Ausgestaltungsmöglichkeiten kollektiver Kapitalanlagen werden aufgezeigt. Risikomanagement und Compliance sind bei der gewerblichen Prozessfinanzierung ausgeprägt und mithin Grundlage des Geschäftserfolges. Als *Asset Management* kann i.c. das aktive Vertragsmanagement verstanden werden. Fachexpertise im Sinne einer zugezogenen Fachexpertenschaft und Fachanwaltschaft dienen der gewerblichen Prozessfinanzierungsgesellschaft zur Festlegung möglichst realistischer Prozesserfolgswahrscheinlichkeiten. Die grosse Nähe der selbstverwalteten kollektiven Kapitalanlagen zur im Finanzbereich tätigen Investmentaktiengesellschaft erschwert eine Abgrenzung. Zudem kennt die AIFM-RL den materiellen Investmentfondsbegriff, der sämtliche Unternehmen erfasst, die alternative Anlagen als regelmässige Geschäftstätigkeit und gestützt auf eine Anlagepolitik verwalten und bei einer bestimmten Zahl von AnlegerInnen Kapital beschaffen. Der eng gefasste Gesellschaftszweck und die rechtliche Verpflichtung, diesen nicht nur anzustreben, sondern zu verfolgen, bringt eine sich auf dem Finanzmarkt refinanzierende Investmentaktiengesellschaft in ein regulatorisches Dilemma. Je konkreter gefasst und näher an einer Anlagestrategie die Formulierung des Gesellschaftszweckes ausgestaltet ist, desto grösser ist das Risiko, dass ein Bestandteil für die Klassifizierung als AIF (festgelegte Anlagestrategie) gegeben ist. Ein Investmentvehikel soll dann als AIF betrachtet werden, wenn alle in der AIF-Definition enthaltenen Elemente tatsächlich vorhanden sind, d.h. es muss sich um einen OGA handeln, der von einer Anzahl von Anlegern Kapital einsammelt, um es gemäss einer festgelegten Anlagestrategie zum Nutzen dieser Anleger zu investieren, darf aber kein OGAW sein. Somit ist für im Finanzbereich tätige operative Gesellschaften wie i.c. die gewerbliche Prozessfinanzierungsgesellschaft sorgfältig zu prüfen, ob die Tätigkeit nicht ohne Not in den Geltungsbereich der anspruchsvollen Verwalter-Regulierung der AIFM-RL fällt. Zu diesem Zweck werden nicht nur die AIFM-RL als Rahmenregulierung, sondern auch die entsprechende ESMA-Regulierung betrachtet. Das so entwickelte Prüfschema kann in der Praxis dazu dienen, operativen Gesellschaften im Finanzbereich einen schnellen Überblick über die rechtlichen und regulatorischen Rahmenbedingungen zu verschaffen.

Im vierten Kapitel wird die gewerbliche Prozessfinanzierung in der Ausgestaltung eines Prozesskostenfonds im Geltungsbereich der AIFM-RL dagestellt. Als faktisch selbstverwaltetes Investmentvehikel ist die gewerbliche Prozessfinanzierungsgesellschaft bewilligungspflichtig und der Aufsicht zu unterstellen. Eine betriebswirtschaftliche, portfoliotheoretische, prozessökonomische und wohlfahrtstheoretische Folgenanalyse beleuchtet die Einstufung des Investmentvehikels als alternativer Investmentfonds.

Zusammenfassend kann festgehalten werden, dass die Prozessfinanzierung als alternative kollektive Kapitalanlage in der diskutierten Ausgestaltung ein interessantes Investmentvehikel und eine besondere Anlageopportunität darstellt. Deren finanzmarktrechtliche Architektur kann auch für ähnlich gelagerte Investmentaktiengesellschaften angewendet werden. Die ökonomisch orientierte operative Leitung von Unternehmungen sieht regulatorische Herausforderungen oft als Risiko für das bestehende Geschäftsmodell, bestenfalls nur als Kostenfaktor im Bereich Legal und Compliance. Gerade die AIFM-Regulierung jedoch kann auch als Chance gesehen werden, die nationale Investmentaktiengesellschaft richtlinienkonform auszugestalten, um so neue Geschäftsmodelle für die Zukunft des europäischen Finanzmarktes schaffen zu können.

Literaturverzeichnis

1. Selbständige Werke

a) Bücher

Adams, M. (1981): *Ökonomische Analyse des Zivilprozesses.* Athenäum Rechtswissenschaft: Bd. 15. Königstein/Ts: Athenäum Verlag.

Baudenbacher, C. (1985): *Rechtsverwirklichung als ökonomisches Problem?: Zur Überlastung der Zivilgerichte.* Zürcher Studien zum Verfahrensrecht: Bd. 61. Zürich: Schulthess Verlag.

Berg, B. (2009): *Finanzkrisen und Hedgefonds: Finanzmagier oder Krisenauslöser?* Diss. Wiesbaden: Gabler Verlag.

Böckli, P. (1992): *Das neue Aktienrecht: Darstellung für den Praktiker.* Zürich: Schulthess Verlag.

Borchardt, K.-D. (2012): *Die rechtlichen Grundlagen der Europäischen Union.* 5. Aufl. Wien: UTB Verlag.

Brandeis, L. D. (1914): *Other people's money and how the bankers use of it.* New York: Frederick A. Stokes Company.

Brändli, B. (2013): *Prozessökonomie im schweizerischen Recht: Grundlagen, bundesgerichtliche Rechtsprechung und Auswirkungen im schweizerischen Zivilprozess.* Diss. Abhandlungen zum schweizerischen Recht: Bd. 794. Bern: Stämpfli Verlag.

Brönneke, T. (2001): *Kollektiver Rechtsschutz im Zivilprozessrecht: Gruppenklagen, Verbandsmusterklagen, Verbandsklagebefugnis und Kosten des kollektiven Rechtsschutzes.* Schriftenreihe des Instituts für Europäisches Wirtschafts- und Verbraucherrecht: Bd. 8. Baden-Baden: Nomos Verlag.

Brünger, C. (2011): *Nutzenkonsistente Risikopriorisierung: Die Risk-Map im Kontext rationaler Entscheidungen.* Diss. Wiesbaden: Gabler Verlag.

Bucher, E. (1988): *Obligationenrecht, Besonderer Teil.* 3. erw. Aufl. Zürich: Schulthess Verlag.

Buck-Heeb, P. (2014): *Kapitalmarktrecht.* 7. Aufl. Heidelberg: C. F. Müller Verlag.

Cottier, P. (1997): *Hedge funds and managed futures: Performance, risks, strategies, and use in investment portfolios*. Diss. Bank- und finanzwirtschaftliche Forschungen: Bd. 246. Bern: Haupt Verlag.

Degen, R. (2010): *Preisakzeptanz im Private Banking*. Diss. Bamberg: Difo Verlag.

Denning, A. T. (1982): *What next in the law*. London: Butterworths.

Derungs, C. & Dobrauz, G. (2013): *Tafeln zum Schweizer Kollektivanlagenrecht: Eine praktische Einführung*. Zürich: Dike Verlag.

Diederichs, M. (2013): *Risikomanagement und Risikocontrolling*. 3. Aufl. München: Vahlen Verlag.

Dimde, M. (2003): *Rechtsschutzzugang und Prozessfinanzierung im Zivilprozess: Eine ökonomische Analyse des Rechts*. Diss. Berliner juristische Universitätsschriften. Zivilrecht: Bd. 42. Berlin: Berliner Wissenschaftsverlag.

Dürrenmatt, F. (1998): *Justiz: Roman*. Zürich: Diogenes Verlag.

Echter, C. (2008): *Hedgefonds-Investments im Private Banking*. Wiesbaden: Gabler Verlag.

Eckert, P. (2013): *Praktische Anwendungsfragen bei Verbriefungen nach §§ 18a, b KWG*. Studienreihe wirtschaftsrechtliche Forschungsergebnisse: Bd. 181. Hamburg: Verlag Dr. Kovač.

Ehrenberg, R. (1883): *Die Fondsspekulation und die Gesetzgebung*. Berlin: Springer Verlag.

Einhaus, S. (2008): *Kollektiver Rechtsschutz im englischen und deutschen Zivilprozessrecht*. Diss. Schriften zum Prozessrecht: Bd. 209. Berlin: Duncker & Humblot Verlag.

Fellmann, W. & Bizzaro, M. (2010): *Anwaltsrecht*. Stämpflis juristische Lehrbücher. Bern: Stämpfli Verlag.

Franz, O. (2014): *Portfoliomanagement im Private Banking: Betrachtung der klassischen Portfoliotheorie im aktuellen Kapitalmarktumfeld*. Hamburg: Diplomica Verlag.

Fritsch, M. (2011): *Marktversagen und Wirtschaftspolitik: Mikroökonomische Grundlagen staatlichen Handelns*. 8. Aufl. Vahlens Handbücher der Wirtschafts- und Sozialwissenschaften. München: Vahlen Verlag.

Gattiker, H. (1975): *Das Erfolgshonorar des Anwalts: Chancengleichheit im rechtlichen Konflikt? Rechtsvergleichende Untersuchung*. Diss. Zürich: Juris Verlag.

Göbel, E. (2002): *Neue Institutionenökonomik: Konzeption und betriebswirtschaftliche Anwendungen*. Grundwissen der Ökonomik. Betriebswirtschaftslehre: Bd. 2235. Stuttgart: Lucius und Lucius.

Gringel, C. (2009): *Die Regulierung von Hedgefonds zwischen Anleger- und Fondsinteressen*. Diss. Schriften zum Gesellschafts-, Bank- und Kapitalmarktrecht: Bd. 11. Baden-Baden: Nomos Verlag.

Guery, M. (1999): *Die Abgrenzung des partiarischen Darlehens von der Gesellschaft mit Vergleichen zum deutschen und französischen Recht*. Diss. Zürich: Selbstverlag.

Hajnal, P. I. (2014): *The G20: Evolution, Interrelationships, Documentation*. Surrey: Ashgate Publishing Ltd.

Halfmeier, A.; Feess-Dörr, E. & Rott, P. (2010): *Kollektiver Rechtsschutz im Kapitalmarktrecht: Evaluation des Kapitalanleger-Musterverfahrensgesetzes*. Banking & finance aktuell: Bd. 40. Frankfurt am Main: Frankfurt-School-Verlag.

Hartmann-Wendels, T.; Pfingsten, A. & Weber, M. (2010): *Bankbetriebslehre*. 5. überarb. Aufl. Berlin: Springer Verlag.

Hasenböhler, F. (2007): *Recht der kollektiven Kapitalanlagen: Unter Berücksichtigung steuerrechtlicher Aspekte*. Zürich: Schulthess Verlag.

Haug, V. M. (2013): *Fallbearbeitung im Staats- und Verwaltungsrecht: Basiswissen, Übersichten, Schemata*. Heidelberg: C. F. Müller Verlag.

Heberlein, A. (2008): *Die Investmentgesellschaft mit variablem Kapital (SICAV) und die Investmentgesellschaft mit festem Kapital (SICAF) im Vergleich*. Diss. Schweizer Schriften zum Finanzmarktrecht: Bd. 91. Zürich: Schulthess Verlag.

Hens, T. & Bachmann, K. (2008): *Behavioural finance for private banking*. Chichester (GB): John Wiley & Sons.

Höchli, L. (1991): *Das Anwaltshonorar: Analyse der zivilrechtlichen Aspekte beim Anwaltshonorar*. Diss. Zürich: Schulthess Verlag.

Homberg, M. (2006): *Erfolgshonorierte Prozessfinanzierung*. Diss. Saarbrücker Schriften zu Recht und Praxis: Bd. 3. Saarbrücken: Alma Mater Verlag.

Huber, E. (1921): *Recht und Rechtsverwirklichung: Probleme der Gesetzgebung und der Rechtsphilosophie*. Basel: Helbing & Lichtenhahn Verlag.

Jacot, M. A. (1978): *Die Kosten der Rechtsverfolgung als Schranke für den Rechtsuchenden*. Diss. Zürich: Juris Verlag.

Jaskolla, J. (2004): *Prozessfinanzierung gegen Erfolgsbeteiligung*. Diss. Versicherungswissenschaft in Berlin: Bd. 26. Karlsruhe: Verlag Versicherungswirtschaft.

Jutzi, T. & Schären, S. (2014): *Grundriss des schweizerischen Kollektivanlagenrechts*. Stämpflis juristische Lehrbücher. Bern: Stämpfli Verlag.

Kaiser, D. G. (2004): *Hedgefonds: Entmystifizierung einer Anlageklasse: Strukturen, Chancen, Risiken*. Wiesbaden: Gabler Verlag.

Kochheim, M. L. (2003): *Die gewerbliche Prozessfinanzierung: Rechtsfragen der Fremdfinanzierung von Prozessen gegen Erfolgsbeteiligung*. Diss. Deutsches und internationales Wirtschaftsrecht: Bd. 37. Münster: Lit Verlag.

Kradolfer, K. (1943): *Das Delikt der Verleitung zur Spekulation nach Art. 158 des schweizerischen Strafgesetzbuches*. Diss. Bern: Selbstverlag.

Kumpan, C. (2006): *Die Regulierung ausserbörslicher Wertpapierhandelssysteme im deutschen, europäischen und US-amerikanischen Recht*. Schriftenreihe der Bankrechtlichen Vereinigung: Bd. 26. Berlin: Gruyter Verlag.

Landert, R. (2010): *Fonds und andere Kollektivanlagen*. 2., vollst. überarb. erweiterte Aufl. Zürich: Verlag Finanz und Wirtschaft.

Lechner, K.; Egger, A. & Schauer, R. (2010): *Einführung in die allgemeine Betriebswirtschaftslehre*. 25., überarb. Aufl. Wien: Linde Verlag.

Lehmann, M. (2009): *Finanzinstrumente: Vom Wertpapier- und Sachenrecht zum Recht der unkörperlichen Vermögensgegenstände*. Jus Privatum: Bd. 145. Tübingen: Mohr Siebeck Verlag.

Leibfried, P. & Weber, I. (2003): *Bilanzierung nach IAS/IFRS: Ein Praxisleitfaden für die Umstellung - mit Fallbeispielen und Checklisten*. Wiesbaden: Gabler Verlag.

Lenenbach, M. (2010): *Kapitalmarktrecht und kapitalmarktrelevantes Gesellschaftsrecht*. 2., wesentlich überarb. Aufl. Köln: RWS Verlag.

Leufgen, A. (2007): *Kollektiver Rechtsschutz zugunsten geschädigter Kapitalanleger*. Bank- und kapitalmarktrechtliche Schriften des Instituts für Bankrecht Köln: Bd. 30. Baden-Baden: Nomos Verlag.

Löber, D. (2012): *Private Banking in Deutschland: Strategie und Organisationsarchitektur*. Wiesbaden: Gabler Verlag.

Lötscher, M. (2014): *Die vermögende Privatperson als qualifizierter Anleger im Kollektivanlagenrecht*. Diss. Wissenschaftliche Beiträge aus dem Tectum Verlag; Reihe: Rechtswissenschaften: Bd. 69. Marburg: Tectum Verlag.

Lüscher-Marty, M. (2012a): *Theorie und Praxis der Geldanlage Bd. 1: Traditionelle Investments und Fundamentalanalyse*. Zürich: NZZ Verlag.

Lüscher-Marty, M. (2012b): *Theorie und Praxis der Geldanlage Bd. 2: Portfoliomanagement, technische Analyse und Behavioral Finance*. Zürich: NZZ Verlag.

Lüscher-Marty, M. (2012c): *Theorie und Praxis der Geldanlage Bd. 3: Derivatprodukte und alternative Investments*. Zürich: NZZ Verlag.

Markowitz, H. M. (1959): *Portfolio selection: Efficient diversification of investments*. Cowles Foundation monographs: Vol. 16. New York: Wiley Verlag.

Martinek, M. (1991): *Moderne Vertragstypen: Bd. I - Leasing und Factoring*. Schriftenreihe der Juristischen Schulung: Bd. 120. München: Beck Verlag.

Mastronardi, P. (2009): *Angewandte Rechtstheorie*. Bern: Haupt Verlag.

Maubach, N. (2002): *Gewerbliche Prozessfinanzierung gegen Erfolgsbeteiligung*. Diss. Schriftenreihe des Instituts für Anwaltsrecht der Universität Köln: Bd. 47. Bonn: Deutscher Anwaltverlag.

Meichssner, S. (2008): *Das Grundrecht auf unentgeltliche Rechtspflege (Art. 29 Abs. 3 BV)*. Diss. Basler Studien zur Rechtswissenschaft, Öffentliches Recht: Bd. 77. Basel: Helbing & Lichtenhahn Verlag.

Mollet, W. (1942): *Schweizerische Investment-Trusts*. Diss. Solothurn: Buchdruckerei Vogt-Schild AG.

Mostowfi, M. & Meier, P. (2013): *Alternative Investments: Analyse und Due Diligence*. Zürich: NZZ Verlag.

Muggiasca, F. (1970): *Die Pflicht zum Ersatz der Parteikosten im Zivilprozess und der Eintreibungskosten ausserhalb des Prozesses*. Diss. Zürich: Selbstverlag.

Müller, R. C. (2001): *Die Investmentgesellschaft: Eine Untersuchung über die körperschaftlich organisierte kollektive Kapitalanlage unter besonderer Berücksichtigung des Bundesgesetzes über die Anlagefonds*. Diss. Schweizer Schriften zum Handels- und Wirtschaftsrecht: Bd. 208. Zürich: Schulthess Verlag.

Musielak, H.-J. (1975): *Die Grundlagen der Beweislast im Zivilprozess*. Habil. Berlin: Gruyter Verlag.

Mutter, C. (2005): *Vermögensmanagement für Familienunternehmer: Rechtsgestaltung, Steueroptimierung, Vermögensverwaltung*. Stuttgart: Schäffer-Poeschel Verlag.

Obermaier, R. & Saliger, E. (2013): *Betriebswirtschaftliche Entscheidungstheorie: Einführung in die Logik individueller und kollektiver Entscheidungen*. München: Oldenbourg Wissenschaftsverlag.

Obrecht, W. (1982): *Die Stellung des Rechtsanwaltes bei der Wahrheitsfindung im Prozess* Diss. Zürich: Juris Verlag.

Ott, E. E. (1992): *Kritik der juristischen Methode*. Basel: Helbing & Lichtenhahn Verlag.

Ott, E. E. (1993): *Leitsätze der juristischen Fallbearbeitung: Eine Anleitung zur Lösung von Rechtsfällen*. 2. Aufl. Basel: Helbing & Lichtenhahn Verlag.

Pflughaupt, M. (2011): *Prozessökonomie: Verfassungsrechtliche Anatomie und Belastbarkeit eines gern bemühten Arguments*. Diss. Veröffentlichungen zum Verfahrensrecht: Bd. 82. Tübingen: Mohr Siebeck Verlag.

Radbruch, G. & Zweigert, K. (1969): *Einführung in die Rechtswissenschaft*. 12., durchgearb. Aufl. Stuttgart: Koehler Verlag.

Radke, W. W. (2001): *Bedingungsrecht und Typenzwang: Eine Untersuchung zu Grundlagen und Grenzen privatautonomer Gestaltung*. Diss. Schriften zum bürgerlichen Recht: Bd. 242. Berlin: Duncker & Humblot Verlag.

Reich, N. (2012): *Individueller und kollektiver Rechtsschutz im EU-Verbraucherrecht: Von der Nationalisierung zur Konstitutionalisierung von Rechtsbehelfen*. Juristische Studiengesellschaft Hannover: Bd. 51. Baden-Baden: Nomos Verlag.

Reinhart, C. M. & Rogoff, K. S. (2010): *Dieses Mal ist alles anders: Acht Jahrhunderte Finanzkrisen*. München: FinanzBuch Verlag.

Richter, R. & Furubotn, E. G. (2010): *Neue Institutionenökonomik: Eine Einführung und kritische Würdigung*. 4. Aufl. Tübingen: Mohr Siebeck Verlag.

Rochon, S. A. (2003): *Die erfolgshonorierte Prozessfinanzierung und ihre Auswirkungen für den Rechtsanwalt*. Diss. Rostocker Schriften zum Anwalts- und Notarrecht: Bd. 1. Rostock-Warnemünde: Institut für Anwaltsrecht an der Universität Rostock.

Rosowski, O. (2009): *Die rechtlichen Rahmenbedingungen für Hedgefonds: Unter Berücksichtigung des Primebrokerage*. Diss. Schriftenreihe Studien zur Rechtswissenschaft: Bd. 235. Hamburg: Verlag Dr. Kovač.

Samuelson, P. A. & Nordhaus, W. D. (1998): *Volkswirtschaftslehre*. Wien: Ueberreuter Verlag.

Schäfer, H.-B. & Ott, C. (2012): *Lehrbuch der ökonomischen Analyse des Zivilrechts*. 5. Aufl. Berlin: Springer Verlag.

Schafft, T. (2005): *Selektion von Rechtsmittelverfahren durch gesetzliche Zugangsbeschränkungen*. Veröffentlichungen zum Verfahrensrecht: Bd. 40. Tübingen: Mohr Siebeck Verlag.

Schneck, O. (2010): *Risikomanagement: Grundlagen, Instrumente, Fallbeispiele*. Weinheim: Wiley Verlag.

Schreiber, C. (1974): *Die Zweckbindung bei der Aktiengesellschaft*. Diss. Zürich: Juris Verlag.

Schwenzer, I. (2000): *Schweizerisches Obligationenrecht: Allgemeiner Teil*. 2., überarb. Aufl. Stämpflis juristische Lehrbücher. Bern: Stämpfli Verlag.

Siebert, J. (2012): *Konzernrechnungslegung: Die Regelung nach HGB und IFRS*. Diss. Hamburg: Diplomica Verlag.

Spörri, R. (1958): *Der Investment Trust nach schweizerischem Recht*. Diss. Basler Studien zur Rechtswissenschaft: Bd. 51. Basel: Helbing & Lichtenhahn Verlag.

Staub, L. (2006): *Legal Management. Management von Recht als Führungsaufgabe*. 2., erw. und aktualisierte Aufl. Zürich: Versus Verlag.

Stauber, E. F. (1985): *Das Recht des Aktionärs auf gesetz- und statutenmässige Verwaltung und seine Durchsetzung nach schweizerischem Recht.* Diss. Schweizer Schriften zum Handels- und Wirtschaftsrecht: Bd. 79. Zürich: Schulthess Verlag.

Stekeler-Weithofer, P. (1986): *Grundprobleme der Logik: Elemente einer Kritik der formalen Vernunft.* Berlin: Gruyter Verlag.

Stern, M. P. (1989): *Prozessökonomie und Prozessbeschleunigung als Ziele der zürcherischen Zivilrechtspflegegesetze.* Diss. Zürich: Selbstverlag.

Stoffels, M. (2001): *Gesetzlich nicht geregelte Schuldverträge: Rechtsfindung und Inhaltskontrolle.* Jus Privatum: Bd. 59. Tübingen: Mohr Siebeck Verlag.

Taleb, N. N. (2008): *Der schwarze Schwan: Die Macht höchst unwahrscheinlicher Ereignisse.* München: Hanser Verlag.

Treuhand-Kammer (2009): *Buchführung und Rechnungslegung.* Schweizer Handbuch der Wirtschaftsprüfung: Bd. 1. Zürich: Treuhand-Kammer Verlag.

Varian, H. R. (1995): *Grundzüge der Mikroökonomik.* 3., überarb. und erw. Aufl. Internationale Standardlehrbücher der Wirtschafts- und Sozialwissenschaften. München: Oldenbourg Wissenschaftsverlag.

Vogel, J. (1998): *Juristische Methodik.* Berlin: Gruyter Verlag.

Vogel, O. & Spühler, K. (2001): *Grundriss des Zivilprozessrechts und des internationalen Zivilprozessrechts der Schweiz.* 7., nachgeführte Aufl. Stämpflis juristische Lehrbücher. Bern: Stämpfli Verlag.

Wach, A. (1885): *Handbuch des Deutschen Civilprozessrechts.* Leipzig: Duncker & Humblot Verlag.

Wagemann, F. (2009). *Die Markowitz Theorie bei vermögenden Privatkunden: Spielt Behavioural Finance eine Rolle?* Hamburg: Diplomica Verlag.

Wegner, R. (2010): *Die selbstverwaltete Hedgefonds-Investmentaktiengesellschaft mit Teilgesellschaftsvermögen: Ausgewählte aufsichtsrechtliche Fragen des InvG (2007) unter besonderer Berücksichtigung des Verbots des öffentlichen Vertriebs und unter Ausschluss bilanzrechtlicher Aspekte.* Studienreihe wirtschaftsrechtliche Forschungsergebnisse: Bd. 143. Hamburg: Verlag Dr. Kovač.

Wein, T. (1995): *Recht durch Rechtsanwälte?: Eine ökonomische Analyse des Marktes für Rechtsanwaltsdienstleistungen.* Diss. Schriften zur wirtschaftswissenschaftlichen Analyse des Rechts: Bd. 22. Berlin: Duncker & Humblot Verlag.

Winter, G. (2007): *Versicherungsaufsichtsrecht: Kritische Betrachtungen.* Karlsruhe: Verlag Versicherungswirtschaft.

Winter, J. (2011): *Leasing aus institutionenökonomischer Sicht.* Diss. Wiesbaden: Gabler Verlag.

Wolf, E. (1965): *Fragwürdigkeit und Notwendigkeit der Rechtswissenschaft.* Darmstadt: Wissenschaftliche Buchgesellschaft.

Wolke, T. (2008): *Risikomanagement.* 2. Aufl. München: Oldenbourg Wissenschaftsverlag.

Zweifel, P. & Eisen, R. (2003): *Versicherungsökonomie.* 2., verb. Aufl. Springer-Lehrbuch. Berlin: Springer Verlag.

b) Beiträge in Sammelbänden

Buhl, C. (2006): *Portfoliotheorie (Kapitel 5).* In: Zimmermann, H. (Hrsg.), Fit for finance. Finance compact. 2. Auflage. Zürich: Verlag Neue Zürcher Zeitung. 145-170.

Englerth, M. (2007): *Behavioral Law and Economics - eine kritische Einführung.* In: Engel, C. (Hrsg.), Recht und Verhalten: Beiträge zu Behavioral Law and Economics. Tübingen: Mohr Siebeck Verlag. 60-130.

Englerth, M. (2010): *Verhaltensökonomie.* In: Towfigh, E. V. & Petersen, N. (Hrsg.), Mohr-Lehrbuch. Ökonomische Methoden im Recht. Eine Einführung für Juristen. Tübingen: Mohr Siebeck Verlag. 165-199.

Frick, J. (2013): *Umsetzung der AIFM-Drittstaatenregelung in der Schweiz.* In: Gericke, D. (Hrsg.), Private Equity III. Struktur und Regulierung von Private Equity-Fonds und -Fondsmanagern im Lichte des revidierten KAG und der AIFM-RL. Zürich: Schulthess Verlag. 77-131.

Hasler, P. T. (2014): *Schuldverschreibungen (§ 4)*. In: Baas, V.; Bösl, K. & Bauvais von, E.-A. (Hrsg.), Fremdfinanzierung für den Mittelstand. Alternativen zum Bankkredit; Betriebswirtschaft, Zivilrecht, Steuerrecht, Bilanzrecht. München: C.H. Beck Verlag. 59-70.

Heussen, B. (2007): *Vertragsmanagement*. In: Heussen, B. (Hrsg.), Handbuch Vertragsverhandlung und Vertragsmanagement. Planung, Verhandlung, Design und Durchführung von Verträgen, 3. Aufl. Köln: Schmidt Verlag. 39-369.

Jost, P.-J. (2001): *Die Prinzipal-Agenten-Theorie im Unternehmenskonzept*. In: Jost, P.-J. (Hrsg.), Die Prinzipal-Agenten-Theorie in der Betriebswirtschaftslehre. Stuttgart: Schäffer-Poeschel Verlag. 11-43.

Köser, S. C. (2005): *Geschichte interdsiziplinär - die Perspektive wechseln*. In: Joas, H. & Kippenberg, H. G. (Hrsg.), Interdisziplinarität als Lernprozess. Erfahrungen mit einem handlungstheoretischen Forschungsprogramm. Göttingen: Wallstein Verlag. 47-62.

Krause, M. & Zerey, J.-C. (2013): *Investment- und versicherungsaufsichtsrechtliche Implikationen für Zweckgesellschaften (§ 7)*. In: Zerey, J.-C. (Hrsg.), Zweckgesellschaften. Rechtshandbuch. Baden-Baden: Nomos Verlag. 113-128.

Krejci, H. (2011): *Zur Vertragstypzuordnung von Prozessfinanzierungsverträgen*. In: Altmeppen, H.; Fitz, H. & Honsell, H. (Hrsg.), Festschrift für Günther H. Roth zum 70. Geburtstag. München: C.H. Beck Verlag. 423-438.

Langewiesche, D. (2005): *Einsamkeit und Gespräch: Hoffnungen eines Geisteswissenschaftlers bei der Gründung des Max-Weber-Kollegs*. In: Joas, H. & Kippenberg, H. G. (Hrsg.), Interdisziplinarität als Lernprozess. Erfahrungen mit einem handlungstheoretischen Forschungsprogramm. Göttingen: Wallstein Verlag. 13-21.

Lengenohl, A. (2011): *Die Ausweitung der Subprime-Krise: Finanzmärkte als Deutungsökonomien*. In: Kessler, O. (Hrsg.), Die Internationale Politische Ökonomie der Weltfinanzkrise. Berlin: Springer Verlag. 75-97.

Lötscher, M. (2013): *Umsetzung der AIFM-RL und weitere Novitäten für die Private-Equity-Branche in Liechtenstein.* In: Gericke, D. (Hrsg.), Private Equity III. Struktur und Regulierung von Private Equity-Fonds und -Fondsmanagern im Lichte des revidierten KAG und der AIFM-RL. Zürich: Schulthess Verlag. 281-309.

Lötscher, M. & Bont, P. (2012): *Challenges from the Supervisor's Perspective.* In: Zetzsche, D. (Hrsg.), The Alternative Investment Fund Managers Directive. European Regulation of Alternative Investment Funds. Alphen aan den Rijn: Kluwer Law International. 71-76.

Mertens, D. (2008): *Investmentfonds (Teil C III 1-5).* In: Farkas-Richling, D.; Fischer, T. R. & Richter, A. (Hrsg.), Private Banking und Family Office. Stuttgart: Schäffer-Poeschel Verlag. 198-223.

Nater, H. (2008): *Das Verbot des Erfolgshonorars - Verhinderung des Zugangs zum Recht?* In: Fellmann, W. & Weber, S. (Hrsg.), Haftpflichtprozess 2008. Dualistisches Haftungskonzept, Erfolgshonorar und Prozessfinanzierung, direktes Forderungsrecht, Opferhilfe sowie kantonales Verantwortlichkeitsrecht. Zürich: Schulthess Verlag. 27-41.

Nicklisch, A. & Towfigh, E. V. (2010): *Mikroökonomie.* In: Towfigh, E. V. & Petersen, N. (Hrsg.), Mohr-Lehrbuch. Ökonomische Methoden im Recht. Eine Einführung für Juristen. Tübingen: Mohr Siebeck Verlag. 35-69.

Petersen, N. & Towfigh, E. V. (2010): *Sozialwissenschaftliche Theorie und rechtswissenschaftliche Methode.* In: Towfigh, E. V. & Petersen, N. (Hrsg.), Mohr-Lehrbuch. Ökonomische Methoden im Recht. Eine Einführung für Juristen. Tübingen: Mohr Siebeck Verlag. 1-21.

Posner, R. A. (1993): *Recht und Ökonomie: Eine Einführung.* In: Assmann, H.-D.; Kirchner, C.; Schanze, E. & Calabresi, G. (Hrsg.), Ökonomische Analyse des Rechts. Tübingen: Mohr Siebeck Verlag. 79-98.

Rauch, I.; Schimpfky, P. & Schulze, W. (2014): *Stille Beteiligungen (§ 11).* In: Baas, V.; Bösl, K. & Bauvais von, E.-A. (Hrsg.), Fremdfinanzierung für den Mittelstand. Alternativen zum Bankkredit; Betriebswirtschaft, Zivilrecht, Steuerrecht, Bilanzrecht. München: Beck Verlag. 259-317.

Rittner, F. (1967): *Die Rechtswissenschaft als Teil der Sozialwissenschaften*. In: Streissler, E. (Hrsg.), Freiburger rechts- und staatswissenschaftliche Abhandlungen: Bd. 27. Zur Einheit der Rechts- und Staatswissenschaften. Karlsruhe: C. F. Müller Verlag. 97-122.

Roth, W.-H. (2010): *Die richtlinienkonforme Auslegung (§ 14)*. In: Riesenhuber, K. (Hrsg.), Europäische Methodenlehre. Handbuch für Ausbildung und Praxis. Berlin: Gruyter Verlag. 393-424.

Rudolph, B. (2003): *Theorie und Empirie der Asset Allocation*. In: Dichtl, H.; Kleeberg, J. M. & Schlenger, C. (Hrsg.), Handbuch Asset Allocation. Innovative Konzepte zur systematischen Portfolioplanung. Bad Soden/Ts.: Uhlenbruch Verlag. 3-26.

Schlitt, M. (2014): *Einführung (§ 1)*. In: Grunewald, B. & Schlitt, M. (Hrsg.), JuS-Schriftenreihe. Studium: Bd. 18. Einführung in das Kapitalmarktrecht. 3. Aufl. München: C.H. Beck Verlag, 1-20.

Schneider, J. (2013): *Der Anwendungsbereich des neuen KAGB*. In: Möllers, Thomas M. J. (Hrsg.), Das Kapitalanlagegesetzbuch. Tagung vom 14./15.06.2013 an der Juristischen Fakultät Augsburg. München: C.H. Beck Verlag. 79-95.

Schütte, D. B., & Beutin, A. (2008): *Vertragscontrolling, Vertragsverwaltung und Vertragsarchivierung*. In: Obladen, H.-P. & Meetz, M. (Hrsg.), Betriebswirtschaftliche Strategien für die Abfallwirtschaft und Stadtreinigung. Kassel: Kassel University Press. 17-26.

Schwab, C. (2011): *Abhandlung VIII: Staatliche Gerichtskostenversicherung als Instrument zur Förderung des Rechtszuganges - Betriebswirtschaftlich sinnvollste Lösung eines rechtspolitischen Problems*. In: Schwab, C. (Hrsg.), Erfolgshonorare für Rechtsanwälte, die Allokation von Prozesskosten und der Zugang zum Rechtssystem. Ausgewählte Probleme der Rechtsökonomik. Kum. Diss. Bochum: Selbstverlag. 204-242.

Schwab, C. & Tang, H.-Y. B. (2011): *Abhandlung IV: Die Steuerungswirkungen unterschiedlicher Prozesskostenregelungen - Ein Überblick zum Stand von Theorie und Empirie*. In: Schwab, C. (Hrsg.), Erfolgshonorare für Rechtsanwälte, die Allokation von Prozesskosten und der Zugang zum Rechtssystem. Ausgewählte Probleme der Rechtsökonomik. Kum. Diss. Bochum: Selbstverlag. 66-105.

Streissler, E. (1967): *Vorwort*. In: Streissler, E. (Hrsg.), Freiburger rechts- und staatswissenschaftliche Abhandlungen: Bd. 27. Zur Einheit der Rechts- und Staatswissenschaften. Karlsruhe: C. F. Müller Verlag. Vorwort.

Towfigh, E. V. (2010): Das ökonomische Paradigma. In: Towfigh, E. V. & Petersen, N. (Hrsg.), Mohr-Lehrbuch. Ökonomische Methoden im Recht. Eine Einführung für Juristen. Tübingen: Mohr Siebeck Verlag. 23-34.

Veil, R. (2011): *Entwicklung der europäischen Kapitalmarktgesetzgebung (§ 1)*. In: Veil, R. (Hrsg.), Europäisches Kapitalmarktrecht. Tübingen: Mohr Siebeck Verlag. 1-16.

Walla, F. (2011): *Kapitalmarktaufsicht (§ 6)*. In: Veil, R. (Hrsg.), Europäisches Kapitalmarktrecht. Tübingen: Mohr Siebeck Verlag. 85-122.

Wey, R. (2008): *Kommerzielle Prozessfinanzierung - ein Überblick über Angebot und Rechtsfragen*. In: Fellmann, W. & Weber, S. (Hrsg.), Haftpflichtprozess 2008. Dualistisches Haftungskonzept, Erfolgshonorar und Prozessfinanzierung, direktes Forderungsrecht, Opferhilfe sowie kantonales Verantwortlichkeitsrecht. Zürich: Schulthess Verlag. 43-81.

Wittig, A. (2011): *Detailregulierung unternehmerischen Handelns und seine Bedeutung für die Organtreue am Beispiel der aufsichtsrechtlichen Verbriefungsregeln*. In: Kempf, E.; Lüderssen, K. & Volk, K. (Hrsg.), Institute for Law and Finance Series. Ökonomie versus Recht im Finanzmarkt? Berlin: Gruyter Verlag. 75-84.

Wolf, B. (2011): *Die Integration des Faktors Risiko (Kapitel 3)*. In: Wolf, B.; Hill, M. & Pfaue, M. (Hrsg.), Strukturierte Finanzierungen. Grundlagen des Corporate Finance, Technik der Projekt- und Buy-out-Finanzierung, Asset-Backed-Strukturen, 3. Aufl. Stuttgart: Schäffer-Poeschel Verlag. 59-76.

Zerey, J.-C. (2013): *Definition, Rolle und Funktion von Zweckgesellschaften (§ 1)*. In: Zerey, J.-C. (Hrsg.), Zweckgesellschaften. Rechtshandbuch. Baden-Baden: Nomos Verlag. 25-34.

2. Artikel in wissenschaftlichen Zeitschriften

Adams, M. (1983): Eine wohlfahrtstheoretische Analyse des Zivilprozesses und der Rechtsschutzversicherung, in: *ZSR-Zeitschrift für schweizerisches Recht*, (1. Halbband), 187-208.

Bohrer, A. (2011): Mission Impossible im Kollektivanlagenrecht - Die Abgrenzung von kollektiven Kapitalanlagen und operativen Gesellschaften: Besprechung des Urteils 2C_571/2009 des schweizerischen Bundesgerichts vom 5.11.2011, in: *GesKR-Zeitschrift für Gesellschafts-und Kapitalmarktrecht*, 2011 (1), 76-80.

Brandeis, L. D. (1916): The Living Law, in: *Illinois Law Review, X* (7), 461-471.

Caemmerer von, E. (1958): Kapitalanlage- oder Investmentgesellschaften, in: *JZ-Juristenzeitung*, (1958/Heft 2), 41-50.

Dethloff, N. (2000): Verträge zur Prozessfinanzierung gegen Erfolgsbeteiligung, in: *NJW-Neue Juristische Wochenschrift*, 2225-2230.

Eggen, M., & Staub, C. (2012): Kundensegmentierung – *Panacea* oder Abschied vom mündigen Anleger? in: *GesKR-Zeitschrift für Gesellschafts- und Kapitalmarktrecht*, (1), 55-71.

Fischer, C. & Friederich, T. (2013): Investmentaktiengesellschaft und Investmentkommanditgesellschaft unter dem Kapitalanlagegesetzbuch, in: *ZBB-Zeitschrift für Bankrecht und Bankwirtschaft, 25* (3), 153-163.

Heun, W. (2010): Der Staat und die Finanzkrise, in: *JZ-Juristenzeitung, 65* (2), 53-62.

Krause, M. & Klebeck, U. (2013): Fonds(anteils)begriff nach der AIFM-Richtlinie und dem Entwurf des KAGB, in: *RdF-Recht der Finanzinstrumente*, (1), 4-12.

Linderkamp, T.; Pollmer, S.; Schmidt, P.; Siefert, P. & Schwalba, M. (2013): Neue Wege in der Kapitalanlage: Die Symbiose zwischen Banken und Versicherungen im Bereich der Alternative Assets, in: *ZVersWiss-Zeitschrift für die gesamte Versicherungswissenschaft*, 102, 273-289.

Longin, F., & Solnik, B. (2001): Extreme Correlation of International Equity Markets, in: *TJOF-The Journal of Finance*, LVI (2), 649-676.

Michaud, R. O. (1989): The Markowitz Optimization Enigma: Is optimized optimal? in: *FAJ-Financial Analyst Journal*, (January-February), 31-42.

Möllers, Thomas M. J.; Harrer, A. & Krüger, T. C. (2011): Die Regelung von Hedgefonds und Private Equity durch die neue AIFM-Richtlinie, in: *WM-Wertpapiermitteilungen - Zeitschrift für Wirtschafts- und Bankrecht,* (33), 1537-1544.

Seibt, C. H. & Jander-McAlister, H. (2013a): Club Deals mit Family Offices nach der AIFM-Regulierung (Teil 1), in: *Der Betrieb*, (42), 2374-2378.

Seibt, C. H. & Jander-McAlister, H. (2013b): Club Deals mit Family Offices nach der AIFM-Regulierung (Teil 2), in: *Der Betrieb*, (43), 2433-2438.

Speidell, L. S.; Miller, D. H. & Ullmann, J. R. (1989): Portfolio Optimization: A primer, in: *FAJ-Financial Analyst Journal*, (January-February), 22-30.

Spindler, G. & Tancredi, S. (2011): Die Richtlinie über Alternative Investmentfonds (AIFM-Richtlinie), Teil I, in: *WM-Wertpapiermitteilungen - Zeitschrift für Wirtschafts- und Bankrecht*, (30), 1393-1405.

Spiro, K. (1954). Rechtsschutzversicherung: Bemerkungen zu einer neuen Versicherungsart, in: *ZSR-Zeitschrift für schweizerisches Recht,* Bd. 73 n.F., 221-227.

Toggenburger, C. (2003): Das Eidgenössische Anwaltsgesetz und sein Einfluss auf die gewerbliche Prozessfinanzierung auf Erfolgsbasis, in: *LJZ-Liechtensteinische Juristen-Zeitung*, (4), 101-110.

Vaubel, R. (2010): Die Finanzkrise als Vorwand für Überregulierung, in: *Wirtschaftsdienst*, (5), 313-320.

Wallach, E. (2011): Alternative Investment Funds Managers Directive - ein neues Kapitel des europäischen Investmentrechts. *RdF-Recht der Finanzinstrumente*, (2), 80-89.

Wegmüller, M. (2013): Prozessfinanzierung in der Schweiz: Bestandesaufnahme und Ausblick, in: *HAVE-Haftung und Versicherung,* 235-245.

Zetzsche, D. (2014): Fondsregulierung im Umbruch - ein rechtsvergleichende Rundblick zur Umsetzung der AIFM-Richtlinie, in: *ZB-Zeitschrift für Bankrecht und Bankwirtschaft*, (14), 22-39.

Zetzsche, D. & Preiner, C. (2013): Was ist ein AIF? in: *WM-Wertpapiermitteilungen - Zeitschrift für Wirtschafts- und Bankrecht*, (45), 2101-2110.

3. Sonstige Quellen

a) Graue Literatur

Leixner, I. (2010): *Komitologie und Lamfalussyverfahren im Finanzdienstleistungsbereich im Lichte der jüngsten Reformen.* Working Paper No. 1/2010 des Bundesministeriums für Finanzen, Wien. <https://www.bmf.gv.at/ services/publikationen/BMF-WP_1_2010-Komitologie_und_Lamfalussyverfahren_im_Finanzd.pdf?4jwmpz> 08.08.2014.

Prozessfinanzierungs-Mustervertrag FORIS AG, Kurt-Schumacher-Str. 18-20, D-53113 Bonn, <http://www.foris.de>. Der Vertrag findet sich im Anhang 2.

Zitiert: FORIS-MV: Verweis.

Prozessfinanzierungs-Mustervertrag LEGIAL AG, Thomas-Dehler-Strasse 9, D-81737 München, <http://www.legial.de>. Der Vertrag findet sich im Anhang 3.

Zitiert: LEGIAL-MV: Verweis.

Schweizerischer Bundesrat (2013): *Kollektiver Rechtsschutz in der Schweiz.* <http://www.ejpd.admin.ch/content/ejpd/de/home/dokumentation/mi/2013/2013-07-03.html> 08.08.2014.

Zitiert: Bundesrat 2013: Verweis.

Schweizerischer Bundesrat (2014): *Erläuternder Bericht zur Vernehmlassungsvorlage über das Bundesgesetz über die Finanzdienstleistungen (FIDLEG) und das Bundesgesetz über die Finanzinstitute (FINIG).* <http://www.admin.ch/ch/d/gg/pc/documents/2384/FINIG-FIDLEG-Erl.Bericht-de.pdf> 18.01.2015.

Zitiert: Bundesrat 2014: Verweis.

b) Gesetzeskommentare

Fuhrer, S. (2013): *Art. 32.* In: Hsu, P. C. & Stupp, E. (Hrsg.). Basler Kommentar. Versicherungsaufsichtsgesetz. Basel: Helbing & Lichtenhahn Verlag.

Zitiert: BSK VAG-Fuhrer, Art. 32 N X.

Handschin, L. (2007): *Art. 530.* In: Honsell, H., Vogt, N. P. & Wiegand, W. (Hrsg.), Obligationenrecht II. 4. Aufl. Basel: Helbing & Lichtenhahn Verlag.

Zitiert: BSK OR I-Handschin, Art. 530 N X.

Schärer, H. & Maurenbrecher, B. (2007): *Art. 312*. In: Honsell, H., Vogt, N. P. & Wiegand, W. (Hrsg.), Obligationenrecht II. 4. Aufl. Basel: Helbing & Lichtenhahn Verlag.

Zitiert: BSK OR I-Schärer/Maurenbrecher, Art. 312 N X.

Tollmann, C. (2013). *Einleitung*. In: Dornseifer, F., Jesch, T. A. , Klebeck, U. & Tollmann, C. (Hrsg.), AIFM-Richtlinie. Richtlinie 2011/61/EU über die Verwalter alternativer Investmentfonds mit Bezügen zum KAGB-E. München: Beck Verlag.

Zitiert: AIFM-RL-Tollmann 2013: RN X.

c) Handbücher/Lexika

Albisetti, E.; Bodmer, D.; Boemle, M.; Gsell, M. & Rutschi, E. (1977): *Handbuch des Geld-, Bank- und Börsenwesens der Schweiz.* 3. Aufl. Thun: Ott Verlag.

Zitiert: Albisetti et. al. 1977: Stichwort.

Metzger, P. (1996): *Schweizerisches juristisches Wörterbuch: Einschliesslich Versicherungsrecht mit Synonymen und Antonymen.* Bern: Haupt Verlag.

Zitiert: Metzger 1996: Stichwort.

Roberts, L. (2010): *Gabler Wirtschafts-Lexikon.* 17. Aufl. Wiesbaden: Gabler-Verlag.

Zitiert: Roberts 2010: Stichwort.

Anhang

Anhang 1: ESMA-Leitlinien 2013/611

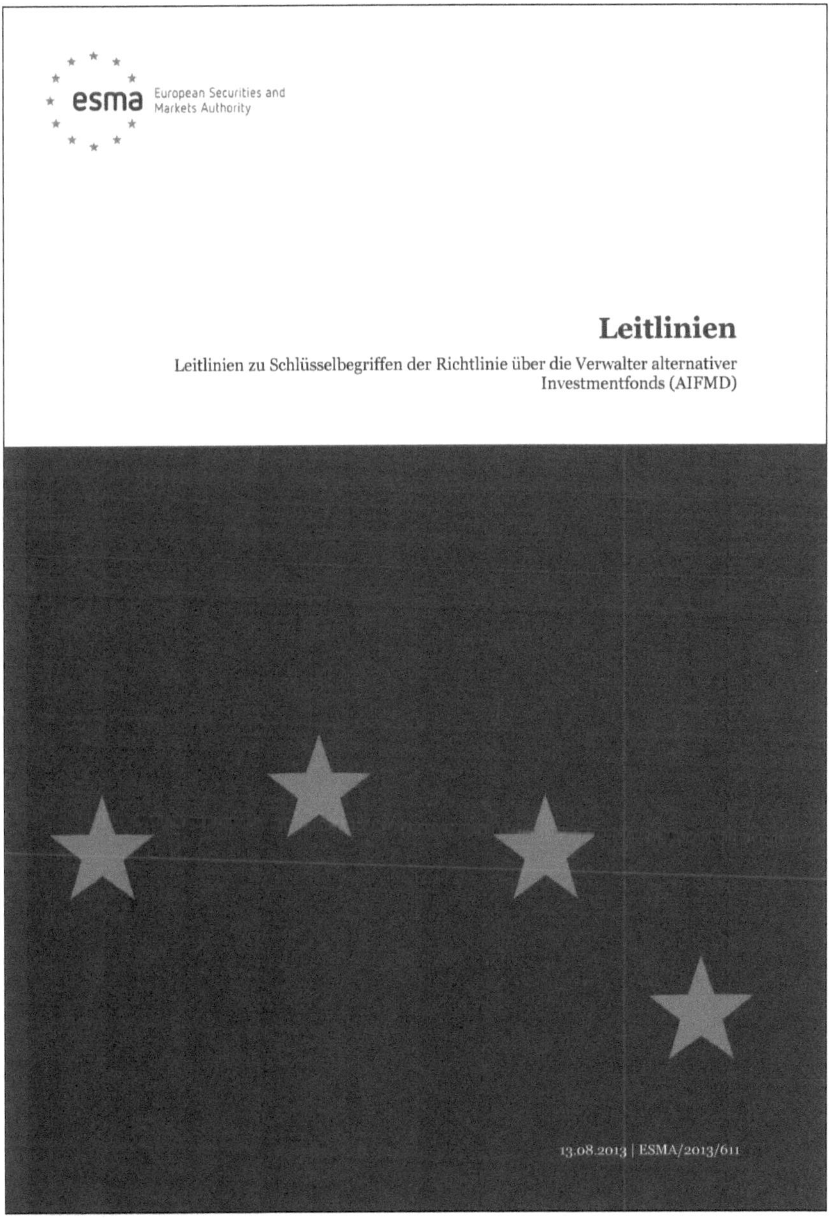

esma European Securities and Markets Authority

Leitlinien

Leitlinien zu Schlüsselbegriffen der Richtlinie über die Verwalter alternativer Investmentfonds (AIFMD)

13.08.2013 | ESMA/2013/611

European Securities and Markets Authority

Datum: 13.08.2013
ESMA/2013/611

Inhalt

ESMA • CS 60747 – 103 rue de Grenelle • 75345 Paris Cedex 07 • France • Tel. +33 (0) 1 58 36 43 21 • www.esma.europa.eu

esma

I. Anwendungsbereich

Wer?

1. Diese Leitlinien gelten für Verwalter alternativer Investmentfonds (Alternative Investment Fund Managers, AIFM) und für zuständige Behörden.

Was?

2. Diese Leitlinien gelten in Bezug auf Artikel 4 Absatz 1 Buchstabe a der Richtlinie über die Verwalter alternativer Investmentfonds (Alternative Investment Fund Managers Directive, AIFMD).

Wann?

3. Diese Leitlinien gelten nach dem 2. Monat nach dem Datum der Veröffentlichung durch die ESMA.

II. Begriffsbestimmungen

Sofern nicht anders angegeben, haben die in der Richtlinie 2011/61/EU des Europäischen Parlaments und des Rates vom 8. Juni 2011 über die Verwalter alternativer Investmentfonds und zur Änderung der Richtlinien 2003/41/EG und 2009/65/EG und der Verordnungen (EG) Nr. 1060/2009 und (EU) Nr. 1095/2010[1] (AIFMD) sowie die in der Delegierten Verordnung (EU) Nr. 231/2013 der Kommission vom 19. Dezember 2012 zur Ergänzung der Richtlinie 2011/61/EU des Europäischen Parlaments und des Rates im Hinblick auf Ausnahmen, die Bedingungen für die Ausübung der Tätigkeit, Verwahrstellen, Hebelfinanzierung, Transparenz und Beaufsichtigung[2] verwendeten Begriffe in diesen Leitlinien dieselbe Bedeutung. Für die Zwecke dieser Leitlinien bezeichnet der Begriff:

Allgemein-kommerzieller oder -industrieller Zweck — den Zweck der Verfolgung einer Geschäftsstrategie, die sich u. a. durch Merkmale auszeichnet wie die überwiegende Ausübung

i) einer kommerziellen Tätigkeit einschließlich Kauf, Verkauf und/oder Austausch von Waren oder Gütern und/oder Verkehr mit nicht-finanziellen Dienstleistungen oder

ii) einer industriellen Tätigkeit einschließlich der Produktion von Waren oder der Errichtung von Immobilien oder

iii) einer Kombination daraus.

Gemeinschaftsrendite — die erzielte Rendite aus der Risikobündelung infolge des Erwerbs, Besitzes oder Verkaufs von Anlagevermögen – einschließlich von Tätigkeiten zur Optimierung bzw.

[1] http://eur-lex.europa.eu/LexUriServ/LexUriServ.do?uri=OJ:L:2011:174:0001:0073:DE:PDF.
[2] http://eur-lex.europa.eu/LexUriServ/LexUriServ.do?uri=OJ:L:2013:083:0001:0095:DE:PDF.

Steigerung des Wertes dieser Vermögenswerte –, unabhängig davon, ob dabei für die Anleger unterschiedliche Renditen erzielt werden, wie beispielsweise im Rahmen einer maßgeschneiderten Dividendenpolitik.

laufende Ermessens- bzw. Kontrollbefugnis	eine Form einer unmittelbaren und kontinuierlichen Entscheidungsgewalt – unabhängig davon, ob sie ausgeübt wird oder nicht – über operative Fragen in Bezug auf die tägliche Verwaltung der Vermögenswerte des Organismus, die wesentlich weiter reicht als die normale Ausübung von Entscheidungs- oder Kontrollbefugnissen in Form der Abstimmung bei Aktionärsversammlungen über Fragen wie Fusionen oder Abwicklung, die Wahl von Anteilseignervertretern, die Ernennung von Vorstandsmitgliedern oder Abschlussprüfern oder die Feststellung des Jahresabschlusses.
bereits bestehende Gruppe	eine Gruppe von Familienmitgliedern, unabhängig von der Art der rechtlichen Struktur, die von ihnen möglicherweise eingerichtet wird, um in einen Organismus zu investieren, sofern die alleinigen Endbegünstigten einer solchen rechtlichen Struktur Familienmitglieder sind und diese Gruppe vor der Gründung des Organismus bereits bestanden hat. Dadurch sollen jedoch Familienmitglieder nicht davon abgehalten werden, sich der Gruppe nach der Gründung des Organismus anzuschließen. Zum Zweck dieser Begriffsbestimmung bezeichnet der Begriff „Familienmitglieder" den Ehepartner einer Person, die Person, die mit der Person in einer eheähnlichen Gemeinschaft, in einem gemeinsamen Haushalt und auf einer stabilen und dauerhaften Grundlage lebt, die Verwandten in gerader Linie, die Geschwister, Onkel, Tanten, Cousins oder Cousinen der betreffenden Person und die Angehörigen einer Person.

III. Zweck

4. Der Zweck dieser Leitlinien besteht darin, eine gemeinsame, einheitliche und durchgängige Anwendung der Begriffe zu gewährleisten, die die Definition von „AIF" in Artikel 4 Absatz 1 Buchstabe a der AIFMD umfasst, indem jeder dieser Begriffe näher erläutert wird. Dabei sollte der Wechselwirkung zwischen den einzelnen Begriffen der Definition eines AIF gebührend Rechnung getragen werden, und ein Organismus sollte nur dann als ein AIF betrachtet werden, wenn alle in der Definition von „AIF" gemäß Artikel 4 Absatz 1 Buchstabe a der AIFMD enthaltenen Bestandteile auch tatsächlich vorhanden sind. So sollten beispielsweise Organismen, die von einer Anzahl von Anlegern Kapital beschaffen, wobei diese Kapitalbeschaffung allerdings nicht im Hinblick auf die Anlage dieses

esma

Kapitals gemäß einer festgelegten Anlagestrategie erfolgt, für die Zwecke der AIFMD nicht als AIF angesehen werden.

5. Die zuständigen Behörden und Marktteilnehmer sollten jedoch nicht davon ausgehen, dass das Nichtvorhandensein eines oder aller dieser Merkmale im Zusammenhang mit den einzelnen Begriffen in der Definition von „AIF" in Artikel 4 Absatz 1 Buchstabe a der AIFMD (d. h. „Organismus für gemeinsame Anlagen", „Kapitalbeschaffung", „Anzahl von Anlegern" und „festgelegte Anlagestrategie") gemäß den Ausführungen in diesen Leitlinien einen schlüssigen Nachweis dafür darstellt, dass ein Organismus nicht unter den betreffenden Begriff fällt. Die zuständigen Behörden und Marktteilnehmer sollten einen Organismus dann als ein „AIF" ansehen, wenn anderweitig nachgewiesen werden kann, dass alle Begriffe in der Definition gemäß Artikel 4 Absatz 1 Buchstabe a der AIFMD vorhanden sind. Um jeden Zweifel auszuschließen, werden in diesen Leitlinien die Merkmale, die mit hoher Wahrscheinlichkeit bewirken, dass ein Organismus als ein AIF angesehen wird, veranschaulicht und detailliert erläutert, was allerdings keinerlei Änderung der Bestimmungen der AIFMD mit sich bringt.

6. Die weiteren Einzelheiten in diesen Leitlinien sollten nur für die Zwecke der AIFMD von Belang sein und sind nicht dazu bestimmt, die Bedeutung ähnlicher Begriffe, die in anderen europäischen Rechtsvorschriften einschließlich der Richtlinie 2009/65/EG und der Richtlinie 2010/73/EU verwendet werden, zu beeinflussen.

IV. Compliance- und Mitteilungspflichten

Status der Leitlinien

7. Das vorliegende Dokument enthält Leitlinien, die gemäß Artikel 16 der ESMA-Verordnung[3] herausgegeben wurden. Gemäß Artikel 16 Absatz 3 der Verordnung unternehmen die zuständigen Behörden und die Finanzmarktteilnehmer alle erforderlichen Anstrengungen, um diesen Leitlinien und Empfehlungen nachzukommen.

8. Die zuständigen Behörden, für die diese Leitlinien bestimmt sind, sollten diese umsetzen, indem sie sie in ihre Aufsichtspraxis übernehmen, selbst wenn bestimmte Vorgaben des Dokuments primär an Finanzmarktteilnehmer gerichtet sind.

Mitteilungspflichten

9. Die zuständigen Behörden, auf die diese Leitlinien Anwendung finden, müssen der ESMA innerhalb von zwei Monaten nach dem Datum der Veröffentlichung durch die ESMA mitteilen, ob sie diesen Leitlinien nachkommen bzw. nachzukommen beabsichtigen bzw. deren Nichteinhaltung begründen. Geht innerhalb dieser Frist keine Mitteilung ein, wird davon ausgegangen, dass die zuständigen Behörden den Leitlinien nicht nachkommen. Ein Formular für Mitteilungen ist auf der ESMA-Website verfügbar.

[3] Verordnung (EU) Nr. 1095/2010 des Europäischen Parlaments und des Rates vom 24. November 2010 zur Errichtung einer Europäischen Aufsichtsbehörde (Europäische Wertpapier- und Marktaufsichtsbehörde), zur Änderung des Beschlusses Nr. 716/2009/EG und zur Aufhebung des Beschlusses 2009/77/EG der Kommission.

10. AIFM sind nicht verpflichtet mitzuteilen, ob sie diesen Leitlinien nachkommen.

V. Leitlinien zur Behandlung von Teilfonds eines Organismus

11. Wenn ein Teilfonds eines Organismus sämtliche Bestandteile der Definition des Begriffs „AIF" in Artikel 4 Absatz 1 Buchstabe a der AIFMD (d. h. „Organismus für gemeinsame Anlagen", „Kapitalbeschaffung", „Anzahl von Anlegern" und „festgelegte Anlagestrategie") aufweist, sollte dies ausreichend sein, um zu bestimmen, dass es sich bei dem Organismus als Ganzes um ein „AIF" im Sinne von Artikel 4 Absatz 1 Buchstabe a der AIFMD handelt.

VI. Leitlinien zu „Organismen für gemeinsame Anlagen in Wertpapieren"

12. Wenn ein Organismus alle nachstehend aufgeführten Merkmale aufweist, sollte daraus nachweislich hervorgehen, dass der Organismus ein Organismus für gemeinsame Anlagen in Wertpapieren im Sinne von Artikel 4 Absatz 1 Buchstabe a der AIFMD ist. Dabei handelt es sich um folgende Merkmale:

    (a) Der Organismus verfolgt keinen *allgemein-kommerziellen oder -industriellen Zweck*;

    (b) der Organismus bündelt das bei seinen Anlegern zum Zweck der Anlage beschaffte Kapital im Hinblick auf die Erzielung einer *Gemeinschaftsrendite* für diese Anleger; und

    (c) die Anteilseigner des Organismus besitzen – als Gruppe – keine *laufende Ermessens- bzw. Kontrollbefugnis*. Die Tatsache, dass einem oder mehreren, jedoch nicht allen vorstehend genannten Anteilseignern eine *laufende Ermessens- bzw. Kontrollbefugnis* gewährt wurde, sollte nicht als Nachweis dafür herangezogen werden, dass es sich bei dem Organismus nicht um einen Organismus für gemeinsame Anlagen in Wertpapieren handelt.

VII. Leitlinien zur „Kapitalbeschaffung"

13. Die Geschäftstätigkeit, die darin besteht, dass ein Organismus oder eine Person oder eine Einrichtung, die in seinem Namen handelt (normalerweise der AIFM), direkte oder indirekte Schritte unternimmt, um die Kapitalübertragung bzw. Kapitalbindung durch einen oder mehrere Anleger auf bzw. an den Organismus zu veranlassen mit dem Ziel, dieses Kapital gemäß einer festgelegten Anlagestrategie zu investieren, sollte der Tätigkeit der Kapitalbeschaffung im Sinne von Artikel 4 Absatz 1 Buchstaben a und i der AIFMD entsprechen.

14. Zum Zweck des vorstehenden Absatzes sollte es unerheblich sein, ob

    (a) die Tätigkeit nur ein einziges Mal, mehrfach oder ständig stattfindet;

    (b) die Kapitalübertragung bzw. Kapitalbindung in Form von Bar- oder Sacheinlagen erfolgt.

15. Wird Kapital von einem Mitglied einer *bereits bestehenden Gruppe* in einen Organismus investiert und wurde dieser Organismus ausschließlich zur Anlage des Privatvermögens dieses Mitglieds gegründet, so fällt dies unbeschadet des Absatzes 16 nicht unter den Begriff der Kapitalbeschaffung.

16. Die Tatsache, dass ein Mitglied einer *bereits bestehenden Gruppe* neben Anlegern investiert, die nicht Mitglied einer *bereits bestehenden Gruppe* sind, sollte nicht dazu führen, dass das Kriterium der

esma

Kapitalbeschaffung nicht erfüllt ist. Wann immer solche Umstände eintreten, sollten alle Anleger in den vollen Genuss der mit der AIFMD verknüpften Rechte gelangen.

VIII. Leitlinien zur „Anzahl der Anleger"

17. Ein Organismus, der durch das nationale Recht, dem er unterliegt, die Vertragsbedingungen oder Satzung oder durch andere rechtsverbindliche Regelungen oder Bestimmungen nicht von der Kapitalbeschaffung bei mehr als einem Anleger abgehalten wird, sollte als ein Organsimus angesehen werden, der Kapital bei einer Anzahl von Anlegern gemäß Artikel 4 Absatz 1 Buchstaben a und i der AIFMD beschafft. Dies sollte auch dann der Fall sein, wenn tatsächlich nur ein Anleger vorhanden ist.

18. Ein Organismus, der durch das nationale Recht, dem er unterliegt, die Vertragsbedingungen oder Satzung oder durch andere rechtsverbindliche Regelungen oder Bestimmungen von der Kapitalbeschaffung bei mehr als einem Anleger abgehalten wird, sollte als ein Organismus angesehen werden, der Kapital bei einer Anzahl von Anlegern gemäß Artikel 4 Absatz 1 Buchstaben a und i der AIFMD beschafft, wenn der alleinige Anleger

    (a) Kapital anlegt, das er bei mehr als einer natürlichen oder juristischen Person im Hinblick auf die Anlage zugunsten dieser Personen beschafft hat; und

    (b) aus einer Einrichtung oder Struktur besteht, die insgesamt mehr als einen Anleger im Sinne der AIFMD hat.

19. Beispiele für Einrichtungen oder Strukturen im Sinne von Absatz 18 sind u. a. Master-/Feeder-Strukturen, bei denen ein einziger Feeder-Fonds in einen Master-Organismus investiert, ferner Dachfonds, bei denen der Dachfonds der alleinige Anleger in dem entsprechenden Organismus ist, oder auch Einrichtungen, bei denen der alleinige Anleger als Bevollmächtigter für mehr als einen Anleger auftritt und deren Interessen zu administrativen Zwecken bündelt.

IX. Leitlinien zur „festgelegten Anlagestrategie"

20. Ein Organismus, der eine Strategie in Bezug darauf verfolgt, wie das im Organismus gebündelte Kapital im Hinblick auf die Erzielung einer *Gemeinschaftsrendite* für die Anleger, bei denen das Kapital beschafft wurde, verwaltet werden soll, sollte als ein Organismus mit einer festgelegten Anlagestrategie im Sinne von Artikel 4 Absatz 1 Buchstaben a und i der AIFMD angesehen werden. Bei den Faktoren, die einzeln oder kumulativ auf das Vorhandensein einer solchen Strategie hinweisen könnten, handelt es sich um Folgende:

    (a) Die Anlagestrategie ist bestimmt und festgelegt, spätestens zu dem Zeitpunkt, wenn die Verpflichtungen der Anleger gegenüber dem Organismus für sie verbindlich werden;

    (b) die Anlagestrategie wird in einem Dokument dargelegt, das Bestandteil der Vertragsbedingungen bzw. der Satzung des Organismus ist bzw. auf das darin Bezug genommen wird;

    (c) der Organismus bzw. die juristische Person, die den Organismus verwaltet, unterliegt gegenüber den Anlegern einer (wie auch immer entstandenen) von ihnen rechtlich durchsetzbaren Verpflichtung, sich nach der Anlagestrategie zu richten, einschließlich aller daran vorgenommenen Änderungen;

7

(d) die Anlagestrategie umfasst auch Anlagerichtlinien mit Verweis auf alle oder einzelne der nachstehend genannten Kriterien:

(i) Anlage in bestimmten Kategorien von Vermögenswerten bzw. gemäß Einschränkungen bezüglich der Anlageaufteilung;
(ii) Verfolgung bestimmter Strategien;
(iii) Anlage in bestimmten geografischen Gebieten;
(iv) Einhaltung von Einschränkungen bezüglich von Hebelfinanzierungen;
(v) Einhaltung von Mindesthaltezeiten; oder
(vi) Einhaltung von anderen Einschränkungen zur Risikostreuung.

21. In Absatz 20 Buchstabe d sollten Leitlinien für die Verwaltung eines Organismus, in denen andere als die in der Geschäftsstrategie eines Organismus mit einem *allgemein-kommerziellen oder -industriellen Zweck* niedergelegten Anlagekriterien festgelegt werden, als „Anlagerichtlinien" angesehen werden.

22. Die Tatsache, dass Anlageentscheidungen ausschließlich der juristischen Person überlassen bleiben, die einen Organismus verwaltet, sollte nicht dazu genutzt werden, die Bestimmungen der AIFMD zu umgehen.

Anhang 2: Mustervertrag FORIS AG

FORIS
finanziert Prozesse.

Mustervertrag FORIS Prozessfinanzierung

Prozessfinanzierungsvertrag

zwischen

Anspruchsinhaber: [...]

und der

FORIS AG
Kurt-Schumacher-Str. 18-20
53113 Bonn

Vorbemerkung

Der Anspruchsinhaber ist der Auffassung, die nachfolgend bezeichneten Ansprüche (im Folgenden: „die streitigen Ansprüche") zu haben:

Anspruchsgegner: [...]

Inhalt des Anspruches: [...]

Anspruchsgrund: [...]

Mögliche oder bereits erhobene Einreden, Einwendungen, Gegenansprüche: [...]

Verfahrensstand: [...]

FORIS AG | Kurt-Schumacher-Str. 18 - 20, 53113 Bonn, Deutschland | Telefon: +49 228 95750-50, Telefax: +49 228 95750-57 | info@foris.de, foris-prozessfinanzierung.de

FORIS
finanziert Prozesse.

Der Anspruchsinhaber möchte aus wirtschaftlichen Überlegungen Kosten und Risiken einer Durchsetzung der streitigen Ansprüche ganz oder teilweise nicht tragen.

Dem Anspruchsinhaber ist bekannt, dass es grundsätzlich die Möglichkeit gibt, Beratungs- oder Prozesskostenhilfe in Anspruch zu nehmen, wodurch jedenfalls seine eigenen Anwaltskosten und die Gerichtskosten in dem gesetzlich vorgesehenen Umfang zunächst von der Staatskasse getragen werden. Der Anspruchsinhaber kann oder möchte diese Möglichkeit nicht nutzen.

Dies vorausgeschickt, schließen sich die Parteien dieses Vertrages zur gemeinsamen Rechtsverfolgung der streitigen Ansprüche zusammen, wobei dem Anspruchsinhaber im Wesentlichen die Wahrnehmung der Rechte der Gesellschaft nach außen und die Einziehung der streitigen Ansprüche treuhänderisch und in entsprechender Anwendung des § 392 Abs. 2 HGB für Rechnung der Gesellschaft obliegt, während die FORIS AG es übernimmt, die Finanzierung der Durchsetzung der streitigen Ansprüche durch Vorfinanzierung der Rechtsverfolgungskosten zu gewährleisten.

Inhalt

Die erfolgreiche Durchsetzung der streitigen Ansprüche im Rahmen des Prozessfinanzierungsvertrages erfordert eine enge und vertrauensvolle Zusammenarbeit zwischen dem Anspruchsinhaber, dem Prozessbevollmächtigten und der FORIS AG sowie die gemeinsame Förderung des mit diesem Vertrag verfolgten Zwecks der erfolgreichen Durchsetzung der streitigen Ansprüche. Beide Vertragsparteien verpflichten sich, in diesem Sinne zusammenzuwirken und einander umfassend und zeitnah über alle Umstände zu informieren, die für die Durchsetzung der streitigen Ansprüche von Bedeutung sind. Der Anspruchsinhaber und die FORIS AG gründen mit diesem Prozessfinanzierungsvertrag eine Innengesellschaft bürgerlichen Rechts, mit dem Zweck, den streitigen Anspruch rechtlich durchzusetzen und auch zu realisieren. Soweit nicht in diesem Vertrag abweichende Regelungen getroffen werden, sollen im Übrigen die gesetzlichen Regelungen sowie die Rechtsprechung zum Gesellschaftsrecht Anwendung finden.

FORIS AG
Kurt-Schumacher-Str. 18 – 20
53113 Bonn
Deutschland
Telefon: +49 228 95750-50
Telefax: +49 228 95750-57
info@foris.de
foris-prozessfinanzierung.de

FORIS
finanziert Prozesse.

Mustervertrag FORIS Prozessfinanzierung
Seite 3

1. **Erklärungen des Anspruchsinhabers**

Der Anspruchsinhaber versichert hiermit, dass

- er über die streitigen Ansprüche in jeder Hinsicht verfügungsbefugt ist, sie insbesondere nicht an Dritte abgetreten, verpfändet oder von Dritten gepfändet sind

- hinsichtlich der streitigen Ansprüche weder ein Abtretungsverbot vereinbart ist, noch diese nur mit Zustimmung des Anspruchsgegners abgetreten werden können

- ihm keine Tatsachen oder Umstände bekannt sind, die der Rechtswirksamkeit oder der Durchsetzbarkeit der streitigen Ansprüche entgegenstehen könnten, insbesondere aufrechenbare Gegenforderungen, Zurückbehaltungs- oder sonstige Gegenrechte, soweit sie nicht in der Vorbemerkung ausdrücklich erwähnt sind

- in den Unterlagen und sonstigen Informationen, die er der FORIS AG zur Verfügung gestellt hat, die zur Beurteilung des Sachverhalts in rechtlicher und tatsächlicher Hinsicht wesentlichen Tatsachen vollständig und wahrheitsgemäß dargestellt sind

- zwischen ihm und dem Anspruchsgegner kein weiterer Rechtsstreit anhängig ist, war oder zu erwarten ist, der nicht in diesem Vertrag ausdrücklich erwähnt ist.

2. **Prüfung der Erfolgsaussichten**

2.1 Die FORIS AG prüft den vom Anspruchsinhaber ihr vorgelegten Sachverhalt ausschließlich in ihrem eigenen Interesse. Sie übernimmt keine rechtliche Beratung des Anspruchsinhabers.

2.2 Die FORIS AG ist aufgrund der Zusage, die Erfolgsaussichten intern zu prüfen, nicht verpflichtet, diesen Vertrag abzuschließen. Entsprechend sind etwaige Ansprüche des Anspruchsinhabers, allein gestützt auf den Nichtabschluss des Vertrages, bzw. die Anbahnung eines Vertragsverhältnisses, ausdrücklich ausgeschlossen.

3. **Beiträge der FORIS AG**

3.1 Die FORIS AG zahlt

0 die Kosten des gesamten Rechtsstreits,

0 ausschließlich die nachfolgend benannten Kosten:

....

die ab Wirksamwerden des Vertrages im Rahmen einer wirtschaftlich vernünftigen außergerichtlichen oder gerichtlichen Geltendmachung der streitigen Ansprüche entstehen. Etwaig

FORIS AG Kurt-Schumacher-Str. 18 – 20 53113 Bonn Deutschland
Telefon: +49 228 95750-50 Telefax: +49 228 95750-57
info@foris.de foris-prozessfinanzierung.de

FORIS
finanziert Prozesse.

bereits zuvor angefallene außergerichtliche Kosten sind damit nur insoweit von der Finanzierung erfasst, als sie entweder auf die noch entstehenden Kosten nach Abschluss des Finanzierungsvertrages aufgrund gesetzlicher Regelungen Anrechnung finden oder diesbezüglich eine gesonderte schriftliche Vereinbarung getroffen worden ist. Alle Kosten auslösenden Maßnahmen, die der Anspruchsinhaber ergreift, bedürfen der vorherigen Zustimmung der FORIS AG (z.B. Einlegung einer Berufung). Die Verpflichtung der FORIS AG zur Zahlung entfällt dann, wenn Kosten ausgelöst worden sind, ohne dass die FORIS AG die Zustimmung erteilt hat.

(a) **Anwaltsgebühren:** Anwaltskosten zahlt die FORIS AG bis zur Höhe, die im Rechtsanwaltsvergütungsgesetz („RVG") bestimmt ist. Zur Umsatzsteuer auf Anwaltskosten gilt die Bestimmung unter 3.1 (j).

(b) **FORIS-Gebühr.** Die FORIS AG zahlt in den Fällen, in denen das RVG angewendet wird, neben den Kosten des Rechtsstreits eine einmalige zusätzliche 1,0 Rechtsanwaltsgebühr nach dem RVG für den dem Anwalt durch die Einschaltung der FORIS AG entstehenden Mehraufwand (Korrespondenz, Fotokopien etc.), falls der Anspruchsinhaber eine solche Gebühr bei Abschluss des Finanzierungsvertrags mit dem Anwalt schriftlich vereinbart hat (i.F. „FORIS-Gebühr"). Die FORIS-Gebühr wird ausschließlich für die erste Instanz übernommen. Grundlage der Bemessung der FORIS-Gebühr ist der finanzierte Streitwert im Zeitpunkt der Fälligkeit der FORIS-Gebühr (3.1 (g)). Dem Anspruchsinhaber ist bekannt, dass bei Zahlung der FORIS-Gebühr der gesetzliche Gebührenrahmen überschritten wird und ein Kostenerstattungsanspruch gegen den Prozessgegner wegen dieser Gebühr nicht besteht. Endet das finanzierte Verfahren mit einem obsiegenden Urteil oder mit einem Vergleich, folgt daraus, dass der Anspruchsinhaber und die FORIS AG die FORIS-Gebühr anteilig, entsprechend der Erlösverteilung, tragen. Mit der FORIS-Gebühr sind auch die Ansprüche nach Nr. 7000 - 7002 VV RVG abgegolten.

(c) Gebühren eines **Korrespondenzanwaltes** oder Unterbevollmächtigten zahlt die FORIS AG nicht. **Reisekosten des Anwaltes** zur Wahrnehmung auswärtiger Gerichtstermine zahlt die FORIS AG im Rahmen des RVG.

(d) Bei Vertretung vor einem **ausländischen Gericht** tritt an die Stelle des RVG die am Ort des Gerichtes anwendbare Gebührenordnung. In Ermangelung einer allgemein verbindlichen Gebührenordnung am Ort des Gerichtes, zahlt die FORIS AG die Anwaltskosten im Rahmen einer noch zu schließenden vertraglichen Vereinbarung zwischen dem anwaltlichen Vertreter und dem Anspruchsinhaber. Diese bedarf der Zustimmung der FORIS AG.

(e) Kosten der Verteidigung gegen Ansprüche des Anspruchsgegners, die in den Prozess eingebracht werden (z.B. Widerklage) oder die Beteiligung Dritter am Prozess (z.B. Nebenintervention), zahlt die FORIS AG nur insoweit, als dies ausdrücklich vereinbart ist. Die FORIS AG ist nur bereit, Kostenrisiken zu übernehmen, denen eine unmittelbare Partizipation am Erlös gegenübersteht.

(f) Verfolgt der Anspruchsinhaber unter Inanspruchnahme der Beiträge der FORIS AG einen in der Vorinstanz teilweise abgewiesenen Anspruch weiter, und legt der Anspruchsgegner

FORIS AG
Kurt-Schumacher-Str. 18 - 20
53113 Bonn
Deutschland
Telefon: +49 228 95750-50
Telefax: +49 228 95750-57
info@foris.de
foris-prozessfinanzierung.de

Anschlussberufung oder –revision ein, so bezieht sich der Beitrag der FORIS AG auf das gesamte Verfahren.

(g) Zeitpunkt der Erstattung der Anwaltsgebühren: Die FORIS AG zahlt die Verfahrensgebühr (Nr. 3100, 3200, 3206 bzw. 3208 VV RVG) nach Einreichung der von beiden Vertragsparteien gebilligten Klageschrift. Die Terminsgebühr (Nr. 3104, 3202, 3210 VV RVG) sowie ggf. eine Einigungsgebühr (Nr. 1000 bis Nr. 1004) werden nach Vorlage des sich auf die Verhandlung bzw. den Vergleichsabschluss beziehenden gerichtlichen Protokolls sowie des schriftlichen Terminsberichtes des Anwaltes gezahlt. Die einmalige FORIS-Gebühr ist bei Abschluss der ersten von der FORIS AG finanzierten Instanz fällig.

(h) Reisekosten der Vertragsparteien im Zusammenhang mit einer persönlichen Terminswahrnehmung sind von der Vorfinanzierung nicht umfasst.

(i) Zwangsvollstreckung: Der Beitrag der FORIS AG erstreckt sich auch auf die Kosten der Zwangsvollstreckung, soweit ihrer Auffassung nach Erfolgsaussichten bestehen und sie diese für notwendig erachtet. Voraussetzung dafür ist, dass der Anspruchsinhaber den Rechtsanwalt, der die Zwangsvollstreckung betreiben soll, mit der FORIS AG abstimmt. Die FORIS AG ist berechtigt, aber nicht verpflichtet, im Fall eines vorläufig vollstreckbaren Urteils eine für die Zwangsvollstreckung erforderliche Sicherheit beizubringen.

(j) Steuern. Umsatzsteuer auf Kosten des Prozesses zahlt die FORIS AG nur insoweit, als der Anspruchsinhaber nicht zum Vorsteuerabzug berechtigt ist. Der Anspruchsinhaber verpflichtet sich, die Umsatzsteuer direkt an den Rechnungssteller zu bezahlen, wenn er vorsteuerabzugsberechtigt ist. Steuerverpflichtungen des Anspruchsinhabers, die auf die Realisierung der streitigen Ansprüche zurückzuführen sind, trägt dieser selbst aus seinem Erlösanteil.

3.2 Die Beiträge der FORIS AG sind wie folgt zu leisten:

(a) Die Kosten des beauftragten Rechtsanwalts, die einzuzahlenden Gerichtskosten sowie etwaige der Gegenseite zu erstattende Kosten werden direkt an den beauftragten Rechtsanwalt gezahlt.

(b) Der Anspruchsinhaber weist den ihn vertretenden Rechtsanwalt hiermit unwiderruflich an, die Zahlungen an die unter (a) bezeichneten Endempfänger weiter zu leiten. Eine Auszahlung an den Anspruchsinhaber ist ausgeschlossen.

3.3 Soweit die FORIS AG Kosten zahlt, ist darin keine Anerkennung ihrer Beitragspflicht zu sehen. Sollte sich herausstellen, dass der Anspruchsinhaber oder die FORIS AG nicht verpflichtet war, diese Beiträge zu leisten, so kann die FORIS AG diese vom Anspruchsinhaber oder auch von dem Zahlungsempfänger zurückfordern.

3.4 Ansprüche des Anspruchsinhabers zur Kostentragung seitens der FORIS AG aus diesem Vertrag begründen keine unmittelbaren Zahlungsansprüche Dritter. Bezüglich sämtlicher Ansprüche im Zusammenhang mit diesem Vertrag gilt ein Abtretungsverbot. Der Anspruchsin-

FORIS
finanziert Prozesse.

haber verpflichtet sich seinerseits, Ansprüche an die FORIS AG abzutreten, soweit diese mit der Zahlungsverpflichtung der FORIS AG korrespondieren und etwaige Einreden oder Einwendungen begründen.

3.5 **Die FORIS AG übernimmt keine rechtliche Betreuung des Anspruchsinhabers. Die rechtliche Vorbereitung und Durchführung des Verfahrens obliegen dem Anspruchsinhaber und dem beauftragten Prozessbevollmächtigten.**

4. Erlösverteilung

4.1 Aus einem Erlös der finanzierten Rechtsverfolgung (einschließlich Kostenerstattung Abschnitt 4.3) erhält die FORIS AG vorab die von ihr vorgelegten Kosten sowie sämtliche Kosten, die die FORIS AG aufgrund des Verfahrensergebnisses noch zu tragen verpflichtet ist, einschließlich der FORIS-Gebühr. Vorab zu erstatten sind auch diejenigen Auslagen, die der FORIS AG durch Reisen ihrer Mitarbeiter zu Besprechungen, Gerichtsterminen, Handelsregistern und Grundbuchämtern etc., durch das Einholen von Bonitätsauskünften sowie durch etwaige notarielle Beurkundungen entstehen oder entstanden sind. Weiterhin handelt es sich um erstattungsfähige Kosten, wenn die FORIS AG in Absprache mit dem Anspruchsinhaber oder seinem Rechtsanwalt - auch vor dem Abschluss des Prozessfinanzierungsvertrages - Detekteien beauftragt oder gutachterliche Stellungnahmen anfertigen lässt.

Sofern Verfahrenskosten im Sinne der Bestimmung in Abschnitt 3.1 auch von dem Anspruchsinhaber selbst oder von Dritten gezahlt worden oder zu zahlen sind und von der FORIS AG nicht übernommen worden sind, so erhält der Anspruchsinhaber aus dem Erlös vorab die von ihm vorgelegten oder zu zahlenden Verfahrenskosten. Dies gilt für außergerichtliche Anwaltskosten nur, soweit diese im Rahmen der gerichtlichen Kostenfestsetzung Berücksichtigung finden.

Reicht der Erlös zur Abdeckung der gesamten Verfahrenskosten nicht aus, so wird er in dem Verhältnis verteilt, wie die Beteiligten Verfahrenskosten gezahlt oder zu zahlen haben.

Finanziert die FORIS AG im Berufungsverfahren nur einen Teil der abgewiesenen Ansprüche oder verteidigt sie die zuerkannte Forderung und will der Anspruchsinhaber darüber hinaus auf eigenes Risiko Ansprüche verfolgen, so trägt der Anspruchsinhaber die daraus resultierenden Kosten selbst, d.h. aus seinem etwaigen Erlösanteil.

4.2 Von dem nach Abzug der Verfahrenskosten (Abschnitt 3.1/4.1) ermittelten Erlös der Rechtsverfolgung stehen dem Anspruchsinhaber ...... % und der FORIS AG ...... % zu.

4.3 Soweit der Erlös nicht in Zahlungsmitteln besteht, hat die FORIS AG Anspruch auf Zahlung eines wie vorstehend zu berechnenden Anteils des Verkehrswertes des Vermögensgegenstandes, des Rechtes oder des sonstigen Vermögensvorteils, den der Anspruchsinhaber durch die Rechtsverfolgung, etwa auch durch eine Feststellung, erlangt. Besteht der Vorteil des Anspruchsinhabers ganz oder teilweise darin, dass er von Gegenansprüchen befreit wird, so ist dieser Wert zu ermitteln und entsprechend der Erlösquote an die FORIS AG zu vergüten.

FORIS AG
Kurt-Schumacher-Str. 18 – 20
53113 Bonn
Deutschland
Telefon: +49 228 95750-50
Telefax: +49 228 95750-57
info@foris.de
foris-prozessfinanzierung.de

FORIS
finanziert Prozesse.

Mustervertrag FORIS Prozessfinanzierung
Seite 7

Hängt eine den Erlös bildende Leistung – z.B. Zug um Zug – von einer vom Anspruchsinhaber zu erbringenden Leistung ab, mindert die vom Anspruchsinhaber zu erbringende Leistung nicht den Erlös und wird auch nicht ihrem Werte nach vom Erlös abgezogen. Der Anspruchsinhaber ist verpflichtet, für den Fall, dass die Vollstreckung von einer von ihm zu erbringenden Leistung abhängig ist, diese Leistung zu erbringen.

Besteht der Erlös darin, dass der Anspruchsinhaber anstelle des streitigen Anspruchs ein anderes Recht oder eine andere Forderung erhält, so kann die FORIS AG verlangen, dass ihr dieses Recht oder diese Forderung in dem Verhältnis übertragen wird, mit dem sie bei einer Verwirklichung des Rechts oder des Anspruches nach Maßgabe der vorstehenden Absätze daran beteiligt wäre.

Stellt sich als Ergebnis der Auseinandersetzung heraus, dass die Ansprüche gegen einen Dritten geltend zu machen sind, so wird die FORIS AG auch an diesem Erlös beteiligt, soweit der Dritte in Folge des Ergebnisses freiwillig leistet. Bedarf es der außergerichtlichen oder gerichtlichen Geltendmachung, so ist die FORIS AG berechtigt, auch diese Anspruchsverfolgung unter Einbeziehung der bisherig getragenen Kosten in die Erlösverteilung zu finanzieren. Der Anspruchsinhaber verpflichtet sich, der FORIS AG ein, diesem Vertragsinhalt entsprechendes, Prozessfinanzierungsangebot zu unterbreiten.

4.4 Zu dem Erlös im Sinne dieses Vertrages zählen beispielsweise:

- jede Leistung auf die oder infolge der Geltendmachung der streitigen Ansprüche einschließlich Zinsen und Mehrwertsteuer, gleich ob diese durch den Anspruchsgegner oder einen Dritten erfolgt
- jeder unmittelbare Vermögensvorteil, auch die Befreiung von einer Verbindlichkeit, der dem Anspruchsinhaber dadurch entsteht oder den er als Gegenleistung dafür erhält, dass er über die streitigen Ansprüche verfügt oder dass diese in anderer Weise erlöschen, z.B. durch Aufrechnung
- jede Leistung auf Ansprüche, die im Zusammenhang mit der Rechtsverfolgung selbst stehen, z.B. Kostenerstattungsansprüche, Schadenersatzansprüche, Ersatzansprüche oder Versicherungsleistungen für den Verlust der streitigen Ansprüche
- Ansprüche oder Gegenstände, die im Rahmen eines etwaigen Vergleichs mit den Verfahrensgegnern oder Dritten an Stelle der streitigen Ansprüche, erfüllungshalber oder an Erfüllungs Statt geleistet werden
- Ansprüche auf Schadensersatz wegen nicht oder nicht rechtzeitig erfolgter Erfüllung der streitigen Ansprüche
- solche wirtschaftlichen oder rechtlichen Vorteile, die im Zusammenhang mit der Rechtsverfolgung nicht dem Anspruchsinhaber selbst, sondern einem von ihm beherrschten, ihm konzernverbundenen oder nahestehenden Dritten zugutekommen.

FORIS AG Kurt-Schumacher-Str. 18 – 20 53113 Bonn Deutschland Telefon: +49 228 95750-50 Telefax: +49 228 95750-57 info@foris.de foris-prozessfinanzierung.de

FORIS
finanziert Prozesse.

4.5 Der Anspruch der FORIS AG auf Erlösauskehr ist fällig, sobald der Erlös oder ein sonstiger Vermögensvorteil dem Anspruchsinhaber zufließt oder zusteht. Besteht der Erlös darin, dass der Anspruchsinhaber von einer Verbindlichkeit befreit wird, ist auf die Wirksamkeit der Befreiung abzustellen.

4.6 Der Anspruchsinhaber ist auf Verlangen der FORIS AG verpflichtet, Auskunft darüber zu geben, ob und in welchem Umfang ihm Erlöse der in Abschnitt 4.3/4.4 genannten Art zugeflossen sind oder Werte bestehen. Er ist weiter verpflichtet, einem von der FORIS AG beauftragten Rechtsanwalt, Steuerberater, Wirtschaftsprüfer oder vereidigten Buchprüfer Einsicht in sämtliche Unterlagen zu gestatten, die Aufschluss über Tatsache und Umfang der Erlöse geben können. Handelt es sich bei den Erlösen der Rechtsverfolgung um solche wirtschaftlichen oder rechtlichen Vorteile, die im Zusammenhang mit der Rechtsverfolgung nicht dem Anspruchsinhaber selbst, sondern einem von ihm beherrschten, ihm konzernverbundenen oder nahestehenden Dritten zugutekommen, steht der Anspruchsinhaber dafür ein, dass der Dritte im gleichen Umfang wie er selbst den Auskunfts- und Einsichtsansprüchen der FORIS AG nachkommt.

4.7 Gegenüber dem Anspruch der FORIS AG auf Erlösauskehr darf der Anspruchsinhaber nur mit solchen Ansprüchen aufrechnen oder ein Zurückbehaltungsrecht ausüben, die sich aus diesem Vertrag unmittelbar ergeben und die unbestritten oder die rechtskräftig festgestellt sind.

4.8 Ist der Anspruchsinhaber verpflichtet, die auf die Klagesumme anfallende Umsatzsteuer zu entrichten, so ist die FORIS AG berechtigt, aufgrund der zu ihren Lasten etwaig bestehenden Sekundärhaftung gemäß § 13c UStG, diesen Betrag aus dem Erlös des Anspruchsinhabers bis zum Nachweis der Entrichtung durch den Anspruchsinhaber einzufordern und soweit der Nachweis nicht erfolgt, unmittelbar auf die Steuerschuld an den Fiskus abzuführen. Der zu berechnende Erlösanteil der FORIS AG, der aus der Bruttosumme zu berechnen ist, wird durch die vorgenannte Auskehr nicht geschmälert.

5. Abtretung der streitigen Ansprüche

5.1 Die Parteien dieses Vertrages sind sich darüber einig, dass die streitigen Ansprüche einer treuhänderischen Bindung zu Gunsten der Innengesellschaft und der Vertragsparteien unmittelbar unterliegen. Zur ergänzenden Absicherung dieser vermögensrechtlichen Bindung vereinbaren die Parteien, was folgt:

5.2 Zur Sicherheit für sämtliche Ansprüche der FORIS AG (siehe oben Abschnitt 4 dieses Vertrages) aus und im Zusammenhang mit diesem Vertrag tritt der Anspruchsinhaber die streitigen Ansprüche sowie seine sämtlichen Ansprüche auf Verfahrenskostenerstattung gegen den Anspruchsgegner und/oder Dritte an die FORIS AG ab. Mit abgetreten werden sämtliche der in Abschnitt 4.3 genannten Rechte und Ansprüche.

Ebenfalls mitabgetreten werden sämtliche mit den abgetretenen Forderungen und Rechten in Zusammenhang stehenden nicht akzessorischen Sicherungsrechte, Vorzugs-, Neben- und

Gestaltungsrechte. Soweit Ansprüche nicht dem Anspruchsinhaber selbst, sondern einem von ihm beherrschten, ihm konzernverbundenen oder nahestehenden Dritten zustehen und diese auf den Bestand der streitigen Ansprüche Einfluss haben, so steht der Anspruchsinhaber dafür ein, dass auch diese Dritten ihre Ansprüche in dem nämlichen Umfang an die FORIS AG abtreten.

Der Anspruchsinhaber verpflichtet sich, auf Verlangen der FORIS AG die Abtretung auch zu erweitern, soweit sich im Verlaufe des Verfahrens herausstellt, dass die zu verfolgenden Ansprüche umfangreicher sind, als in der ursprünglichen Abtretung dargelegt und die Prozessfinanzierung sich auch auf diese erstreckt.

5.3 Der Anspruchsinhaber verpflichtet sich, auf Verlangen der FORIS AG die Abtretung in separater Urkunde zu wiederholen.

5.4 Die FORIS AG verpflichtet sich, die abgetretenen Ansprüche zurück abzutreten, soweit sie kein Sicherungsinteresse mehr hat und die Erlösverteilung abgeschlossen ist.

5.5 Die an die FORIS AG abgetretenen Ansprüche unterliegen bei ihr derselben treuhänderischen Bindung und derselben Bindung, wie beim Anspruchsinhaber. Auch die FORIS AG ist ausschließlich berechtigt, über die streitigen Ansprüche nach Maßgabe dieses Vertrages zu verfügen.

5.6 Die Abtretung erfolgt ohne Gewährleistung für den Bestand und/oder die Werthaltigkeit des abgetretenen Rechts. Der Anspruchsinhaber gewährleistet lediglich, dass seine Erklärungen in Abschnitt 1 dieser Vereinbarung zutreffen.

5.7 Die Abtretung soll im Prozess nach Möglichkeit nicht offengelegt werden. Der Anspruchsinhaber wird daher die streitigen Ansprüche nach Abtretung an die FORIS AG treuhänderisch für diese weiter verfolgen. Solange die Abtretung nicht offengelegt ist, wird der Anspruchsinhaber nur unter Beachtung der vermögensrechtlichen Bindung nach diesem Vertrag sowie außerdem nur in der Weise die Forderung einziehen oder über sie verfügen, dass er Zahlung zu Händen seines Anwaltes, auf Wunsch der FORIS AG auch bereits im Klageantrag, verlangt.

Der Anspruchsinhaber weist hiermit seinen Anwalt unwiderruflich an, aus den bei diesem eingegangenen Beträgen der FORIS AG sowohl die von dieser verauslagten Kosten, als auch den der FORIS AG zustehenden Erlösanteil sowie die seitens des Anspruchsinhabers zu entrichtende Mehrwertsteuer an diese unmittelbar und zwar auf erstes Anfordern auszuzahlen. Die Auskehr in Höhe der Mehrwertsteuer entfällt, soweit der Nachweis der unmittelbaren Entrichtung erfolgt (4.8). Für den Fall, dass die FORIS AG eine Sicherheit zum Zwecke der Zwangsvollstreckung stellt oder stellen lässt, sind die aus der Zwangsvollstreckung erzielten Beträge in voller Höhe an die FORIS AG oder den Sicherheitsgeber abzuführen und dort zu belassen, bis die Sicherheit zurückgegeben ist.

5.8 Unabhängig von Vorstehendem ist die FORIS AG berechtigt, das Treuhandverhältnis durch Anzeige der Abtretung gegenüber den Anspruchsgegnern offen zu legen. Die Offenlegung wird die FORIS AG dem Anspruchsinhaber unverzüglich mitteilen. Der Anspruchsinhaber ist verpflichtet, bei Offenlegung des Treuhandverhältnisses allen Weisungen der FORIS AG zur weiteren Rechtsverfolgung Folge zu leisten, alle Rechtshandlungen förmlicher Art auf erstes Anfordern der FORIS AG unverzüglich vorzunehmen, die zu einer Übertragung der abgetretenen Rechte auf die FORIS AG etwa noch erforderlich sein sollten.

5.9 Sobald und soweit die FORIS AG aufgrund der erfolgten und offen gelegten Abtretung die streitigen Ansprüche einzieht, ist sie dem Anspruchsinhaber gegenüber verpflichtet, die Erlösverteilung ausschließlich nach den Bestimmungen dieses Vertrages vorzunehmen und erhaltene Beträge nach Abzug des der FORIS AG zustehenden Kostenerstattungs- und Erlösanteils unverzüglich auszukehren. Steht der der FORIS AG zustehende Anteil noch nicht abschließend fest, z.B. wenn das Urteil noch nicht rechtskräftig ist, so kann sie einen Sicherheitseinbehalt in angemessener Höhe vornehmen.

5.10 Die FORIS AG nimmt mit Annahme des Vertragsangebotes die Abtretung an.

6. Pflichten des Anspruchsinhabers

6.1 Der Anspruchsinhaber ist verpflichtet, sämtliche zur Durchsetzung der streitigen Ansprüche geeigneten und sinnvollen Handlungen mit der Sorgfalt eines ordentlichen Kaufmanns vorzunehmen. Hierbei hat er auf eine **sparsame und wirtschaftliche Prozessführung** zu achten. Unter mehreren möglichen Verfahrensarten ist jeweilig diejenige zu wählen, die die geringsten Prozesskosten und -risiken verursacht.

6.2 Der Anspruchsinhaber ist insbesondere verpflichtet, seiner gesetzlichen **Prozessförderungspflicht** nachzukommen und seine Prozessbevollmächtigten rechtzeitig und umfassend zu informieren.

6.3 Wird der Anspruch im Wege eines Schiedsverfahrens verfolgt, ist der Anspruchsinhaber verpflichtet zu beantragen, dass die Parteien bei den mündlichen Verhandlungen bis zu drei Personen ihres Vertrauens neben ihren Prozessbevollmächtigten hinzuziehen können, um damit der FORIS AG die Möglichkeit zu geben, am Verfahren teilzunehmen.

6.4 Zum Abschluss eines unwiderruflichen **Vergleiches**, zum **Widerruf** eines mit Zustimmung der FORIS AG geschlossenen Vergleiches, zu einem **Verzicht** auf den Anspruch oder Teile des Anspruches, zu einer **Klagerücknahme** oder zu einer **sonstigen Verfügung** über die streitigen Ansprüche ist der Anspruchsinhaber nur mit vorheriger **Zustimmung der FORIS AG** berechtigt. Der Anspruchsinhaber weist seine Prozessbevollmächtigten hiermit unwiderruflich an, entsprechend zu verfahren.

6.5 Verfügt der Anspruchsinhaber entgegen der Bestimmung in Abschnitt 6.4 über die streitigen Ansprüche, so hat er die FORIS AG so zu stellen, als seien die streitigen Ansprüche in voller Höhe realisiert worden, es sei denn, er weist nach, dass der Erlös der Rechtsverfolgung ohne die vertragswidrige Verfügung geringer gewesen wäre. Der Anspruchsinhaber ist in jedem Fall einer Verfügung nach Satz 1 unabhängig von weitergehenden Ansprüchen der

FORIS AG verpflichtet, dieser sämtliche im Rahmen dieses Vertrages aufgewandten Kosten zu erstatten.

6.6 Der Anspruchsinhaber entbindet hiermit seine Prozessbevollmächtigten unwiderruflich von der Schweigepflicht, soweit es Informationen an die FORIS AG über die streitigen Ansprüche sowie deren Beurteilung und Durchsetzung betrifft.

6.7 Der Anspruchsinhaber beauftragt seine Prozessbevollmächtigten hiermit, die FORIS AG stets zeitnah über den Gang des Verfahrens auf dem Laufenden zu halten und der FORIS AG alle wesentlichen Prozessunterlagen unaufgefordert zuzusenden.

Unabhängig davon ist er auch selbst verpflichtet, die FORIS AG unaufgefordert und unverzüglich über sämtliche Umstände zu informieren, die für die Beurteilung und/oder die Durchsetzung der streitigen Ansprüche von Bedeutung sein können, insbesondere über Verhandlungen, die er beabsichtigt, mit dem Anspruchsgegner zu führen oder Verhandlung die der Anspruchsgegner führen möchte, ebenso wie etwaige Angebote, die von diesem unterbreitet worden sind. Die Verpflichtung der FORIS AG zur Zahlung sämtlicher Prozesskosten entfällt, soweit der Anspruchsinhaber die FORIS AG nicht im Voraus über solche Tatsachen oder Umstände informiert hat, die zum Entstehen oder zur Erhöhung von Prozesskosten oder Prozessrisiken führen.

6.8 Der Anspruchsinhaber erteilt in gesonderter Urkunde den von der FORIS AG benannten Mitarbeitern oder Rechtsanwälten Vollmacht, die die streitigen Ansprüche betreffenden oder mit ihnen im Zusammenhang stehenden Gerichts- oder Behördenakten einzusehen und sich hieraus Ablichtungen oder Abschriften anzufertigen oder anfertigen zu lassen. Mit Beendigung und vollständiger Abwicklung des Vertragsverhältnisses zwischen dem Anspruchsinhaber und der FORIS AG erlischt die Vollmacht.

6.9 Der Anspruchsinhaber steht dafür ein, dass die von ihm beherrschten, ihm konzernverbundenen oder nahestehenden Dritten die Rechtsverfolgung nach Maßgabe der vorstehenden Bestimmungen unterstützen.

6.10 Der Anspruchsinhaber verzichtet auf ein eventuelles Recht, der FORIS AG in einem von ihr finanzierten Rechtsstreit den Streit zu verkünden.

7. Einschätzung der Erfolgsaussichten

7.1 Die FORIS AG ist nicht verpflichtet, die Verfolgung der streitigen Ansprüche weiter zu finanzieren, wenn dieser keine weit überwiegende Erfolgsaussicht mehr beizumessen ist. Ohne Beschränkung darauf ist dies dann der Fall, wenn im Lauf des Verfahrens Umstände eintreten oder bekannt werden, aufgrund derer die FORIS AG das Prozessrisiko anders bewertet als bei Vertragsabschluss. Beispielsweise genannt seien: Gerichts- oder Behördenentscheidungen, die die streitigen oder vergleichbare Ansprüche ganz oder teilweise ablehnen; bisher der FORIS AG nicht bekannte Umstände oder Tatsachen; neue Rechtsprechung oder Rechtsnormen; der Wegfall von Beweismöglichkeiten oder eine negativ verlaufende Beweisaufnahme; Verschlechterung der Vermögensverhältnisse des Anspruchsgegners.

7.2 Die FORIS AG ist auch berechtigt, die künftige Finanzierung auf einen Teil der Ansprüche zu beschränken. Der Erlösanteil der FORIS AG errechnet sich im Fall der endgültigen Beschränkung nach dem durch die FORIS AG finanzierten, reduzierten Streitwert.

7.3 Lehnt die FORIS AG die weitere Finanzierung der Rechtsverfolgung ab oder beschränkt sie sie gemäß der Bestimmung in Abschnitt 7.2, so hat sie dies dem Anspruchsinhaber schriftlich mitzuteilen. Die bis zu der Mitteilung angefallenen oder dem Grunde nach bereits entstandenen Kosten trägt die FORIS AG bis zu der Höhe, wie sie bei einer sofortigen, möglichst kostengünstigen Beendigung bzw. teilweisen Beendigung des Verfahrens angefallen wären. Der Anspruchsinhaber kann die streitigen Ansprüche, soweit die FORIS AG deren Rechtsverfolgung endgültig nicht mehr finanziert, auf eigene Kosten weiter verfolgen. Sollte der Anspruchsinhaber diese Ansprüche sodann doch noch realisieren, ist er lediglich verpflichtet, der FORIS AG die von dieser diesbezüglich aufgewandten Kosten aus dem Erlös zu erstatten. Der Anspruchsinhaber hat die FORIS AG fortlaufend über den weiteren Fortgang des von ihm selbst weiter finanzierten Verfahrens zu informieren und nach endgültiger Beendigung des Verfahrens eine vollständige Kosten- und Erlösabrechnung zu erstellen und die entsprechenden Kostenfestsetzungsbeschlüsse zu übersenden. Im Übrigen sind die Bestimmungen in Abschnitt 4.6 dieses Vertrages entsprechend anzuwenden.

7.4 Etwa bestehende gesetzliche Rechte der FORIS AG zur Beendigung des Vertrages bleiben hiervon unberührt.

8. Vergleichsvorschlag durch Gericht oder Gegenseite

8.1 Schlagen Gericht oder Gegenseite einen Vergleich vor, so werden sich der Anspruchsinhaber, vertreten durch seinen Anwalt und die FORIS AG über Vor- und Nachteile sowie die weiteren Risiken einer streitigen Auseinandersetzung gemeinsam beraten und versuchen, einen Konsens zu erzielen.

8.2 Treffen die Beteiligten über die Frage der Annahme eines vorgeschlagenen und vom Prozessgegner akzeptierten Vergleichsangebotes keine einstimmige Entscheidung, so ist wie folgt zu verfahren:

- Hält der Anspruchsinhaber den Abschluss des Vergleichs für wünschenswert, so ist die FORIS AG dann, wenn diese den Prozess durch den Anspruchsinhaber fortgesetzt sehen möchte, verpflichtet, mit diesem so abzurechnen, als wäre der Vergleich, einschließlich entsprechender Zahlungen, abgeschlossen worden. Der Prozess wird dann fortgesetzt. Das weitere wirtschaftliche Risiko trägt in diesem Fall die FORIS AG allein.

- Hält die FORIS AG den Abschluss des Vergleichs für wünschenswert, so ist der Anspruchsinhaber dann, wenn er den Prozess fortgesetzt sehen möchte, verpflichtet, mit der FORIS AG so abzurechnen, als wäre der Vergleich, einschließlich entsprechender Zahlungen, abgeschlossen worden. Der Prozess wird dann fortgesetzt. Das weitere wirtschaftliche Risiko trägt in diesem Fall der Anspruchsinhaber allein.

FORIS
finanziert Prozesse.

- Werden dem Anspruchsinhaber bei weiterer Fortsetzung des Verfahrens im Ergebnis mehr Kosten erstattet, als er an erstattungsfähigen Kosten getragen hat, so ist die überschießende Kostenerstattung an die FORIS AG auszukehren. Bezüglich der Informationspflichten wird auf Abschnitt 7.3 verwiesen.

8.3 Zum Abschluss eines Vergleiches über die streitigen Ansprüche ist der Anspruchsinhaber in jedem Fall nur mit Zustimmung der FORIS AG berechtigt. Gleiches gilt für den Widerruf eines Vergleiches, der mit Zustimmung der FORIS AG geschlossen worden ist.

9. Beendigung des Vertragsverhältnisses und Kündigung durch den Anspruchsinhaber

9.1 Außer in dem in Abschnitt 8 dieses Vertrages genannten Fall ist der Anspruchsinhaber nur aus wichtigem Grund berechtigt, diesen Vertrag zu kündigen. Einen solchen wichtigen Grund stellt es nicht dar, wenn der Anspruchsinhaber nach Abschluss dieses Vertrages Prozesskostenhilfe erhält oder sich die Erfolgsaussichten der Geltendmachung der streitigen Ansprüche oder die Bereitschaft oder Fähigkeit des Anspruchsinhabers, den Prozess auf eigenes Risiko zu führen, gegenüber der Situation bei Abschluss dieses Vertrages verbessern.

9.2 Der Prozessfinanzierungsvertrag endet ohne Auseinandersetzung mit endgültiger rechtskräftiger Abweisung der streitigen Ansprüche. Die Regelungen unter Ziff. 7 bleiben hiervon unberührt.

9.3 Die Innengesellschaft wird durch die Eröffnung eines Insolvenz- oder eines in den rechtlichen Wirkungen einem deutschen Insolvenzverfahren vergleichbaren Verfahrens beendet, ohne dass hierdurch bereits eine Vollbeendigung eintritt. Die Abwicklung der Innengesellschaft erfolgt ausschließlich nach den Bestimmungen dieses Vertrages und nach Gesellschaftsrecht. Der Gesellschafter, über dessen Vermögen das Insolvenz- oder vergleichbare Verfahren eröffnet ist, scheidet aus der Gesellschaft aus. Eine Erledigung des Gesellschaftszwecks tritt hierdurch nicht ein. Die Innengesellschaft wird als Liquidationsvermögen für Rechnung des verbleibenden und des insolventen Gesellschafters bis zur Erreichung oder Erledigung des Gesellschaftszwecks nach den Bestimmungen dieses Vertrages und des Gesellschaftsrechts durch den verbleibenden Gesellschafter fortgesetzt.

Scheidet der Anspruchsinhaber infolge Insolvenz aus der Gesellschaft aus, legt die FORIS AG die Abtretung offen und tritt als Liquidator für das Liquidationsvermögen an die Stelle des Außengesellschafters. Die FORIS AG verfolgt die streitigen Ansprüche in diesem Fall in eigenem Namen für Rechnung der vormaligen Gesellschaft und des Liquidationsvermögens weiter.

9.4 Beim Tod des Anspruchsinhabers gehen seine Rechte und Pflichten aus diesem Vertragsverhältnis auf seine Erben über. Die Gesellschaft wird nicht beendet, sondern mit den Erben fortgesetzt. Sofern ein Austritt der Erben gesetzlich zulässig sein sollte und erfolgt, wird das Vertragsverhältnis mit den verbleibenden Erben fortgesetzt. Verbleibt allein die FORIS AG als Beteiligte, gilt vorstehende Ziff. 9.3 entsprechend.

FORIS AG Kurt-Schumacher-Str. 18 – 20 53113 Bonn Deutschland Telefon: +49 228 95750-50 Telefax: +49 228 95750-57 info@foris.de foris-prozessfinanzierung.de

FORIS
finanziert Prozesse.

10. Sonstiges

10.1 Bei Streit zwischen den Parteien über Wirksamkeit und Inhalt sowie Rechte aus und im Zusammenhang mit diesem Vertrag wird – soweit zulässig – Bonn als Gerichtsstand vereinbart. Das Gleiche gilt für den Fall, dass die im Klageweg in Anspruch zu nehmende Partei keinen allgemeinen Gerichtsstand in Deutschland hat, nach Vertragsschluss ihren Wohnsitz oder gewöhnlichen Aufenthaltsort außerhalb von Deutschland verlegt oder ihr Wohnsitz oder gewöhnlicher Aufenthaltsort im Zeitpunkt der Klageerhebung nicht bekannt ist.

10.2 Der Anspruchsinhaber ermächtigt hiermit seinen Prozessbevollmächtigten, Erklärungen der FORIS AG im Zusammenhang mit diesem Vertrag für ihn entgegenzunehmen.

10.3 Die Parteien werden ihre Unterschriften unter dieser Vereinbarung notariell beglaubigen oder anerkennen, wenn eine der Parteien dies verlangt und die Kosten hierfür zahlt.

10.4 Die Rechte und Pflichten der Parteien sind abschließend in diesem Vertrag niedergelegt. Keine der Parteien kann über diesen Vertrag hinaus Ansprüche gegen die jeweils andere, etwa aus vorangegangenen Verhandlungen, geltend machen. Es obliegt jeder Partei, dafür Sorge zu tragen, dass alle aus ihrer Sicht relevanten Punkte in diesem Vertrag geregelt sind. Nebenabreden wurden zu diesem Vertrag nicht getroffen.

10.5 Sollte eine der Bestimmungen dieses Vertrages ganz oder teilweise nichtig, anfechtbar oder unwirksam sein oder werden, so bleiben davon die übrigen Bestimmungen dieses Vertrages unberührt. Die nichtige, anfechtbare oder unwirksame Bestimmung oder der jeweilige Teil von ihr soll durch eine wirksame ersetzt werden, die den wirtschaftlichen Interessen der Parteien am nächsten kommt. Dies gilt entsprechend im Falle einer Vertragslücke.

10.6 Änderungen und/oder Ergänzungen dieses Vertrages bedürfen der Schriftform. Das gilt auch für das Schriftformerfordernis selbst. Dieses kann nicht durch mündliche Vereinbarung abbedungen werden („zementierte Schriftform"). Sämtliche Änderungen dieses Vertrages können, soweit nicht dieser Vertrag ausdrücklich etwas anderes vorsieht, nur einstimmig getroffen werden.

______________________	______________________
Ort, Datum	*Anspruchsinhaber*
Bonn, ______________________	______________________
Ort, Datum	*FORIS AG*

FORIS AG
Kurt-Schumacher-Str. 18 – 20
53113 Bonn
Deutschland
Telefon: +49 228 95750-50
Telefax: +49 228 95750-57
info@foris.de
foris-prozessfinanzierung.de

FORIS
finanziert Prozesse.

Mustervertrag FORIS Prozessfinanzierung
Seite 15

Abtretungserklärung

Anspruchsinhaber: [...]
(im Folgenden: „der Anspruchsinhaber", auch wenn es sich um mehrere Personen handelt)

ist der Auffassung, die nachfolgend bezeichneten Ansprüche (im Folgenden: „die streitigen Ansprüche") zu haben:

Anspruchsgegner: [...]

Inhalt des Anspruches: [...]

Dies vorausgeschickt, tritt der Anspruchsinhaber hiermit seine vorbezeichneten Ansprüche ab an die

FORIS AG
Kurt-Schumacher-Str. 18-20
53113 Bonn
(nachfolgend: „die FORIS AG")

Mit abgetreten sind solche Ansprüche des Anspruchsinhabers, die etwa an die Stelle der streitigen Ansprüche getreten sind oder noch treten werden, insbesondere, aber ohne Beschränkung darauf, Schadenersatzansprüche für den Verlust der streitigen Ansprüche, Versicherungsleistungen oder solche Ansprüche oder Gegenstände, die im Rahmen eines etwaigen Vergleichs mit den Verfahrensgegnern durch diese an Stelle der streitigen Ansprüche, erfüllungshalber oder an Erfüllungs Statt geleistet werden sowie Ansprüche auf Schadenersatz wegen nicht oder nicht rechtzeitig erfolgter Erfüllung der streitigen Ansprüche.

Ebenfalls mit abgetreten sind sämtliche mit den abgetretenen Ansprüchen in Zusammenhang stehende Ansprüche und Rechte, insbesondere nicht akzessorische Sicherungsrechte, Vorzugs-, Neben- und Gestaltungsrechte sowie sämtliche Ansprüche auf Erstattung von Kosten und Zinsen im Zusammenhang mit der gerichtlichen oder außergerichtlichen Geltendmachung der abgetretenen Ansprüche.

Der Anspruchsinhaber wird, solange die Abtretung nicht offengelegt ist, die abgetretenen Ansprü che treuhänderisch für die FORIS AG weiter halten und nach deren Weisungen einziehen. Die FORIS AG ist jedoch jederzeit berechtigt, das Treuhandverhältnis durch Anzeige der Abtretung gegenüber den Anspruchsgegnern offen zu legen und wahlweise auch zu beenden.

Für den Fall der Eröffnung des Insolvenz- oder Gesamtvollstreckungsverfahrens über das Vermögen des Anspruchsinhabers entfällt die mit der Abtretung vereinbarte Sicherungsabrede. Die FORIS AG bleibt Inhaberin dieser Forderung. Sie ist berechtigt, den begonnenen oder in Aussicht stehenden

FORIS AG
Kurt-Schumacher-Str. 18 – 20
53113 Bonn
Deutschland
Telefon: +49 228 95750-50
Telefax: +49 228 95750-57
info@foris.de
foris-prozessfinanzierung.de

FORIS
finanziert Prozesse.

Rechtsstreit weiter zu führen und Zahlung an sich zu verlangen. Im Gegenzug verpflichtet sich die FORIS AG, einen eventuell erstrittenen Betrag unter Abzug der Kosten und Erlösbeteiligung, wie im Prozessfinanzierungsvertrag vereinbart, an die Masse, bzw. nach Beendigung des Insolvenz- oder Gesamtvollstreckungsverfahrens an den Anspruchsinhaber persönlich auszukehren.

Die FORIS AG nimmt die Abtretung an. Der Anspruchsinhaber verzichtet auf den Zugang der Annahmeerklärung als Wirksamkeitsvoraussetzung.

Ort, Datum	*Anspruchsinhaber*
Bonn, *Ort, Datum*	*FORIS AG*

FORIS AG
Kurt-Schumacher-Str. 18 – 20
53113 Bonn
Deutschland
Telefon: +49 228 95750-50
Telefax: +49 228 95750-57
info@foris.de
foris-prozessfinanzierung.de

Anhang 3: Mustervertrag LEGIAL AG

PROZESSFINANZIERUNGSVERTRAG

zwischen

der

LEGIAL AG
Thomas-Dehler-Straße 9
81737 München

– nachfolgend "LEGIAL" genannt –

und

[Name Anspruchsberechtigter]
[Straße Anspruchsberechtigter]
[PLZ, Ort Anspruchsberechtigter]

- nachfolgend auch bei mehreren Personen "ANSPRUCHSINHABER" genannt -

INHALTSÜBERSICHT Seite

Anlagen:
Abtretungsvereinbarung und Vollmacht
Anweisung

3-A-Muster-Vertrag-01.01.2012

Präambel

Gegenstand dieses Vertrages ist die Übernahme des Kostenrisikos des ANSPRUCHSINHABERS für die außergerichtliche und gerichtliche Durchsetzung der STREITIGEN ANSPRÜCHE einschließlich etwa notwendiger Zwangsvollstreckungsmaßnahmen durch die LEGIAL nach Maßgabe der nachfolgenden Vertragsbestimmungen.

1. Die STREITIGEN ANSPRÜCHE sind diejenigen Ansprüche, die in der Vorkorrespondenz zu diesem Vertrag und insbesondere in dem von der LEGIAL zur Einreichung bei Gericht gebilligten Klageentwurf unter ausführlicher Darlegung des aus seiner Sicht maßgeblichen Lebenssachverhaltes im Einzelnen beschrieben hat.

2. Beiden Parteien ist bewusst, dass im Rahmen der außergerichtlichen und gerichtlichen Durchsetzung der STREITIGEN ANSPRÜCHE ein enges und vertrauliches Zusammenwirken und die wechselseitige Verpflichtung zu laufender Information Voraussetzung für einen Erfolg der gemeinsamen Bemühungen ist.

3. Dem ANSPRUCHSINHABER ist bekannt, dass er ggf. die außergerichtliche oder gerichtliche Durchsetzung seiner Ansprüche auch durch Inanspruchnahme von Beratungs- oder Prozesskostenhilfe sicherstellen könnte.

4. Rechtsberatung ist nicht Gegenstand dieses Vertrages.

Der ANSPRUCHSINHABER gibt nachstehendes

Angebot

zum Abschluss eines Prozessfinanzierungsvertrages ab.

Der ANSPRUCHSINHABER ist an dieses Angebot ab dem Zeitpunkt des Zugangs bei der LEGIAL gebunden. Die Angebotsbindung erlischt, sobald der ANSPRUCHSINHABER sein Angebot durch schriftliche Erklärung gegenüber der LEGIAL widerruft. Innerhalb der ersten drei Wochen ab Zugang des Angebots bei der LEGIAL ist der Widerruf ausgeschlossen. Eines Widerrufs bedarf es nicht, wenn die LEGIAL dem ANSPRUCHSINHABER mitteilt, dass sie das Angebot nicht annehmen wird.

§ 1 Erklärungen des ANSPRUCHSINHABERS

Der ANSPRUCHSINHABER versichert hiermit, dass

1. alle in den „Angaben zur Prüfung einer Prozessfinanzierung" zu diesem Vertrag enthaltenen Erklärungen richtig und vollständig sind;

2. ihm keine Tatsachen bekannt sind, die der Rechtswirksamkeit oder Durchsetzbarkeit der STREITIGEN ANSPRÜCHE entgegenstehen könnten, insbesondere aufrechenbare Gegenforderungen, Zurückbehaltungs- oder sonstige Gegenrechte, soweit sie in den „Angaben zur Prüfung einer Prozessfinanzierung" nicht ausdrücklich aufgeführt sind;

3. er ohne Einschränkungen über die STREITIGEN ANSPRÜCHE verfügungsberechtigt ist, dass sie insbesondere nicht an Dritte abgetreten, verpfändet oder von Dritten gepfändet oder sonst mit Rechten Dritter belastet sind;

4. hinsichtlich der STREITIGEN ANSPRÜCHE kein Abtretungsverbot vereinbart ist und die Abtretung der STREITIGEN ANSPRÜCHE nicht von der Zustimmung eines Dritten abhängt;

5. die Unterlagen, die er selbst oder über den von ihm beauftragten Rechtsanwalt der LEGIAL übergeben hat, den Sachverhalt wahrheitsgemäß und vollständig wiedergeben;

6. zwischen ihm und dem Anspruchsgegner kein anderer Rechtsstreit anhängig ist, war oder zu erwarten ist, der die STREITIGEN ANSPRÜCHE berühren könnte;

7. kein vollstreckbarer Titel gegen ihn besteht, aus dem die Zwangsvollstreckung droht;

8. er dem von ihm beauftragten Rechtsanwalt Prozessvollmacht sowie Vertretungsmacht im Zusammenhang mit der Durchführung dieses Prozessfinanzierungsvertrages erteilt hat.

9. Der ANSPRUCHSINHABER erteilt hiermit dem von ihm beauftragten Rechtsanwalt die Vertretungsmacht, Erklärungen der LEGIAL bezüglich des Prozessfinanzierungsvertrages entgegenzunehmen.

10. Er erteilt hiermit auch dem von ihm beauftragten Rechtsanwalt Geldempfangsvollmacht.

11. Der ANSPRUCHSINHABER garantiert selbständig, dass alle vorgenannten Ansprüche und Rechte, die nicht ihm selbst, sondern von ihm beherrschten, ihm konzernverbundenen oder nahestehenden Dritten zustehen, durch diese Dritten an die LEGIAL abgetreten werden, soweit diese Ansprüche und Rechte auf den Bestand der STREITIGEN ANSPRÜCHE Einfluss haben oder für deren außergerichtliche oder gerichtliche Durchsetzung erforderlich oder dienlich sind.

§ 2 Finanzierungsprüfung

1. Kostenlose Prüfung

Die LEGIAL prüft kostenlos, ob sie das Kostenrisiko für die Durchsetzung der STREITIGEN ANSPRÜCHE übernehmen will. Die Prüfung wird die LEGIAL in dem aus ihrer Sicht erforderlichen Umfang selbst oder unter Beauftragung weiterer, rechts- und sachkundiger Personen (z.B. Rechtsanwälte, Steuerberater, Wirtschaftsprüfer, Sachverständige, nachfolgend die "PRÜFER" genannt) durchführen. Die LEGIAL wird die Angelegenheit vertraulich behandeln und die PRÜFER zur Verschwiegenheit verpflichten, soweit diese nicht ohnehin einer gesetzlichen Verschwiegenheitspflicht unterliegen. Die Prüfung dient ausschließlich der Finanzierungsentscheidung der LEGIAL Eine rechtliche Beratung des ANSPRUCHSINHABERS findet nicht statt.

2. Auskünfte Dritter

Der ANSPRUCHSINHABER ist damit einverstanden, dass die LEGIAL oder die PRÜFER gegebenenfalls bei Dritten Auskünfte zu Sach- und Rechtsfragen einholen, die mit den STREITIGEN ANSPRÜCHEN in Zusammenhang stehen, und befreit diese Dritten von etwa bestehenden Schweigepflichten. Der ANSPRUCHSINHABER bevollmächtigt mit der in der Anlage enthaltenen Vollmacht die LEGIAL und die PRÜFER, alle erforderlichen und zweckdienlichen Auskünfte bei Dritten einzuholen sowie die STREITIGEN ANSPRÜCHE betreffenden oder mit ihnen in Zusammenhang stehenden Gerichts- und Behördenakten einzusehen und sich daraus Ablichtungen oder Abschriften anzufertigen oder anfertigen zu lassen.

§ 3 Finanzierungsleistungen der LEGIAL

1. Finanzierungsumfang

Die LEGIAL trägt die dem ANSPRUCHSINHABER nach Wirksamwerden dieses Vertrages entstehenden notwendigen Kosten der gerichtlichen Durchsetzung der STREITIGEN ANSPRÜCHE nach Maßgabe der nachfolgenden Regelungen.

Sämtliche Zahlungen werden von der LEGIAL unmittelbar zu Händen des vom ANSPRUCHSINHABER beauftragten Rechtsanwalts geleistet. Diesem erteilt der ANSPRUCHSINHABER hiermit Geldempfangsvollmacht und weist ihn unwiderruflich an, die Zahlungen an den jeweiligen Endempfänger weiterzuleiten. Eine Zahlung der LEGIAL an den ANSPRUCHSINHABER ist ausgeschlossen, es sei denn dieser weist unter Vorlage von Belegen nach, dass er die entsprechende Zahlung an den Kostengläubiger bereits selbst vorgenommen hat.

2. Gerichts- und Rechtsanwaltskosten

Die LEGIAL trägt die gesamten anfallenden Gerichtskosten, einschließlich etwaiger Zeugen- und Sachverständigenauslagen, sowie die nach gerichtlicher Festsetzung gegebenenfalls an den Klagegegner zu zahlenden Kosten.

Die im gerichtlichen Verfahren anfallenden Kosten des vom ANSPRUCHSINHABER beauftragten Rechtsanwalts trägt die LEGIAL gemäß RVG (Rechtsanwaltsvergütungsgesetz). Reisekosten des Rechtsanwalts werden gemäß dem Vergütungsverzeichnis (VV) zum RVG Nr. 7003- 7006 ersetzt, jedoch maximal bis zur Höhe von € 1.000.

Nicht übernommen werden zusätzliche Kosten für einen Unterbevollmächtigten oder Korrespondenzanwalt, Hebegebühren, Reisekosten des ANSPRUCHSINHABERS sowie Schreibauslagen und Kopierkosten des Rechtsanwalts für die Unterrichtung der LEGIAL

3. Nebenverfahren

Kosten etwaiger Nebenverfahren (z.B. Arrestverfahren, Einstweilige Verfügungsverfahren usw.) trägt die LEGIAL nur aufgrund gesonderter schriftlicher Vereinbarung mit dem ANSPRUCHSINHABER.

4. Zusätzliche Gebühr

Für den dem Rechtsanwalt des ANSPRUCHSINHABERS durch die Einschaltung der LEGIAL entstandenen zusätzlichen Aufwand erstattet die LEGIAL dem ANSPRUCHSINHABER einmalig für den Rechtsstreit eine gesonderte 1,0 Gebühr gemäß RVG (bezogen auf den Streitwert des von der LEGIAL finanzierten Prozesses), sofern der ANSPRUCHSINHABER mit seinem Rechtsanwalt eine entsprechende Gebühr schriftlich vereinbart hat. Dem ANSPRUCHSINHABER ist bekannt, dass bei Zahlung der zusätzlichen Gebühr der gesetzliche Gebührenrahmen überschritten wird und deshalb in diesem Umfang ein Kostenerstattungsanspruch gegen den oder die Beklagten nicht besteht. Werden die STREITIGEN ANSPRÜCHE ganz oder teilweise durchgesetzt, dann wird die zusätzliche Gebühr aus einem etwaigen Erlös gemäß Ziffer § 5 Ziffer 2 dieses Vertrages an die LEGIAL erstattet.

5. Widerklage oder Aufrechnung

Kosten, die dem ANSPRUCHSINHABER durch die Verteidigung gegen eine Widerklage oder durch eine streitwerterhöhende Aufrechnung des Beklagten entstehen, trägt die LEGIAL nur dann, wenn und soweit dies gesondert schriftlich vereinbart wurde. Die Regelungen des § 7 und des § 9 dieses Prozessfinanzierungsvertrages bleiben unberührt.

6. Umsatzsteuer

Die auf die Kosten entfallende Umsatzsteuer übernimmt die LEGIAL nur, soweit der ANSPRUCHSINHABER nicht zum Vorsteuerabzug berechtigt ist. Der ANSPRUCHSINHABER ist ggf. zur unmittelbaren Zahlung der Umsatzsteuer direkt an den jeweiligen Rechnungssteller verpflichtet.

7. Fälligkeit

Die LEGIAL erstattet die Verfahrensgebühr (VV zum RVG Nr. 3100) und den gemäß GKG (Gerichtskostengesetz) anfallenden Gerichtskostenvorschuss nach Einreichung der von ihr gebilligten Klageschrift bei Gericht.

Die Terminsgebühr (VV zum RVG Nr. 3104 oder 3202) erstattet die LEGIAL nach Vorlage des schriftlichen Terminsbericht durch den Anwalt. Die 1,0 Gebühr nach § 3 Ziffer 4 erstattet die LEGIAL nach Abschluss der ersten finanzierten Instanz.

§ 4 Zwangsvollstreckung

1. Kosten der Zwangsvollstreckung

Die LEGIAL trägt die Kosten der Zwangsvollstreckung aus rechtskräftigen Titeln, wenn und soweit ihr die Zwangsvollstreckung erfolgversprechend erscheint. Zwangsvollstreckungsmaßnahmen sind vor ihrer Einleitung mit der LEGIAL abzustimmen. Im Falle von Forderungspfändungen übernimmt die LEGIAL die gemäß RVG anfallenden Rechtsanwaltsgebühren. Dabei wird als Gegenstandswert der Wert der gepfändeten Forderungen zugrunde gelegt. Sind mehrere ANSPRUCHSINHABER Gesamttitelgläubiger, dann erstattet die LEGIAL die Kosten der Zwangsvollstreckung nur insoweit, als diese bei Betreiben der Zwangsvollstreckung nur durch einen der ANSPRUCHSINHABER anfallen würden. Erhöhungsgebühren nach dem VV zum RVG Nr. 1008 werden in diesem Fall von der LEGIAL nicht erstattet. Stellt die LEGIAL eine Sicherheit zur Durchführung der Zwangsvollstreckung, dann sind die aus der Zwangsvollstreckung erlangten Beträge in voller Höhe an die LEGIAL abzuführen und solange dort zu belassen, bis die Sicherheit zurückgegeben wurde.

2. Sicherungsvollstreckung

Die LEGIAL ist berechtigt, im Falle eines vorläufig vollstreckbaren Urteils die für die Zwangsvollstreckung erforderliche Sicherheit bereitzustellen. Für Schadensersatzansprüche, die aufgrund der Aufhebung eines vorläufig vollstreckbaren Titels entstehen, übernimmt die LEGIAL weder im Außenverhältnis gegenüber Dritten, noch im Innenverhältnis zum ANSPRUCHSINHABER die Haftung, es sei denn, dies wurde zuvor ausdrücklich zwischen den Vertragsparteien schriftlich vereinbart (sog. Schadenübernahmeerklärung).

Der ANSPRUCHSINHABER ist zur Durchsetzung des Titels im Wege der Zwangsvollstreckung verpflichtet, sobald und soweit ihn die LEGIAL dazu auffordert. In diesem Fall hat der ANSPRUCHSINHABER bei vorläufig vollstreckbaren Titeln das Recht, von der LEGIAL die vorstehend genannte Schadenübernahmeerklärung zu verlangen.

§ 5 Erlösbeteiligung/Abrechnung

1. Definition des Erlöses

Zum Erlös der finanzierten Rechtsdurchsetzung gehört jeder unmittelbar durch eine gerichtliche oder behördliche Entscheidung, einen Vergleich, ein Anerkenntnis oder durch sonstige Rechtsgeschäfte bei einem, mehreren oder allen ANSPRUCHSINHABERN eintretende Vermögensvorteil einschließlich der Befreiung von Verbindlichkeiten sowie jede Leistung auf die STREITIGEN ANSPRÜCHE, auf die im Zusammenhang mit der finanzierten Rechtsdurchsetzung entstandenen Ansprüche oder auf solche Ansprüche, die an die Stelle solcher Ansprüche getreten sind. Zinsen aus den STREITIGEN AN-

SPRÜCHEN und Umsatzsteuerbeträge, die in den STREITIGEN ANSPRÜCHEN enthalten sind, gehören ebenfalls zum Erlös. Der Erlös wird durch Steuerverbindlichkeiten des ANSPRUCHSINHABERS nicht gemindert.

Werden die ANSPRUCHSINHABER aufgrund der finanzierten Rechtsdurchsetzung von einer Verbindlichkeit befreit, z.B. durch wirksame Aufrechnung, Verrechnung oder erfolgreiche Widerklage des Klagegegners, so ist der Nominalbetrag der Verbindlichkeit, von der sie befreit werden, dem Erlös zuzurechnen. Hat die Verbindlichkeit keinen Nominalbetrag, so ist ihr Verkehrswert anzusetzen. Zum Erlös gehören auch solche wirtschaftlichen und rechtlichen Vorteile, die im Zusammenhang mit der finanzierten Rechtsdurchsetzung und mit Billigung der ANSPRUCHSINHABER einem Dritten zugute kommen.

2. Erstattung der notwendigen und vereinbarten Kosten

Der Erlös des Rechtsstreits (und der damit verbundenen Verfahren) dient zunächst zur Deckung aller nach diesem Vertrag entstandenen notwendigen und/oder vereinbarten Kosten. Der LEGIAL werden demzufolge zunächst aus dem Erlös die von ihr gemäß § 3 und § 4 sowie die gegebenenfalls aufgrund gesonderter Vereinbarung verauslagten Kosten erstattet.

3. Erlösbeteiligung

Von dem nach der Kostenerstattung gemäß Ziffer 2 verbleibenden Erlös stehen der LEGIAL zu,

30 % bis zu einem Betrag von € 500.000
und zusätzlich
20 % aus den über € 500.000 hinausgehenden Beträgen.

Sofern ein Erlös vor Einleitung eines Gerichtsverfahrens realisiert wird, ermäßigt sich die Erlösbeteiligung der LEGIAL auf 20 % des gemäß Ziffer 2 verbleibenden Erlöses.

Besteht der Erlös nicht aus Zahlungsmitteln, dann hat die LEGIAL Anspruch auf Zahlung in Höhe eines den vorgenannten Prozentsätzen entsprechenden Anteils des Verkehrswertes des Vermögensgegenstandes oder sonstigen Vermögensvorteils, den der ANSPRUCHSINHABER durch die finanzierte Rechtsdurchsetzung erlangt.

Mehrere ANSPRUCHSINHABER sind hinsichtlich vorstehender Verbindlichkeiten Gesamtschuldner.

4. Fälligkeit der Erlösbeteiligung und der Kostenerstattung

Der Anspruch der LEGIAL auf Kostenerstattung und auf Zahlung der Erfolgsbeteiligung ist fällig, sobald der Erlös der finanzierten Rechtsdurchsetzung einem, mehreren oder allen ANSPRUCHSINHABERN oder dem von ihm/ihnen beauftragten Rechtsanwalt zufließt oder bei einem, mehreren oder allen ANSPRUCHSINHABERN ein sonstiger Vermögensvorteil im Sinne der Ziffer 1 eintritt.

5. Auskunftsverpflichtung des ANSPRUCHSINHABERS

Der ANSPRUCHSINHABER ist verpflichtet, der LEGIAL unaufgefordert und unverzüglich Auskunft darüber zu geben, ob und in welchem Umfang ihm oder Dritten Erlöse im Zusammenhang mit der finanzierten Rechtsdurchsetzung zugeflossen sind. Er wird der LEGIAL oder einem PRÜFER zu diesem Zweck Einsicht in sämtliche Unterlagen gewähren, die Aufschluss über die Realisierung und den Umfang der Erlöse oder sonstiger Vermögensvorteile geben können.

6. Einziehung der Erlöse

Der ANSPRUCHSINHABER wird in der Weise die streitigen Ansprüche einziehen oder über sie verfügen, dass er Zahlung zu Händen des von ihm beauftragten Rechtsanwalts verlangt. Der Rechtsanwalt wird diese Erlöse und eine eventuelle Kostenerstattung gemäß den Abrechnungsbestimmungen an die Vertragsparteien auszahlen. Der ANSPRUCHSINHABER wird dem von ihm beauftragten Rechtsanwalt eine entsprechende unwiderrufliche Anweisung erteilen (Anlage 2 zum Prozessfinanzierungsvertrag).

7. Aufrechnungsverbot

Der ANSPRUCHSINHABER kann gegenüber dem Anspruch der LEGIAL auf Auszahlung der Erfolgsbeteiligung und Erstattung der verauslagten Kosten nur mit solchen Ansprüchen aufrechnen oder Zurückbehaltungsrechte geltend machen, die sich aus diesem Vertrag selbst ergeben und unbestritten oder rechtskräftig festgestellt sind.

8. Umsatzsteuer

Die Vertragsparteien gehen davon aus, dass die Erlösansprüche der LEGIAL nach diesem Vertrag nicht umsatzsteuerpflichtig sind. Sollte wider Erwarten dennoch ganz oder teilweise Umsatzsteuer anfallen, steht der LEGIAL zusätzlich zu den Erlösansprüchen ein Anspruch auf Zahlung des Umsatzsteuerbetrages aus dem Erlös zu. Im übrigen trägt jede Vertragspartei ihre Steuerverpflichtungen, insbesondere solche, die durch die Realisierung der STREITIGEN ANSPRÜCHE entstehen, allein. Wird die LEGIAL von den Finanzbehörden zur Zahlung von Umsatzsteuerverbindlichkeiten des ANSPRUCHSINHABERS nach § 13c UStG herangezogen, dann hat sie einen Ausgleichsanspruch gegen den ANSPRUCHSINHABER in voller Höhe.

9. Abrechnung nach Offenlegung

Die vorgenannten Regeln gelten entsprechend, sofern die LEGIAL Abtretungen ganz oder teilweise offengelegt hat.

§ 6 Sicherung der Ansprüche auf Erlösbeteiligung

1. Sicherungsabtretung

Zur Sicherung der Erstattungsansprüche der LEGIAL nach § 5 Ziffer 2 dieses Vertrages tritt der ANSPRUCHSINHABER hiermit vorrangig die STREITIGEN ANSPRÜCHE sowie sämtliche Ansprüche auf Prozesskostenerstattung gegen den Anspruchsgegner und Dritte gemäß der Anlage 1 an die LEGIAL ab. Nachrangig dazu tritt der ANSPRUCHSINHABER hiermit die STREITIGEN ANSPRÜCHE sowie sämtliche Ansprüche auf Prozesskostenerstattung gegen den Anspruchsgegner und Dritte auch zur Sicherung der Erlösansprüche der LEGIAL nach § 5 Ziffer 3 dieses Vertrages und eventueller Schadensersatzansprüche der LEGIAL gemäß der Anlage 1 an die LEGIAL ab. Die Abtretung wird mit Abschluss des Vertrages wirksam. Mit abgetreten werden sämtliche in der Anlage 1 genannten Rechte. Der ANSPRUCHSINHABER sichert zu, dass die abzutretenden Ansprüche nicht bereits an Dritte abgetreten sind, insbesondere nicht an eine Bank des ANSPRUCHSINHABERS im Rahmen einer Globalzession.

Der ANSPRUCHSINHABER hat ein Recht auf Freigabe der abgetretenen Forderungen, wenn die vorstehend genannten Erstattungsansprüche der LEGIAL vollständig befriedigt sind, neue Erstattungsansprüche im weiteren Verlauf des finanzierten Verfahrens nicht mehr entstehen können und keine Schadensersatzansprüche der LEGIAL gegen den ANSPRUCHSINHABER bestehen. Die Freigabe erfolgt bis zur Höhe der weiterhin zu sichernden Ansprüche der LEGIAL auf Erlösbeteiligung nach § 5 Ziffer 3 dieses Vertrages.

2. Einziehung der Forderung durch den ANSPRUCHSINHABER

Solange die Abtretung von Ansprüchen und Rechten nicht offengelegt wird, ist der ANSPRUCHSINHABER verpflichtet, außergerichtlich und gerichtlich als Berechtigter der abgetretenen Ansprüche und Rechte aufzutreten und insofern alle für die Zwecke dieses Vertrages erforderlichen Erklärungen und Handlungen vorzunehmen. Gegenüber Dritten, Behörden und Gerichten handelt der ANSPRUCHSINHABER im eigenen Namen und für eigene Rechnung, soweit in diesem Vertrag nichts anderes bestimmt ist.

Solange die Abtretung nicht offengelegt ist, wird der ANSPRUCHSINHABER nur in der Weise die STREITIGEN ANSPRÜCHE einziehen oder über sie verfügen, dass er Zahlung zu Händen des von ihm beauftragten Rechtsanwaltes verlangt.

3. Offenlegung der Abtretung

Die LEGIAL kann die vorgenannte Abtretung während der Dauer dieses Vertrages offen legen, wenn der Erlösanspruch der LEGIAL anderenfalls vereitelt zu werden droht oder einer erheblichen Gefährdung ausgesetzt ist. Dies ist insbesondere bei Verstößen des ANSPRUCHSINHABERS gegen seine Verpflichtung nach Ziffer 2 Satz 3 der Fall.

4. Folgen der Offenlegung

Die LEGIAL ist im Fall der Offenlegung verpflichtet, dies dem ANSPRUCHSINHABER unverzüglich mitzuteilen. Der ANSPRUCHSINHABER ist verpflichtet, unverzüglich alle Rechtshandlungen auf entsprechende Anforderung der LEGIAL vorzunehmen, die eventuell noch zum Wirksamwerden der Rechteübertragungen auf die LEGIAL bzw. zur Vervollständigung des bezweckten Abtretungserfolges erforderlich sein sollten.

Auch nach der Offenlegung zieht nur der ANSPRUCHSINHABER die STREITIGEN ANSPRÜCHE ein. Er wird die STREITIGEN ANSPRÜCHE ab diesem Zeitpunkt aber nur noch in der Weise einziehen oder über sie verfügen, dass er Zahlung an die LEGIAL verlangt. Sobald der LEGIAL aufgrund der Offenlegung Vermögenswerte zufließen, gelten die Abrechnungsbestimmungen.

§ 7 Pflichten des ANSPRUCHSINHABERS

1. Verpflichtung zur risikobewussten und sparsamen Prozessführung

   Der ANSPRUCHSINHABER verpflichtet sich zu einer sparsamen, wirtschaftlichen und risikobewussten Prozessführung. Unter mehreren gleich erfolgversprechenden Verfahrensarten wird er diejenige wählen, die die geringsten Prozesskosten und -risiken verursacht. Der ANSPRUCHSINHABER verpflichtet sich weiter, den von ihm beauftragten Rechtsanwalt entsprechend anzuweisen.

2. Verpflichtung zur Prozessförderung

   Der ANSPRUCHSINHABER ist verpflichtet, seiner gesetzlichen Prozessförderungspflicht nachzukommen und den von ihm beauftragten Rechtsanwalt rechtzeitig und umfassend zu informieren. Er steht dafür ein, dass auch von ihm beherrschte, ihm konzernverbundene oder nahestehende Dritte die Rechtsverfolgung nach Maßgabe dieses Vertrages unterstützen.

3. Informationspflicht

   a) Der ANSPRUCHSINHABER ist verpflichtet, die LEGIAL - bei neuen Erkenntnissen auch fortlaufend - unaufgefordert und unverzüglich über sämtliche Umstände zu informieren, die für die Beurteilung und/oder Durchsetzung der STREITIGEN ANSPRÜCHE von Bedeutung sind.

   b) Der ANSPRUCHSINHABER stellt der LEGIAL sämtliche ihm im Zusammenhang mit den STREITIGEN ANSPRÜCHEN zugänglichen Dokumente zur Verfügung, insbesondere sämtliche Schriftsätze nebst Anlagen, jegliche Verfügungen und Hinweise des Gerichts, alle Vergleichsangebote der Gegenseite und Vergleichsvorschläge des Gerichts.

   c) Soweit der Sachverhalt nicht ausreichend dokumentiert ist, wird der ANSPRUCHSINHABER alle für eine erfolgversprechende Rechtsverfolgung erforderlichen Erläuterungen und Aufklärungshandlungen gegenüber der LEGIAL und/oder den PRÜFERN in der von diesen gewünschten Form (mündlich oder schriftlich) vollständig und wahrheitsgemäß vornehmen.

   d) Der ANSPRUCHSINHABER entbindet den von ihm beauftragten Rechtsanwalt gegenüber der LEGIAL von der Schweigepflicht, soweit es Informationen über die STREITIGEN ANSPRÜCHE betrifft. Er hat den von ihm beauftragten Rechtsanwalt zu verpflichten, die LEGIAL über den Gang des Prozesses auf dem Laufenden zu halten und der LEGIAL alle wesentlichen Prozessunterlagen zu übermitteln.

4. Verpflichtung zur Einholung der vorherigen Zustimmung der LEGIAL

Ohne vorherige Zustimmung oder gegen ausdrücklichen Widerspruch der LEGIAL ist der ANSPRUCHSINHABER nicht berechtigt,

- kostenerhöhende Maßnahmen prozessualer oder außerprozessualer Art zu ergreifen,
- auf die streitigen Ansprüche ganz oder zum Teil zu verzichten,
- eine Klage oder ein Rechtsmittel ganz oder teilweise zurückzunehmen,
- ein Rechtsmittel vollumfänglich oder teilweise einzulegen,
- Gegenansprüche, die durch Widerklage oder im Wege der Aufrechnung geltend gemacht werden, ganz oder teilweise anzuerkennen,
- über die streitigen Ansprüche einen unwiderruflichen Vergleich abzuschließen, einen widerruflich abgeschlossenen Vergleich zu widerrufen oder die Widerrufsfrist verstreichen zu lassen, ohne zu widerrufen.

Der ANSPRUCHSINHABER hat den von ihm beauftragten Rechtsanwalt zu verpflichten, die vorstehend genannten Zustimmungserfordernisse zu beachten.

5. Rechtsfolgen eines Pflichtverstoßes

a) Unterbleibt eine vorherige Abstimmung von kostenauslösenden Maßnahmen mit der LEGIAL, entfällt die Verpflichtung der LEGIAL zur Zahlung der entsprechenden Kosten.

b) Bei einem Verstoß gegen die unter § 7 Ziffer 1-4 genannten Pflichten hat der ANSPRUCHSINHABER die LEGIAL so zu stellen, wie diese ohne die Pflichtverletzung stände. Der ANSPRUCHSINHABER hat der LEGIAL jedoch zumindest alle von dieser im Rahmen dieses Prozessfinanzierungsvertrages aufgewandten Kosten zu erstatten. Dies gilt nicht, wenn der ANSPRUCHSINHABER nachweisen kann, dass durch seinen Pflichtverstoß der LEGIAL kein Schaden oder nur ein wesentlich geringerer Schaden als die aufgewandten Kosten entstanden ist. Darüber hinaus ist die LEGIAL zur Kündigung des Prozessfinanzierungsvertrages berechtigt.

c) Nimmt der ANSPRUCHSINHABER im Laufe des Prozesses ohne Zustimmung der LEGIAL eine Klageerweiterung vor, so hat er alle dadurch entstehenden Kosten im Verhältnis der Erweiterung zu dem ursprünglich mit Billigung der LEGIAL eingeklagten Betrag selbst zu tragen. Mit dieser Berechnungsweise wird sichergestellt, dass die Degression im Gebührenrecht nicht nur einseitig einer Vertragspartei zugute kommt.

6. Rechtsfolgen bei unrichtigen oder unvollständigen Angaben

Bei unrichtigen oder unvollständigen Angaben gemäß § 1 des Prozessfinanzierungsvertrages hat die LEGIAL das Recht zur Kündigung dieses Vertrages und zur Geltendmachung von Schadenersatz. § 7 Ziffer 5 gilt entsprechend.

§ 8 Vergleichsvorschlag, Kündigungsrecht

Zum Abschluss eines Vergleichs über die STREITIGEN ANSPRÜCHE ist der ANSPRUCHSINHABER nur mit Zustimmung der LEGIAL berechtigt.

Empfiehlt die LEGIAL den Abschluss eines Vergleichs, weil sie diesen unter Berücksichtigung der Sach- und Rechtslage für angemessen hält, ist der ANSPRUCHSINHABER hierdurch in seiner Entscheidung nicht gebunden. Nimmt der ANSPRUCHSINHABER den vom Gericht oder vom Anspruchsgegner vorgeschlagenen Vergleich nicht an, obwohl die LEGIAL dies empfohlen hat, so ist die LEGIAL zur unverzüglichen Kündigung dieses Vertrages berechtigt.

Der ANSPRUCHSINHABER hat die LEGIAL in diesem Fall so zu stellen, wie sie bei Abschluss des empfohlenen Vergleiches stehen würde. Die LEGIAL wird in diesem Falle die abgetretenen Ansprüche Zug um Zug gegen Befriedigung der Ansprüche der LEGIAL freigeben.

§ 9 Kündigungsrecht der LEGIAL

1. Recht zur Kündigung durch die LEGIAL

   Die LEGIAL kann den Vertrag mit sofortiger Wirkung durch schriftliche Erklärung kündigen und die Finanzierung des Prozesses einstellen, wenn und soweit eine weitere Rechtsverfolgung nicht mehr überwiegend erfolgversprechend erscheint. Dies ist insbesondere der Fall, wenn folgende Umstände eintreten:

   - Gerichts- oder Behördenentscheidungen, mit denen die STREITIGEN ANSPRÜCHE ganz oder teilweise abgelehnt werden,
   - gerichtliche Hinweise mit nachteiligem Inhalt für die Erfolgsaussichten,
   - für die LEGIAL neue Tatsachen,
   - neue Rechtsprechung,
   - Gesetzesänderungen,
   - Wegfall von Beweismöglichkeiten,
   - wesentliche Verschlechterung der Vermögensverhältnisse des Anspruchsgegners,
   - eine nachteilig verlaufene Beweisaufnahme,
   - die Weigerung des ANSPRUCHSINHABERS das finanzierte Verfahren einzuleiten oder weiterzubetreiben.

- 13 -

2. Recht zur teilweisen Kündigung

Bei Vorliegen der in Ziffer 1 genannten Gründe steht der LEGIAL auch das Recht zur teilweisen Kündigung des Prozessfinanzierungsvertrages zu. Die weitere Finanzierung beschränkt sich dann auf den nicht gekündigten Teil der STREITIGEN ANSPRÜCHE.

3. Rechtsfolgen einer Kündigung durch die LEGIAL

Der ANSPRUCHSINHABER kann bei Kündigung des Vertrages durch die LEGIAL die Durchsetzung der STREITIGEN ANSPRÜCHE auf eigene Kosten weiterverfolgen. Die LEGIAL zahlt die bis dahin entstandenen Kosten in der Höhe, wie sie bei einer unverzüglichen, möglichst kostengünstigen (Teil-) Beendigung des Verfahrens anfallen würden. Fließen dem ANSPRUCHSINHABER Erlöse im Sinne des § 5 Ziffer 1 zu, ist er verpflichtet, der LEGIAL die von dieser nach § 3 und § 4 erbrachten und die gegebenenfalls aufgrund gesonderter Vereinbarung verauslagten Zahlungen zu erstatten. § 5 Ziffer 5 und § 7 Ziffer 3b) und d) gelten entsprechend. Die LEGIAL wird die ihr übertragenen Sicherheiten zurückgewähren, soweit kein Sicherungsbedürfnis mehr besteht.

§ 10 Kündigungsrecht des ANSPRUCHSINHABERS

1. Kündigungsrecht nur aus wichtigem Grund

Der ANSPRUCHSINHABER ist nur aus wichtigem Grund berechtigt, diesen Vertrag zu kündigen. Im Falle der Kündigung des Vertrages aus wichtigem Grund hat der ANSPRUCHSINHABER der LEGIAL alle nach § 3 und § 4 geleisteten und die gegebenenfalls aufgrund gesonderter Vereinbarung verauslagten Zahlungen zurückzuerstatten. Die LEGIAL ist zur Rückübertragung der an sie gemäß § 6 abgetretenen Ansprüche und Rechte nur Zug um Zug gegen Rückerstattung der Finanzierungsleistungen gemäß Satz 2 verpflichtet.

2. Änderung der Vermögensverhältnisse des ANSPRUCHSINHABERS

Die Vertragsparteien schließen ausdrücklich als Kündigungsgrund den Fall aus, dass es dem ANSPRUCHSINHABER nach Abschluss dieses Vertrages gelingt, die Prozessfinanzierung aus eigenen Mitteln, durch Kredit oder Erhalt von Prozesskostenhilfe sicherzustellen.

§ 11 Geheimhaltung / Schweigepflicht

1. Geheimhaltungspflicht

Wird dieser Vertrag bekannt, kann dies erhebliche negative Auswirkungen auf das Ergebnis der Geltendmachung der STREITIGEN ANSPRÜCHE sowie auf das Ergebnis anderer durch die LEGIAL finanzierten Prozesse haben. Auch können sowohl der Abschluss dieses Vertrags als auch der Verlauf des damit finanzierten Prozesses eine Insidertatsache im Sinne des Wertpapierhandelsgesetzes darstellen. Der ANSPRUCHSINHABER ist deshalb verpflichtet, über die Tatsache und den Inhalt dieses Vertrages, sowie die damit in Zusammenhang stehenden Umstände Stillschweigen zu bewahren

3-A-Muster-Vertrag-01.01.2012

und darüber Dritte nur mit vorheriger schriftlicher Zustimmung der LEGIAL zu unterrichten.

2. Ausnahmen

Dritte im Sinne der Ziffer 1 sind nicht der anwaltliche Vertreter des ANSPRUCHSINHABERS und die PRÜFER nach § 2 Ziffer 1. Die LEGIAL ist berechtigt, im Rahmen der ihr nach dem Aktiengesetz, dem Wertpapierhandelsgesetz oder anderer gesetzlicher Bestimmungen obliegenden Berichtspflichten in anonymisierter Form über den von ihr finanzierten Prozess zu berichten.

§ 12 Salvatorische Klausel/Ersetzungsklausel

Sollten eine oder mehrere Bestimmungen dieses Vertrages ganz oder teilweise unwirksam sein oder werden oder der Vertrag eine Lücke enthalten, so bleibt die Rechtswirksamkeit des Vertrages und seiner übrigen Bestimmungen hiervon unberührt.

Anstelle der unwirksamen oder undurchführbaren Bestimmungen oder zur Ausfüllung der Lücken soll eine angemessene Regelung gelten, die, soweit möglich, dem am nächsten kommt, was die Vertragsparteien gewollt haben oder nach dem Sinn und Zweck des Vertrages gewollt hätten, sofern sie bei Abschluss dieses Vertrages den Punkt bedacht hätten.

Ist eine Ersetzung durch geltungserhaltende Anpassung, ergänzende Auslegung oder Umdeutung nach Maßgabe von Absatz 2 nicht möglich, weil mehrere gleichwertige Ersetzungsvarianten zur Verfügung stehen, haben sich die Vertragsparteien über eine angemessene und zumutbare Ersatzklausel zu einigen.

§ 13 Schlussbestimmungen

1. Schriftform/Anlagen

Mündliche Nebenabreden zu diesem Vertrag bestehen nicht. Änderungen und/oder Ergänzungen dieses Vertrages bedürfen der Schriftform. Dies gilt auch für einen Verzicht auf dieses Schriftformerfordernis selbst. Alle Anlagen sind wesentliche Bestandteile des Vertrages.

2. Anzuwendendes Recht

Bei einem Streit zwischen den Vertragsparteien über die Wirksamkeit dieses Vertrages oder über die sich aus diesem Vertrag ergebenden Rechte und Pflichten findet deutsches Recht Anwendung.

3. Gerichtsstandsvereinbarung

Als Gerichtsstand für die Streitigkeiten nach Ziffer 2 wird, soweit zulässig, das Landgericht München I vereinbart. Dies gilt insbesondere auch für den Fall, dass die im Klagewege in Anspruch zu nehmende Partei nach Vertragsschluss ihren Wohnsitz oder gewöhnlichen Aufenthaltsort aus dem Geltungsbereich der ZPO verlegt oder ihr Wohnsitz oder gewöhnlicher Aufenthalt im Zeitpunkt der Klageerhebung nicht bekannt ist.

4. Versterben des ANSPRUCHSINHABERS

Der Tod des ANSPRUCHSINHABERS führt nicht zu einer Beendigung dieses Prozessfinanzierungsvertrages. Vielmehr treten die gesetzlichen oder testamentarisch bestimmten Erben in alle Rechte und Pflichten aus diesem Vertrag ein.

Ort, Datum	Ort, Datum
ANSPRUCHSINHABER	LEGIAL AG

Anlage 1

ABTRETUNGSVEREINBARUNG UND VOLLMACHT

zwischen

der

LEGIAL AG
Thomas-Dehler-Straße 9
81737 München

– nachfolgend "LEGIAL" genannt –

und

Name Muster
Straße Muster
PLZ, Ort Muster

- nachfolgend auch bei mehreren Personen "ANSPRUCHSINHABER" genannt -

1. Der ANSPRUCHSINHABER tritt hiermit die STREITIGEN ANSPRÜCHE auf / wegen [Anspruch einfügen] sowie sämtliche Ansprüche auf Prozesskostenerstattung gegen den Anspruchsgegner, [Namen des/der Beklagten einfügen], an die LEGIAL ab, soweit eine solche Abtretung nicht der notariellen Form bedarf. Mit übertragen werden sämtliche Erlöse des Prozesses sowie sämtliche mit den STREITIGEN ANSPRÜCHEN in Zusammenhang stehenden Sicherungs-, Gestaltungs- und sonstige Nebenrechte. Soweit Ansprüche nicht dem ANSPRUCHSINHABER selbst, sondern einem von ihm beherrschten, ihm konzernverbundenen oder nahestehenden Dritten zustehen und diese auf den Bestand der STREITIGEN ANSPRÜCHE Einfluss haben, so steht der ANSPRUCHSINHABER selbstschuldnerisch dafür ein, dass auch diese Dritten ihre Ansprüche in diesem Umfang an die LEGIAL abtreten.

2. Mit abgetreten werden alle Ansprüche, die zu den Erlösen im Sinne des § 5 Ziffer 1 des Prozessfinanzierungsvertrages gehören, insbesondere alle Forderungen und Rechte an Sachen, die der ANSPRUCHSINHABER durch eine Leistung auf die STREITIGEN ANSPRÜCHE oder auf Ansprüche aus Vergleichen über die STREITIGEN ANSPRÜCHE erlangt. Insbesondere mitumfasst von der Abtretung sind die dadurch entstehenden Ansprüche des ANSPRUCHSINHABERS auf die jeweiligen Saldoforderungen aus Kontokorrentverhältnissen.

3. Die LEGIAL nimmt die Abtretungen und Übertragungen an.

3-B-Muster-Anlage 1-01.01.2012

- 2 -

4. Der ANSPRUCHSINHABER bevollmächtigt hiermit die LEGIAL unwiderruflich

(1) sämtliche mit der Rechtsstreitigkeit

..../..

in Zusammenhang stehenden Gerichts- und Behördenakten einzusehen und sich daraus Ablichtungen oder Abschriften anzufertigen oder anfertigen zu lassen.

(2) von den von ihm beauftragten Rechtsanwälten alle Auskünfte, Informationen etc. zu verlangen und zu erhalten.

Zu diesem Zweck befreit der ANSPRUCHSINHABER den von ihm beauftragten Rechtsanwalt gegenüber der LEGIAL von der Schweigepflicht.

Ort, Datum	Ort, Datum
ANSPRUCHSINHABER	LEGIAL AG

3-B-Muster-Anlage 1-01.01.2012

Anlage 2

ANWEISUNG

zwischen

der

LEGIAL AG
Thomas-Dehler-Straße 9
81737 München

– nachfolgend "LEGIAL" genannt –

und

Name Muster
Straße Muster
PLZ; Ort Muster

- nachfolgend auch bei mehreren Personen "ANSPRUCHSINHABER" genannt -

wurde ein Prozessfinanzierungsvertrag zur Finanzierung eines Rechtsstreites gegen [Namen des/der Beklagten einfügen] geschlossen. Die streitigen Ansprüche nach § 6 Ziffer 1 dieses Prozessfinanzierungsvertrages sind sicherungshalber an die LEGIAL abgetreten.

Hiermit erteile ich,

Name Muster, Straße Muster,
PLZ, Ort Muster,

Frau Rechtsanwältin/Herrn Rechtsanwalt

[Name RA], [Straße RA], [PLZ, Ort d. RA],

Vollmacht

zur Entgegennahme aller Zahlungen im Zusammenhang mit dem finanzierten Rechtsstreit.

3-C-Muster-Anlage 2_Anweisung-01.01.2012

- 2 -

Ich

weise

ihn / sie unwiderruflich an,

sämtliche aus dem Rechtsstreit erzielten Erlöse gemäß § 5 Ziffer 1 des Prozessfinanzierungsvertrages auf ein von Herrn Rechtsanwalt / Frau Rechtsanwältin [Name RA] einzurichtendes Anderkonto einzuziehen.

Darüber hinaus weise ich Herrn Rechtsanwalt / Frau Rechtsanwältin [Name RA] an, nach Abrechnung der Erfolgsbeteiligung und der Kostenerstattung auf der Grundlage von § 5 des Prozessfinanzierungsvertrages die Erlösbeteiligungen und die Kostenerstattungsansprüche an die Parteien des Prozessfinanzierungsvertrages auszukehren.

Zur Kenntnis genommen:

Ort, Datum	Ort, Datum
ANSPRUCHSINHABER	Rechtsanwalt / Rechtsanwältin

3-C-Muster-Anlage 2_Anweisung-01.01.2012

Anhang 4: Berechnung Portfolio-Selection-Modell

Eingabemaske und Abkürzungen

Werte	Kürzel	Bezeichnung	Risiko	Rendite (rs)
Titel 1 (T1)	PKF	Prozesskostenfonds	21	13
Titel 2 (2)	TWD	Trad. Wertpapierdepot	9	5

Korrelation

Korrelation 1	1.00	Korrelation 3	0.00	Korrelation 5	-1.00
Korrelation 2	0.50	Korrelation 4	-0.50		

T1/2	Titel 1/Titel 2
rs	stetige Rendite
rs	diskrete Rendite
e	Euler'sche Zahl
S	Kovarianz (Korrelation)
Kor_e	Korrelationskoeffizient
σ	Risiko (Varianz)
σ_{PF}	Portfolio-Risiko
PF%	Portfolio-Anteil Risikoinvestment
TWD	Traditionelles Wertpapierdepot

Renditeumwandler (stetig in diskret)

PKF	TWD	rs	rs	Hilfswert	r
0.00%	100.00%	5.00	5.00%	0.0500	0.0513
10.00%	90.00%	5.80	5.80%	0.0580	0.0597
20.00%	80.00%	6.60	6.60%	0.0660	0.0682
30.00%	70.00%	7.40	7.40%	0.0740	0.0768
40.00%	60.00%	8.20	8.20%	0.0820	0.0855
50.00%	50.00%	9.00	9.00%	0.0900	0.0942
60.00%	40.00%	9.80	9.80%	0.0980	0.1030
70.00%	30.00%	10.60	10.60%	0.1060	0.1118
80.00%	20.00%	11.40	11.40%	0.1140	0.1208
90.00%	10.00%	12.20	12.20%	0.1220	0.1298
100.00%	0.00%	13.00	13.00%	0.1300	0.1388

$$r = e^{rs} - 1$$

e = 2.71828828

Kovarianz und Risikoberechnung

$$S = Kor_e(\mathrm{T1}, \mathrm{T2}) * (PF\%_{T1} * PF\%_{T2})$$

$$\sigma_{PF} = \sqrt{(PF\%_{T1}{}^2 * \sigma_{T1}{}^2) + (PF\%_{T2}{}^2 * \sigma_{T2}{}^2) + [2 * (PF\%_{T1} * PF\%_{T2} * S_{T1T2})]}$$

Korrelationskoeffizient	Kovarianz
1.00	189
0.50	95
0.00	0
-0.50	-95
-1.00	-189

Quellennachweis/Vertiefung

Vgl. dazu Lüscher-Marty 2012b: 19-46, 95-117.

Diversifikationseffekt bei einer Korrelation von 1.00

PKF	TWD	Risiko	Rendite	Risiko	Rendite
0.00%	100.00%	9.00	6.3900	0.0900	0.0513
10.00%	90.00%	10.20	6.8400	0.1020	0.0597
20.00%	80.00%	11.40	7.3000	0.1140	0.0682
30.00%	70.00%	12.60	7.7500	0.1260	0.0768
40.00%	60.00%	13.80	8.2100	0.1380	0.0855
50.00%	50.00%	15.00	8.6600	0.1500	0.0942
60.00%	40.00%	16.20	9.1100	0.1620	0.1030
70.00%	30.00%	17.40	9.5700	0.1740	0.1118
80.00%	20.00%	18.60	10.0200	0.1860	0.1208
90.00%	10.00%	19.80	10.4800	0.1980	0.1298
100.00%	0.00%	21.00	10.9300	0.2100	0.1388

Prozesskostenfonds	21	13	
Trad. Wertpapierdepot	9	5	
Kovarianz	189		S
Korrelationskoeffizient	1.00		$Kor_e(T1, T2)$

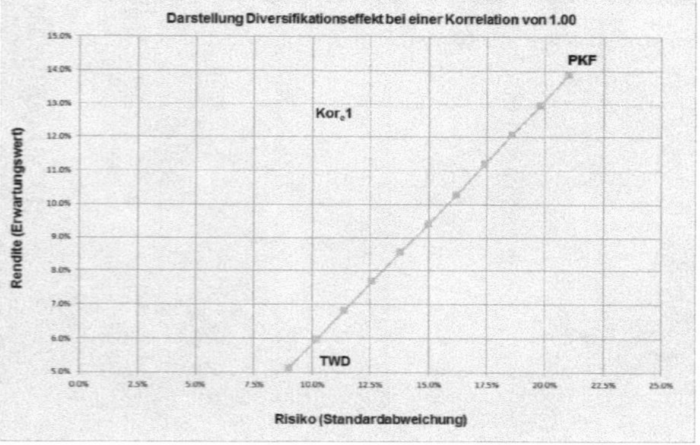

Diversifikationseffekt bei einer Korrelation von 0.50

PKF	TWD	Risiko	Rendite	Risiko	Rendite
0.00%	100.00%	9.00	6.3900	0.0900	0.0513
10.00%	90.00%	9.33	6.8400	0.0933	0.0597
20.00%	80.00%	9.99	7.3000	0.0999	0.0682
30.00%	70.00%	10.91	7.7500	0.1091	0.0768
40.00%	60.00%	12.04	8.2100	0.1204	0.0855
50.00%	50.00%	13.33	8.6600	0.1333	0.0942
60.00%	40.00%	14.73	9.1100	0.1473	0.1030
70.00%	30.00%	16.22	9.5700	0.1622	0.1118
80.00%	20.00%	17.77	10.0200	0.1777	0.1208
90.00%	10.00%	19.37	10.4800	0.1937	0.1298
100.00%	0.00%	21.00	10.9300	0.2100	0.1388

Prozesskostenfonds	21	13	
Trad. Wertpapierdepot	9	5	
Kovarianz	94.5		S
Korrelationskoeffizient	0.50		$Kor_e(T1, T2)$

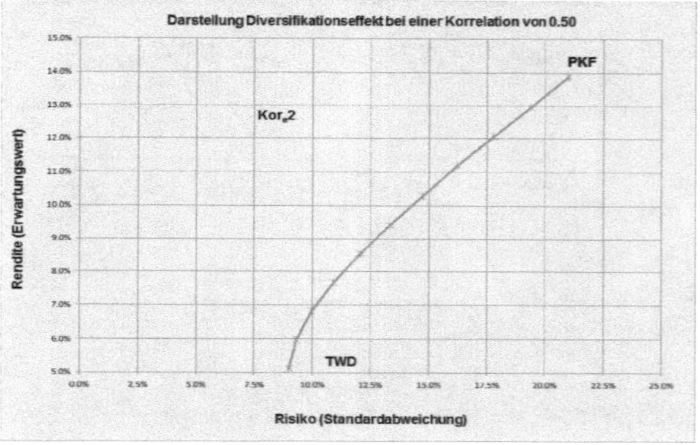

Diversifikationseffekt bei einer Korrelation von 0.00

PKF	TWD	Risiko	Rendite	Risiko	Rendite
0.00%	100.00%	9.00	6.3900	0.0900	0.0513
10.00%	90.00%	8.37	6.8400	0.0837	0.0597
20.00%	80.00%	8.34	7.3000	0.0834	0.0682
30.00%	70.00%	8.91	7.7500	0.0891	0.0768
40.00%	60.00%	9.99	8.2100	0.0999	0.0855
50.00%	50.00%	11.42	8.6600	0.1142	0.0942
60.00%	40.00%	13.10	9.1100	0.1310	0.1030
70.00%	30.00%	14.95	9.5700	0.1495	0.1118
80.00%	20.00%	16.90	10.0200	0.1690	0.1208
90.00%	10.00%	18.92	10.4800	0.1892	0.1298
100.00%	0.00%	21.00	10.9300	0.2100	0.1388

Prozesskostenfonds	21	13	
Trad. Wertpapierdepot	9	5	
Kovarianz	0		S

Korrelationskoeffizient 0.00 $Kor_e(T1, T2)$

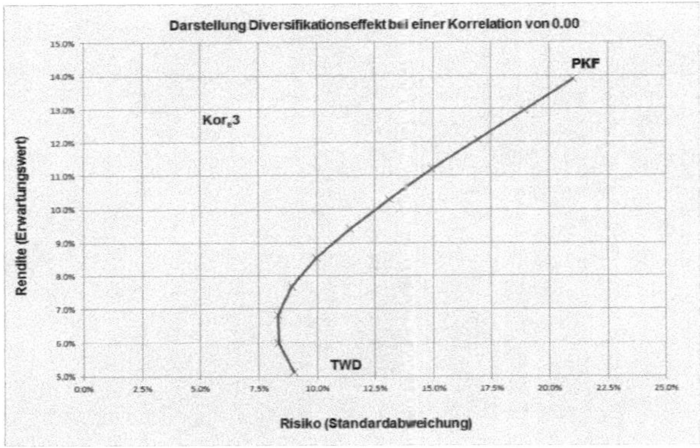

Diversifikationseffekt bei einer Korrelation von -0.50

PKF	TWD	Risiko	Rendite	Risiko	Rendite
0.00%	100.00%	9.00	6.3900	0.0900	0.0513
10.00%	90.00%	7.28	6.8400	0.0728	0.0597
20.00%	80.00%	6.26	7.3000	0.0626	0.0682
30.00%	70.00%	6.30	7.7500	0.0630	0.0768
40.00%	60.00%	7.37	8.2100	0.0737	0.0855
50.00%	50.00%	9.12	8.6600	0.0912	0.0942
60.00%	40.00%	11.24	9.1100	0.1124	0.1030
70.00%	30.00%	13.55	9.5700	0.1355	0.1118
80.00%	20.00%	15.98	10.0200	0.1598	0.1208
90.00%	10.00%	18.47	10.4800	0.1847	0.1298
100.00%	0.00%	21.00	10.9300	0.2100	0.1388

Prozesskostenfonds	21	13	
Trad. Wertpapierdepot	9	5	
Kovarianz	-94.5		S

Korrelationskoeffizient -0.50 $Kor_e(T1, T2)$

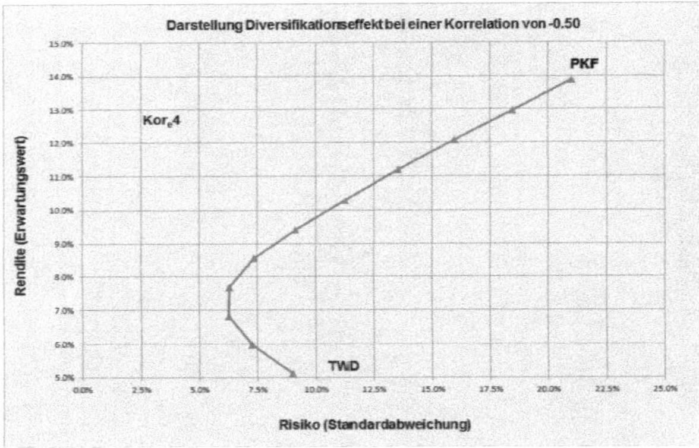

Diversifikationseffekt bei einer Korrelation von -1.00

PKF	TWD	Risiko	Rendite	Risiko	Rendite
0.00%	100.00%	9.00	6.3900	0.0900	0.0513
10.00%	90.00%	6.00	6.8400	0.0600	0.0597
20.00%	80.00%	3.00	7.3000	0.0300	0.0682
30.00%	70.00%	0.00	7.7500	0.0000	0.0768
40.00%	60.00%	3.00	8.2100	0.0300	0.0855
50.00%	50.00%	6.00	8.6600	0.0600	0.0942
60.00%	40.00%	9.00	9.1100	0.0900	0.1030
70.00%	30.00%	12.00	9.5700	0.1200	0.1118
80.00%	20.00%	15.00	10.0200	0.1500	0.1208
90.00%	10.00%	18.00	10.4800	0.1800	0.1298
100.00%	0.00%	21.00	10.9300	0.2100	0.1388

Prozesskostenfonds	21	13	
Trad. Wertpapierdepot	9	5	
Kovarianz	-189		S
Korrelationskoeffizient	-1.00		Kor_e(T1, T2)

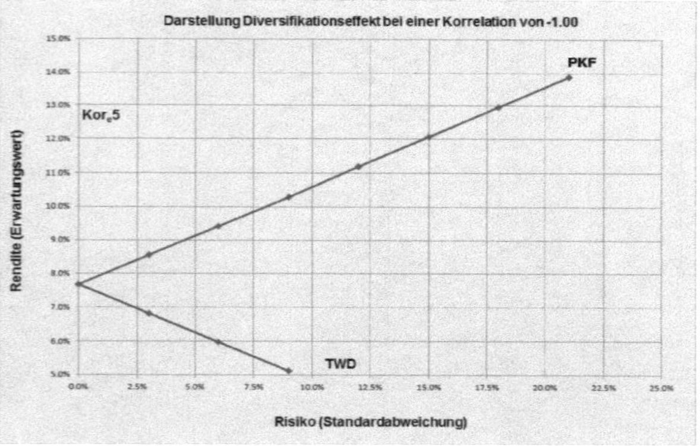

Anhang 5: Extrakt Vernehmlassung FIDLEG

Vernehmlassungsvorlage

Bundesgesetz über die Finanzdienstleistungen
(Finanzdienstleistungsgesetz, FIDLEG)

vom…

Die Bundesversammlung der Schweizerischen Eidgenossenschaft,

gestützt auf die Artikel 95, 97, 98 und 122 Absatz 1 der Bundesverfassung, nach Einsicht in die Botschaft des Bundesrats vom .....

beschliesst:

[…]

Variante B

3. Kapitel: Prozesskosten

1. Abschnitt: Prozesskostenfonds

Art. 85 Errichtung

Unter dem Namen «Prozesskostenfonds für Finanzdienstleistungsstreitigkeiten» wird ein Spezialfonds des Bundes nach Artikel 52 des Finanzhaushaltsgesetzes vom 7. Oktober 2005[23] errichtet (Prozesskostenfonds).

Art. 86 Zweck

Aus dem Prozesskostenfonds werden die nach dem 3. Abschnitt dieses Kapitels rechtskräftig bewilligten Leistungen gegenüber den berechtigten Personen geleistet.

Art. 87 Finanzierung

Der Prozesskostenfonds wird finanziert durch:

a. die Beiträge der Finanzdienstleister (Art. 90 und Art. 91);

b. die von Finanzdienstleistern allfällig in Verfahren zu entrichtenden Parteientschädigungen, soweit diese dem Fonds zustehen (Art. 100 Abs. 4);

c. Zuwendungen Dritter;

d. Zinserträge und übrige Erträge aus der Verwaltung der Aktiven.

Art. 88 Vermögensverwaltung und Verwaltungskosten

[1] Der Prozesskostenfonds wird vom Eidgenössischen Finanzdepartement verwaltet.

[2] Sämtliche Kosten der Verwaltung des Vermögens und der Organisation des Prozesskostenfonds werden aus den Mitteln des Fonds gedeckt.

2. Abschnitt: Beiträge der Finanzdienstleister

Art. 89 Pflicht

Finanzdienstleister sind zur Leistung jährlicher Beiträge zur Äufnung des Prozesskostenfonds verpflichtet, es sei denn, dieser verfügt über Aktiven, mit denen mindestens für zwei aufeinanderfolgende Geschäftsjahre die zu erwartenden Leistungen nach Artikel 93 bestritten werden können.

Art. 90 Bemessung der Beiträge

1 Der Bundesrat legt in einer Verordnung Tarife für die von den Finanzdienstleistern zu entrichtenden Beiträge fest. Er berücksichtigt dabei insbesondere:

a. den Wert der vom Finanzdienstleister erbrachten Finanzdienstleistungen gegenüber Privatkundinnen und -kunden;

b. die Anzahl der Privatkundinnen und -kunden des Finanzdienstleisters;

c. die Anzahl der für den Finanzdienstleister tätigen Kundenberaterinnen und -berater;

d. die Anzahl Klagen und Verfahren zur Streitbeilegung vor einer spezialisierten Ombudsstelle, die die einzelnen Finanzdienstleister betreffen.

2 Das Eidgenössische Finanzdepartement bestimmt gestützt auf die Verordnung des Bundesrats jährlich die Beiträge der Finanzdienstleister und fordert diese in zwei halbjährlichen Raten ein.

Art. 91 Nachschusspflicht

1 Reichen die Beiträge nach Artikel 90 nicht zur Deckung der Kosten des Prozesskostenfonds aus, so sind die Finanzdienstleister zur Leistung zusätzlicher ausserordentlicher Beiträge zur Deckung der Kosten verpflichtet.

2 Für die Bemessung des Nachschusses gilt Artikel 90 sinngemäss.

3. Abschnitt: Übernahme der Prozesskosten

Art. 92 Anspruch

1 Privatkundinnen und -kunden haben Anspruch auf Übernahme eines angemessenen Teils ihrer Prozesskosten durch den Prozesskostenfonds für Klagen gegen Finanzdienstleister, wenn:

a. sie in der gleichen Sache ein Gesuch um Streitbeilegung bei der zuständigen Ombudsstelle gestellt und am Verfahren teilgenommen haben;

b. ihr Rechtsbegehren nicht aussichtslos erscheint;

c. der Streitwert der Klage den Betrag von 1 Million Franken nicht übersteigt; und

d. sie nicht über ausserordentlich gute finanzielle Verhältnisse verfügen.

2 Kein Anspruch auf Übernahme von Prozesskosten besteht, wenn für die betreffende Streitsache ein genehmigter Gruppenvergleich vorliegt und die Partei von ihrem Austrittsrecht (Art. 111) Gebrauch gemacht hat.

[3] Anspruch auf Übernahme von Prozesskosten durch den Prozesskostenfonds haben auch Verbände und Organisationen, die nach Massgabe des 4. Kapitels dieses Titels zur Verbandsklage berechtigt sind, wenn sie die Voraussetzungen nach Absatz 1 Buchstaben b und d erfüllen.

Art. 93 Umfang der Leistungen

[1] Nachfolgende Leistungen können durch den Prozesskostenfonds übernommen und beglichen werden:

a. Gerichtskosten;

b. eine allfällige Parteientschädigung an die Gegenpartei;

c. die Kosten einer angemessenen Rechtsvertretung durch eine Rechtsvertreterin oder einen Rechtsvertreter, die oder der zur berufsmässigen Vertretung berechtigt ist sowie allfälliger Expertinnen und Experten im Umfang des rechtskräftig bewilligten Betrags.

[2] Soweit die Prozesskosten vom Prozesskostenfonds übernommen werden, entfällt die Pflicht, Vorschüsse und Sicherheiten zu leisten.

Art. 94 Gesuch und Verfahren

[1] Das Gesuch um Übernahme von Prozesskosten durch den Prozesskostenfonds kann vor oder nach Eintritt der Rechtshängigkeit der Klage beim zuständigen Gericht gestellt werden.

[2] Das Gesuch enthält:

a. die Bezeichnung der Parteien und ihrer allfälligen Vertreterinnen und Vertreter;

b. die Angabe der behaupteten Ansprüche oder der allfällig rechtshängigen Rechtsbegehren sowie der entsprechenden Tatsachenbehauptungen und der Beweismittel;

c. die Angabe des Streitwerts;

d. die Angabe der Einkommens- und Vermögensverhältnisse der gesuchstellenden Person;

e. gegebenenfalls den bezifferten Antrag auf Übernahme und Begleichung der mutmasslichen Kosten für eine angemessene Rechtsvertretung.

[3] Das Gericht kann vor seinem Entscheid die Gegenpartei anhören.

Art. 95 Entscheid

[1] Wird das Gesuch ganz oder teilweise gutgeheissen, so enthält der Entscheid insbesondere:

a. die Angabe der vom Prozesskostenfonds zu übernehmenden und zu begleichenden Leistungen;

b. den Betrag, der für die Kosten der Rechtsvertretung sowie allfällige Expertinnen und Experten gutgeheissen wurde.

[2] Ausnahmsweise können die Leistungen rückwirkend bewilligt werden.

Art. 96 Kosten

[1] Wird das Gesuch gutgeheissen, so werden die Kosten des Verfahrens ebenfalls vom Prozesskostenfonds übernommen.

[2] Wird das Gesuch abgelehnt, so werden ausser bei Bös- oder Mutwilligkeit keine Kosten erhoben.

[3] Bei rechtshängiger Klage kann über die Kosten zusammen mit der Hauptsache entschieden werden.

[4] Die Gegenpartei hat keinen Anspruch auf Parteientschädigung.

Art. 97 Rechtsmittel

Wird das Gesuch ganz oder teilweise abgelehnt oder die Gutheissung widerrufen, so kann der Entscheid von der gesuchstellenden Person mit Beschwerde angefochten werden.

Art. 98 Mitteilung des Entscheids

Das Gericht teilt dem Prozesskostenfonds seinen Entscheid mit.

Art. 99 Ergänzung und Widerruf der Übernahme der Prozesskosten

[1] Auf Gesuch hin kann das Gericht den gutgeheissenen Betrag ergänzen und die Übernahme weiterer Kosten für die Rechtsvertretung oder allfällige Expertinnen und Experten bewilligen.

[2] Das Gericht kann die Gutheissung von Amtes wegen oder auf Antrag des Prozesskostenfonds oder der Gegenpartei widerrufen, wenn der Anspruch darauf nicht mehr besteht oder nie bestanden hat.

Art. 100 Liquidation der Prozesskosten durch den Prozesskostenfonds

[1] Der Prozesskostenfonds kommt für die Prozesskosten von Privatkundinnen und -kunden im gutgeheissenen Umfang auf.

[2] In diesem Umfang begleicht der Prozesskostenfonds Gerichtskosten, Kosten der Rechtsvertretung sowie allfällige Parteientschädigungen. Diese Kosten können in den Verfahren direkt dem Prozesskostenfonds auferlegt werden.

[3] Der Prozesskostenfonds haftet den Gläubigerinnen und Gläubigern gegenüber allein für die Leistungen. Diese haben ein direktes Forderungsrecht gegenüber dem Prozesskostenfonds. Sie haben keinen Anspruch auf Bevorschussung, Sicherheitsleistung oder Sicherstellung ihrer Forderungen.

[4] Der Prozesskostenfonds tritt im Umfang seiner Leistungen in die Rechte der Privatkundin oder des Privatkunden gegenüber dem Finanzdienstleister, insbesondere in das Recht auf Bezahlung einer Parteientschädigung, ein. Eine allfällige Parteientschädigung kann direkt dem Prozesskostenfonds zugesprochen werden.

[5] Im Übrigen wird die Liquidation der Kosten durch das Geschäftsreglement des Prozesskostenfonds geregelt.

Curriculum Vitae

Dr. Marcel Lötscher, LL.M. MBA studierte an den Universitäten St. Gallen und Bern Rechtswissenschaften. Als Erstausbildung hat er zudem die kaufm. Banklehre bei einer schweizerischen Grossbank abgeschlossen. Er erwarb das Luzerner Anwaltspatent und bildete sich zum Swiss Fund Officer FA/IAF und zum International Fund Officer FA weiter. Berufsbegleitend verfasste Lötscher eine Dissertation im Bereich der kollektiven Kapitalanlagen. Er hält einen Executive Master of Laws (LL.M.) in Gesellschafts-, Stiftungs- und Trustrecht der Universität Liechtenstein und einen Master of Business Administration (MBA) in General Management Competences der Donau-Universität Krems.

Lötscher war in verschiedenen Führungsfunktionen im Finanzbereich tätig. Unter anderem war er Mitglied der Gruppenleitung einer schweizerischen Finanzgruppe. Im Jahr 2012 wurde er zum Leiter des Bereichs Wertpapiere und zum Mitglied der Geschäftsleitung der Finanzmarktaufsicht (FMA) Liechtenstein berufen. Der Bereich Wertpapiere beaufsichtigt Vermögensverwaltungsgesellschaften, Fonds und deren Verwaltungsgesellschaften. Lötscher ist Mitglied von verschiedenen Expertengruppen in den Bereichen Finanzmarktrecht und Regulierung (unter anderem ESMA und IOSCO) und hält regelmässig Vorträge zu diesem Thema.

FSC
www.fsc.org
MIX
Papier | Fördert gute Waldnutzung
FSC® C083411

Kolibri 360 GmbH
Ferdinand-Jühlke-Straße 7
99095 Erfurt, Deutschland
produktsicherheit@kolibri360.de